U0598652

数智

时代

— 数智时代丛书 —

数字经济的现在与未来

SHUZHI SHIDAI

SHUZI JINGJI DE XIANZAI YU WEILAI

陈晓红 ◎ 丛书主编

刘 兵 徐精兵 胡胜蓉 ◎ 著

C1S 湖南人民出版社 · 长沙

本作品中文简体版权由湖南人民出版社所有。

未经许可，不得翻印。

图书在版编目（CIP）数据

数智时代：数字经济的现在与未来 / 刘兵，徐精兵，胡胜蓉著.
--长沙：湖南人民出版社，2024.7

ISBN 978-7-5561-3526-4

Ⅰ．①数⋯ Ⅱ．①刘⋯ ②徐⋯ ③胡⋯ Ⅲ．①信息经济—经济发展—研究—中国 Ⅳ．①F492

中国国家版本馆CIP数据核字（2024）第070188号

SHUZHI SHIDAI : SHUZI JINGJI DE XIANZAI YU WEILAI

数智时代：数字经济的现在与未来

著　　者	刘　兵　徐精兵　胡胜蓉
责任编辑	吴韫丽
封面设计	黎　珊
责任印制	肖　晖
责任校对	蔡娟娟

出版发行	湖南人民出版社［http://www.hnppp.com］
地　　址	长沙市营盘东路3号
电　　话	0731-82683346
邮　　编	410005

印　　刷	长沙超峰印刷有限公司
版　　次	2024年7月第1版
印　　次	2024年7月第1次印刷
开　　本	710 mm×1000 mm　1/16
印　　张	23.75
字　　数	362千字
书　　号	ISBN 978-7-5561-3526-4
定　　价	76.00元

营销电话：0731-82221529（如发现印装质量问题请与出版社调换）

☆ 总 序 ☆

2023 年，习近平向 2023 中国国际智能产业博览会致贺信，指出，"当前，互联网、大数据、云计算、人工智能、区块链等新技术深刻演变，产业数字化、智能化、绿色化转型不断加速，智能产业、数字经济蓬勃发展，极大改变全球要素资源配置方式、产业发展模式和人民生活方式"。推动高质量发展必须促进数字经济与实体经济融合发展，紧跟数字化、网络化、智能化方向，推动制造业、服务业、农业等产业数字化，利用互联网新技术对传统产业进行全方位、全链条的改造，提高全要素生产率，发挥数智技术对经济发展的放大、叠加、倍增作用。

数字经济是我国经济的重要组成部分。2016 年，G20 杭州峰会发布的《二十国集团数字经济发展与合作倡议》将数字经济定义为：以使用数字化的知识和信息作为关键生产要素、以现代信息网络作为重要载体、以信息通信技术的有效使用作为效率提升和经济结构优化的重要推动力的一系列经济活动。数字经济是以数字技术为核心，以数据为关键要素，以网络化、智能化、个性化为主要特征的经济形态。近年来，我国数字经济规模快速增长，已从 2012 年的 11 万亿元增至 2022 年的 50.2 万亿元，多年稳居世界第二，占国内生产总值比重由 21.6% 提升至 41.5%。数字经济对经济社会发展的引领支撑作用日益凸显，成为稳增长促转型的重要引擎。

当前，我国各地城市规模日益发展，社会结构日趋多元，群众利益诉求复杂多样，治理难度不断增大。积极应用数字技术，让城市更聪明、更智慧，成为推动城市治理体系和治理能力现代化的必由之路。2020 年，在杭州城市大脑运营指挥中心，习近平总书记强调："从信息化到智能化再到智慧化，是建设智慧城市的必由之路，前景广阔。"党的二十大报告提出："提高城市规划、建设、治理水平，加快转变超大特大城市发展方式，实施城市更新行动，加强城市基础设施建设，打造宜居、韧性、智慧城市。"推进城市治理现代化，必须运用现代化科技手段，推动城市治理由人力密集型向人机交互型转变、由经验判断型向数据分析型转变、由被动处置型向主动发现型转变。雄安城市计算中心投入运营，为整个数字孪生城市大数据、区块链、物联网等提供网络、计算和存储服务，构建起雄安新区物理城市与数字城市精准映射、虚实交融的城市新格局。深圳实现"一图全面感知、一号走遍深圳、一键可知全局、一体运行联动、一站创新创业、一屏智享生活"，数据的有效连接与智能交互打破了不同部门、领域之间的壁垒。上海正把超大城市作为一个系统的生命体，充分利用人工智能、云计算、大数据等技术，积极推动城市运行管理创新，跨部门、跨层级、跨区域的城市运营管理加速数据联通、服务联结、治理联动。

制造业是国家经济命脉所系。党的二十大报告提出，建设现代化产业体系，推进新型工业化，加快建设制造强国。近年来，我国努力推进数智技术与制造业深度融合，智能制造应用规模和发展水平大幅跃升，有力支撑了工业经济的高质量发展。例如：借助智能设备，质检线上可以智能识别产品的细小瑕疵，助力实现精细化生产；通过智能巡检技术，远在千里之外也能云端管理大型风力发电机，工作效率显著提升。然而，我国智能制造产业发展仍然面临高性能芯片、智能仪器仪表和传感器、操作系统、工业软件等关键核心元器件和零部件不能完全自主掌握的局面。随着工业互联网、大数据、人工智能、数字孪生实现群体突破和融合应用，智能制造应以智能制造系统软件、人工智能大模型、通用仿生机器人的部署应用为重点产业突破方向，支持打造以大模型为代表的人工智能与制造业深度融合的应用场景。

2024年《政府工作报告》提出：深入推进数字经济创新发展；深化大数据、人工智能等研发应用，开展"人工智能+"行动，打造具有国际竞争力的数字产业集群；实施制造业数字化转型行动，加快工业互联网规模化应用，推进服务业数字化，建设智慧城市、数字乡村。当今时代，数字技术、数字经济是世界科技革命和产业变革的先机，是新一轮国际竞争重点领域，要抓住先机、抢占未来发展制高点，站在统筹中华民族伟大复兴战略全局和世界百年未有之大变局的高度，大力发展我国数字经济。

展望2035年目标，数智时代正迈向繁荣成熟期，应统筹国内国际两个大局、发展安全两件大事，充分发挥海量数据和丰富应用场景优势，促进数字技术和实体经济深度融合，赋能传统产业转型升级，催生新产业新业态新模式。同时加强形势研判，推动智能产业、数字经济更好服务和融入新发展格局，立足新发展阶段，推动高质量发展，在全面建设社会主义现代化国家新征程上展现新作为。

2023年，湖南人民出版社策划"数智时代丛书"，邀请我担任丛书主编，我欣然同意。丛书拟包括《数智时代：数字经济的现在与未来》《数智时代：打造智慧城市》《数智时代：赢在智能制造》等著作，从数智时代的现在与未来，数智时代如何优化城市治理、如何推动智能制造等方面，为读者解读数智时代发展的现状与趋势，探讨数智时代发展的实践经验与理论启示。在这个数字化时代的风口上，我希望通过我们的研究和实践，与大家共同探索和把握数智时代的新趋势，加深对数智时代的了解，探索数字化为城市带来的全新面貌，推动智能产业创新发展，加强数字领域的交流与合作，携手创造更加幸福美好的未来。

"智汇八方，博采众长"，让我们共同努力，在加快建设网络强国、数字中国的路上走得更快、更稳。

中国工程院院士　陈晓红
2024年5月

目录

第一篇

数字经济：重塑全球经济结构的关键力量

第一章

数字经济是一种新型经济形态

第一节　数字、数据、数字经济的概念和内在联系

一、数字、数据与数字经济的内在联系

自人类社会进入信息时代以来，数字技术的快速发展和广泛应用衍生出数字经济（digital economy）。与农耕时代的农业经济，以及工业时代的工业经济大有不同，数字经济是一种新的经济、新的动能、新的业态，其引发了社会和经济的整体性深刻变革。[①] 数字经济，发展速度之快、辐射范围之广、影响程度之深，正推动生产方式、生活方式和治理方式深刻变革，成为重组全球要素资源、重塑全球经济结构、改变全球竞争格局的关键力量。各类信息在主体之间传递，推动着经济范式深层次变革，数据成为数字经济时代最重要的生产资料，蕴含着丰富的价值，对数字、数据的认识和理解，是我们

---

① 王齐齐，许诗源，田宇：中国数字经济研究二十年：研究评述与展望，管理现代化，2021，41（06）：118-121。

认识数字经济的起点。

数字是一种用来表示数量、顺序和度量等的符号系统，其起源可以追溯到早期的人类社会。最初，人类使用身体部位、天然物品、声音等来计数。例如，使用手指、手掌、脚趾等来表示数量。随着时间的推移，人类开始使用简单的符号来表示数量，比如刻在骨头或石头上的刻痕。数字的发展历程漫长而丰富多彩。从最早的自然计数法到现代的十进制数字系统，每一种数字系统都为人类社会的发展和进步作出了巨大的贡献。数字化时代，数字成为信息和数据的重要载体，通过数字化技术，各种信息和数据可以被转化为数字形式进行存储、处理和传输。数字化的过程使得信息和数据可以更容易地被处理和利用，为数字经济的发展提供了基础。

数据是指描述客观事物的符号、符号串或符号集合。经济合作与发展组织认为，数据是作为量化符号对事实进行存储和传输的表达。数据是数字的表达形式，包括数字、文字、图像、声音等形式。数据是数字经济的核心资源，通过对数据的收集、分析、挖掘和利用，可以产生新的知识、洞察和价值。随着 5G、物联网的发展，2010 年以来全球数据呈现爆发式增长状态，国际数据公司（IDC）发布的《数据时代 2025》报告预测 2025 年全球数据量将达到 163ZB。数据在数字经济中发挥着关键作用，是信息时代的重要资产。

数字经济的概念还在不断完善中，但大多数的定义都一致强调了数据是数字经济的关键要素。总的来说，数字、数据和数字经济之间存在着密切的内在联系。数据是数字的表达形式，是数字转化为可处理和可利用的形式。数字经济以数据为核心，通过数字化技术的应用，实现了数据的高效流动和价值转化，推动了数字经济的发展。数据是数字经济的基础资源，数字经济依赖于数据的收集、分析和利用，通过对数据的加工和挖掘，可以产生新的知识、创造和价值。因此，数字、数据和数字经济是相互依存、相互促进的概念，它们共同构成了信息时代的核心内容和驱动力。

二、数字经济的概念与内涵

数字经济一词诞生于 20 世纪 90 年代，随着数字技术的进步及其应用领域的拓展，数字经济的概念与内涵不断延伸。

（一）国外数字经济概念内涵的演进

数字经济概念最初可以追溯到 20 世纪 60 年代出现的信息经济的概念及信息经济理论。1962 年，经济学家弗里兹·马克卢普（Fritz Machlup）首次提出信息经济的概念，此时的信息经济还只是单纯地指代现代信息产业体系。这一概念强调信息和知识在经济活动中的关键作用。信息技术的迅速发展为信息的获取、处理和传播提供了新的工具和渠道。经过数十年的发展，信息经济逐渐渗入整个复杂开放的经济社会巨系统，成为一种全新的经济范式。20 世纪 80 年代以来，随着互联网技术的不断成熟和海量数据的涌出，数字技术得到快速发展，信息经济不再局限于信息产业，"数字化"概念悄然兴起。

在学界，"数字经济"作为一个经济学术语被正式提出，是 1996 年美国经济学家唐·泰普斯科特（Don Tapscott）出版的《数字经济：网络智能时代的前景与风险》一书。他预测了网络智能时代中数字经济对商业行为的影响，因此被人们誉为"数字经济之父"。在书中，唐·泰普斯科特还讨论了新经济的一些主题，包括去中介化和再生中介等。换言之，数字经济一方面起到消除传统"中间人"的作用，另一方面，互联网作为新的载体又为生产者和消费者创造了新的消费途径。随后，曼纽尔·卡斯特（Manuel Castells）撰写的《信息时代三部曲：经济、社会与文化》、尼古拉·尼葛洛庞帝（Nicholas Negroponte）撰写的《数字化生存》等著作的出版和畅销，将数字经济的理念推广开来。

20 世纪 90 年代，美国开始实施"新经济"政策，通过"信息高速公路计划"、先进技术计划等一系列产业政策，使得信息产业上升为主导产业；但此时，各界对数字经济的理解大多局限于当时互联网的主要用途——电子商务。美国商务部于 1998 年和 1999 年连续两年发布的《浮现中的数字经济》报告表示，作为"新经济"的典型代表，数字经济是美国经济"高增长、低通胀、高就业"的主要原因之一，信息技术产业保持高速增长，增速超过整个经济的一倍，互联网和电子商务的快速发展和普及对经济社会产生了深远的影响，因此报告将数字经济定义为"可测量的 IT 产业与电子商务之和"。1997 年，日本通产省也在相关报告中对数字经济进行了定义。联合国、欧盟等国际组织纷纷提出了数字经济的新概念，"数字经济"这一术语开始在全世界广泛流行。世纪之交，已有学者认识到数字经济是一种新经济形态，例如 Beomsoo Kim 等在 2002 年就将数字经济定义为商品和服务以数字化形式进行交易的一种特殊经济形态。学者 Ahmad 和 Ribarsky（2018）则从交易角度对数字经济进行了界定，他们认为一项交易只要满足"数字订购（电子商务）"或"数字交付"特征，就属于数字经济。学者陈思瑶认为，这些概念的理解相对狭义，较为强调数字交易的作用，而忽略了运用数字来改进传统的生产活动的过程。

随着新一代信息技术的不断发展和广泛应用，数字经济的结构、机制、规模和技术基础不断演变，各界对数字经济的理解和认识也不断深化，数字经济的概念扩展到数字技术与传统经济融合所带来的变革与创新。2016 年，G20 杭州峰会通过《二十国集团数字经济发展与合作倡议》（以下简称《倡议》），将数字经济定义为"以使用数字化的知识和信息作为关键生产要素、以现代信息网络作为重要载体、以信息通信技术的有效使用作为效率提升和经济结构优化的重要推动力的一系列经济活动"。这是全球首次多国领导人共同签署数字经济政策文件。"数字经济"中的"数字"根据数字化程度的不同，可以分为三个阶段：信息数字化、业务数字化、数字化转型。《倡议》认为，数字化转型是目前数字化发展的新阶段，指数字化不仅能扩展新的经济发展空间，促进经济可持续发展，还能推动传统产业转型升级，促进整个社会转型发展。到 2017 年，世界部分国家和组织已对数字经济开展了相关研究，北京大学的田丽将各国和组织对数字经济的定义划分为四个流派（见表 1），其中俄罗斯、韩国、日本、德国以及欧盟将数字经济归纳为一种经济活动，美国、法国、经济合作与发展组织、加拿大侧重于数字经济的测量，英国从产出的角度理解数字经济，加拿大统计部门（2019）与澳大利亚统计部门（2019）参考了 OECD 的定义确定数字经济行业类型，并测算了各自国家数字经济的规模，同时澳大利亚、印度认为数字经济是一种社会进程。美国自 1998 年起定期发布数字经济报告。2018 年，美国商务部下属的经济分析局（BEA）发布了《数字经济的定义和衡量》报告，认为数字经济包括计算机网络存在和运行所需的数字使能基础设施、通过计算机系统发生的数字交易（电子商务）以及数字经济用户创造和访问的内容（数字媒体）。

总体而言，目前各界普遍认可"数字经济的核心是信息和通信技术（ICT）产业"，但对 ICT 产业与传统经济融合的广度和深度的判定存在差异。

表 1-1　各国对数字经济的定义

定义类型	国家和组织	内容
数字经济是一种经济活动	俄罗斯	2017 年 1 月 23 日，俄罗斯联邦政府下属专家委员会提交的关于发展"数字经济"项目的提议：以保障俄联邦国家利益（包括提高国民生活水平和提高国家经济竞争力）为目的，在生产、管理、行政等过程中普遍使用数字或信息技术的经济活动。
	韩国	以互联网在内的信息通信产业为基础进行的所有经济活动，包括电子交易、互联网购物、搜索服务等。
	日本	日本内阁府在 2017 年度经济财政报告中，将数字经济定义为"数字化产品、服务、信息、金钱等，以互联网为媒介在个人和企业间流通的经济"。
	欧盟	欧盟将数字经济视为利用数字和通信技术来生产、分配和消费产品和服务的经济活动。

续表

定义类型	国家和组织	内容
数字经济是一种经济活动	德国	德国联邦经济与能源部发布的《数字化战略2025》将数字经济定义为：经济活动的一种形式，涉及数字化技术的应用和数字化的价值链。数字经济包括利用数字化技术进行创新、数字化的产品和服务、数字化的生产和经营过程。这项定义的目的是强调数字化技术对经济的重要性，并提倡在各行各业中广泛应用数字化技术。
侧重于数字经济的测量	美国	2016年11月18日，美国经济分析局咨询委员会《测量数字经济》报告：测量数字经济除应包括电子商务的部分外，还应测量新的数字服务，如共同乘坐等共享经济和广告支持下的免费互联网服务； 2018年3月，美国经济分析局（BEA）首次发布了有关美国数字经济规模和增长率的初步统计数据和相关报告。 BEA将数字经济定义为： （1）计算机网络存在和运行所需的数字使能基础设施； （2）通过该系统发生的数字交易（电子商务）； （3）数字经济用户创造和访问的内容（数字媒体）。
侧重于数字经济的测量	法国	法国经济和财政部下属的数字经济监测中心认为数字经济是指依赖于信息通信技术的行业。法国数字经济协会认为数字经济包括了电信行业、视听行业、软件行业、互联网行业，以及那些需要运用电信、视听、软件、互联网技术来支持自身活动的行业。

定义类型	国家和组织	内容
侧重于数字经济的测量	经济合作与发展组织（OECD）	通过电子商务实现和进行的商品和服务贸易。OECD按照产品的数字化属性和活动的交易方式，将数字经济范围界定为：生产制造的数字产品、通过数字化订购实现的交易活动、支撑数字经济的基础设施和服务。具体包括三方面：一是信息和通信技术（ICT），包括ICT制造业、ICT贸易业和ICT服务业等行业，涉及计算机和外围设备、通信设备、电子消费设备、信息和通信服务等产品；二是电子商务，指通过数字化订购、平台促成或数字化传输完成的货物和服务交易活动；三是ICT构筑物，包括为电信设备及服务、各类通信网络而搭建的建筑与安装物等。
	加拿大	2019年，加拿大联邦政府发布《衡量数字经济》报告，引用美国经济分析局对数字经济的定义，将其分为三部分，一是数字基础设施，包括电脑硬件、软件、通信设施和服务、数字设施、物联网、支持服务；二是电子商务，包括B2B、B2C和P2P等模式；三是数字产品，即以数字格式创建、交付、访问或消费的产品。
侧重于从产出的角度理解数字经济	英国	英国研究委员会认为：数字经济是通过人、过程和技术发生复杂关系而创造社会经济效益。 英国国家经济社会研究院（NIESR）认为：数字经济是指各类数字化投入带来的全部经济产出。数字化投入包括数字技能、数字设备（软硬件和通信设备）以及用于生产环节的数字化中间品和服务。

续表

定义类型	国家和组织	内容
数字经济是一种社会进程	澳大利亚	2009 年，《澳大利亚数字经济：未来方向》报告：数字经济是通过互联网、移动电话和传感器网络等信息和通信技术，实现经济和社会的全球性网络化。
	印度	通过数字化和互联网连接各个领域，包括电子商务、电子支付、电子政务、大数据分析等，以促进经济增长和社会发展的方式。

资料来源：根据田丽《各国数字经济概念比较研究》整理

（二）国内数字经济概念内涵的演进

中国在 20 世纪就注意到了数字技术的发展将会给经济社会带来巨大变革。中国科协研究中心袁正光教授在 1994 年表示，随着世界数字技术的发展，一场新的技术革命（数字革命）正在来临，一个新的世界经济高增长即将到来，一次新的社会转型将要发生。如今，在数字经济取得长足发展、与实体经济加速融合的背景下，我国对数字经济的研究逐渐增多。总体来说，我国对"数字经济"的理解较为统一，普遍认可"新一代信息技术（或数字技术）革命催生了数字经济"的观点。例如，马建堂（2018）认为，数字经济是信息技术革命的产业化和市场化，是新一代信息技术在经济活动中的扩散、应用和引发一系列以大数据处理为主要特点的新产业、新业态、新商业模式。数字经济权威研究机构中国信息通信研究院认为，数字经济是以数字化的知识和信息为关键生产要素，以数字技术创新为核心驱动力，以现代信息为重要载体，通过数字技术与实体经济深度融合，不断提高传统产业数字化、智能化水平，加速重构经济发展与政府治理模式的一系列经济活动"。

中国信息通信研究院自 2017 年起，连续七年发布中国数字经济发展白皮书，其对数字经济的定义是：数字经济是以数字化的知识和信息为关键生产要素，以数字技术为核心驱动力量，以现代信息网络为重要载体，通过数字技术与实体经济深度融合，不断提高经济社会的数字化、网络化、智能化水平，加速重构经济发展与治理模式的新型经济形态。2021 年 5 月，国家统计局发布了《数字经济及其核心产业统计分类（2021）》，将数字经济定义为以数据资源为关键生产要素、以现代信息网络为重要载体、以信息通信技术的有效使用为效率提升和经济结构优化的重要推动力的一系列经济活动。

国务院 2021 年 12 月印发的《"十四五"数字经济发展规划》在开篇就明确指出，数字经济是继农业经济、工业经济之后的主要经济形态，是以数据资源为关键要素，以现代信息网络为主要载体，以信息通信技术融合应用、全要素数字化转型为重要推动力，促进公平与效率更加统一的新经济形态。综上所述，数据资源、现代信息网络、信息通信技术、数字化转型均是数字经济的必备要素。

（三）数字经济的构成

不同于农业经济、工业经济，产业部门之间有着清晰的边界划分，并已形成了广泛的共识。数字经济作为一种新的经济形态，既包含 ICT 的数字产业，又蕴含着通过数字化转型所带来的经济效率提升，对其构成和统计仍缺少统一的认识，全球各国和国际组织都在积极探索数字经济的构成及其规模测算方法。

国际货币基金组织（IMF）在报告《中国数字经济：机遇和风险》中，将数字经济划分为狭义和广义两种：狭义上仅指在线平台以及依存于平台的活动，广义上指使用了数字化数据的活动。国际组织 OECD 和美国 BEA 对数字经济的定义包括 ICT 产业、电子商务和数字内容产业。

联合国贸易和发展会议（UNCTAD）将数字经济划分为三个层次：

（1）核心是数字部门（digital sector）。也即 IT/ICT 部门，包括硬件制造业、软件和 IT 咨询业、信息服务业和电信业。（2）窄口径是数字经济（digital economy）。在数字部门的基础上加上数字服务、平台经济，以及共享经济和零工经济的一部分。（3）宽口径是数字化经济（digitalized economy）。在数字经济的基础上加上电子商务、工业 4.0、精确农业、算法经济，以及共享经济和零工经济的另一部分。

中国信息化百人会认为，数字经济是全社会基于数据资源开发利用形成的经济总和，是以数字化信息为关键资源，以信息网络为依托，通过信息通信技术与其他领域紧密融合，形成了基础型数字经济层、融合型数字经济层、效率型数字经济层、新生型数字经济层、福利型数字经济层的五个层次和类型。

中国信息通信研究院对数字经济构成的理解一直在不断丰富中，对其框架的认识经历了"两化""三化""四化"的演进。在《中国数字经济发展白皮书（2017 年）》中，结合数字经济的发展特点，他们从生产力角度提出了数字经济"两化"框架，即数字产业化和产业数字化，认为数字经济已经超越了信息通信产业部门范畴，应充分认识到数字技术作为一种通用的技术，广泛应用到经济社会各领域各行业，促进经济增长和全要素生产率提升，开辟经济增长新空间。在《中国数字经济发展与就业白皮书（2019 年）》中，中国信息通信研究院注意到组织和社会形态的显著变迁，从生产力和生产关系的角度提出了数字经济"三化"框架，即数字产业化、产业数字化和数字化治理，认为数字经济蓬勃发展，不仅仅推动经济发展实现质量变革、效率变革、动力变革，更带来政府、组织、企业等治理模式的深刻变化，体现生产力和生产关系的辩证统一。在《中国数字经济发展白皮书（2020 年）》中，中国信息通信研究院提出，以数据驱动为特征的数字化、网络化、智能化深入推进，数据化的知识和信息作为关键生产要素在推动生产力发展和生产关系变革中的作用更加凸显，经济社会实现从生产要素到生产力，再到生产关系的全面系统变革。为此，我们进一步将数字经济修正为"四化"框架，即数字产业化、产业数字化、数字化治理和数据价值化。

表1-2　数字经济分类定义

数字产业化	数字产业化即信息通信业，是数字经济发展的先导产业，为数字经济发展提供技术、服务和解决方案等。具体包括电子信息制造业、电信业、软件和信息技术服务业、互联网行业等。数字产业化包括但不限于5G、集成电路、软件、人工智能、大数据、云计算、区块链等技术、产品及服务。
产业数字化	产业数字化是数字经济发展的主阵地，为数字经济发展提供广阔空间。产业数字化是指传统产业应用数字技术所带来的生产数量和效率提升，其新增产出构成数字经济的重要组成部分。数字经济，不是数字的经济，是融合的经济，实体经济是落脚点，高质量发展是总要求。产业数字化包括但不限于工业互联网、两化融合、智能制造、车联网、平台经济等融合型新产业新模式新业态。
数字化治理	数字化治理是数字经济创新快速健康发展的保障。数字化治理是推进国家治理体系和治理能力现代化的重要组成，是运用数字技术，建立健全行政管理的制度体系，创新服务监管方式，实现行政决策、行政执行、行政组织、行政监督等体制更加优化的新型政府治理模式。数字化治理包括治理模式创新，利用数字技术完善治理体系，提升综合治理能力等。数字化治理包括但不限于以多主体参与为典型特征的多元治理，以"数字技术＋治理"为典型特征的技管结合，以及数字化公共服务等。
数据价值化	价值化的数据是数字经济发展的关键生产要素，加快推进数据价值化进程是发展数字经济的本质要求。习近平多次强调，要"构建以数据为关键要素的数字经济"。党的十九届四中全会首次明确数据可作为生产要素按贡献参与分配。2020年4月9日，中共中央、国务院印发的《关于构建更加完善的要素市场化配置体制机制的意见》明确提出，要"加快培育数据要素市场"。

续表

数据价值化	数据可存储、可重用，呈现爆发增长、海量集聚的特点，是实体经济数字化、网络化、智能化发展的基础性战略资源。数据价值化包括但不限于数据采集、数据标准、数据确权、数据标注、数据定价、数据交易、数据流转、数据保护等。

资料来源：《中国数字经济发展白皮书（2020 年）》

第二节　数字经济的有关理论

本部分内容重点围绕经济增长理论、数字经济范式理论、长尾理论、厂商理论和交易成本理论五个核心经济理论详细阐述数字经济的作用机理。

一、经济增长理论的新生命力：数据成为生产要素

在工业经济时代，经济增长理论的主流观点从在假设规模报酬不变的前提下，通过产出、资本、劳动以及效率来解释经济增长，演变为认为技术进步能引起资本和劳动力边际报酬的稳定增长，提出规模报酬递增的观点。然而，在数字经济时代，新一代的信息技术通过需求发现和商业模式的创新，使得服务这一非生产性活动创造了更高的附加值，拓宽了"生产"的概念。生产不只包括标准化加工的价值，还包括非标准化服务创造的价值。随着数据成为关键的生产要素，其给经济增长理论也赋予了新的生命力。

从成本分析的视角看，数字企业的数据要素成本主要表现为数据传送、存储和算力的固定投资成本，具体如数据中心的机房、主机、存储、机柜、配电等硬件或固定计费的宽带租赁、算法费用等。在短期技术不变的情况下，数字企业进行了固定投资，这也直接决定了在该投资成本下数据要素的最大配置能力及数字产品的最大产能。在最大产能范围内，企业无需追加数据要素的固定投资，此时数字企业配置数据要素的边际成本会随着产能的增加而递减。因此，数据要素的不断积累为数字企业实现了"降本"。

从生产率分析的视角看，数据作为全新的关键要素纳入生产函数，重塑

了生产要素体系，进一步拓展了经济增长理论中规模报酬递增的假设，打破了传统生产要素边际生产力递减的边界。从数据自身的价值上看，其可与劳动、管理、技术等传统生产要素深度融合，并辅助传统生产要素提升质量和效率。这突破了传统生产要素稀缺性和排他性的限制，进一步增强了规模报酬递增的条件，给经济增长带来倍增效应。此外，数据可复制、共享、反复使用的特性使其在生产过程中不仅不会被折损消耗，反而能够随着数字企业的规模扩张而不断再生膨胀。随着数据产品数量和多样性的不断增加，其所带的互补的、新增的数据信息和知识越多，从而不断为新服务、新平台的衍生蓄力。在这种数据要素积累与服务平台拓展的动态关系中，数据要素既是生产要素，又是驱动服务平台拓展的中间产品，进一步提高了存量数据要素的边际生产率，为数字企业实现了"提效"。

二、数字经济范式理论的革新：技术与产业的融合碰撞

"范式"的概念最早由美国科学哲学家 Thomas（1962）率先提出，指达成普遍共识的思维原则、价值观和方法论。随后，意大利经济学家 Dosi（1982）将这一概念聚焦至技术领域，提出"技术范式"，并将其定义为由产业技术和市场需求相互碰撞而推动的技术演变模式。据此，Perez（1983）进一步明确了"技术经济范式"的定义，泛指"当代最佳的技术方法和生产组织形式"，并认为新的技术经济范式是对传统工艺和生产模式的彻底颠覆，会对社会的生产和生活方式带来深远的影响。在前人的基础上，Freeman 和 Perez（1988）完善了技术经济范式的理论内涵，并总结出了"1+9"的技术经济范式特征："1"是指关键生产要素，"9"是指随生产要素变化而变化的组织形式、劳动技能、产品组合、创新、市场、投资、基础设施、产业和消费模式。

追溯历史，人类社会随着生产力的发展经历了农业时代、蒸汽时代、电气时代、信息时代，直至当下的数字时代。其间对应的关键生产要素、劳动者、劳动资料和代表产业都凝聚着所处时代的特征。步入 21 世纪以来，以

人工智能、大数据、云计算、物联网和区块链等为代表的数字技术使得全球经济步入数字经济时代，将数字经济称为一种新的技术经济范式的研究越来越丰富。如王姝楠和陈江生（2019）指出，数字经济范式与先前的技术经济范式的本质区别体现在生产要素、主导技术和实施载体三个方面，并将信息技术和数字技术囊括的技术经济范式统称为数字经济范式。杨青峰和李晓华（2021）强调，数字经济的本质离不开技术经济范式的转变，它以智能技术群为动力，以网络为连接，以数据为要素，以技术经济范式转换为特征。目前，数字经济范式已成为当今时代经济社会变革的主导范式，以数字技术为基础的新一代产业模式逐渐形成。任何产业要想在日新月异的市场中生存，离不开数字技术的开发与利用，产业数字化和数字产业化的发展不断促进经济高质量发展。

传统产业与数字技术的深度融合与升级蕴藏着丰富的理论支撑。首先，数字技术突破了产业的空间范围。互联网、区块链等技术能够辅助传统产业进行生产要素重组、生产环节重构，从而实现产业的"跨界经营"，创造全新的产业价值。其次，数字技术加强产业协同效应，催生网络化发展。以物联网为载体的产业数字化转型突破了地理人文条件的限制，拉近了产业之间合作的空间关系，有助于加强产业集群，促进传统产业构建网络化发展的组织网。最后，数字技术提升了海量信息的透明度和可获取性。大数据、人工智能和云计算等技术使得可准确度量的结构化信息以及声音、图像、视频等非结构化信息公开透明、获取便捷。信息的多样、准确显著推动了产业高速发展迭代。

三、长尾理论的新潜力：供需视角长尾效应的大放异彩

长尾理论在数字经济时代应运而生，最早用来解释互联网企业在数字经济时代的商业发展模式。长尾理论指需求较小但数量众多的尾部商品所占的市场份额相当于需求较大但数量较少的头部商品所占的市场份额。用数学来表述即一个极大的数（长尾产品的数量）与一个相对较小的数（长尾产品的

销量）相乘，仍然等同于一个极大的数（头部产品的销量）与一个相对较小的数（头部产品的数量）相乘。值得注意的是，这两个极大的数只会随着市场的竞争和膨胀而逐渐壮大。人们往往只关注"头部"的增长势头，而忽视"尾部"的聚沙成塔。数字经济时代，"长尾"的巨大潜力和价值均可在供需双方视角得以显现。

从供应方视角看，中小企业相对于头部大企业而言是技术创新和金融需求上的"长尾"群体。据统计数据显示，我国中小企业的数量占全部规模以上企业总数的九成以上，总营业收入占全部规模以上企业的六成以上，资产总额占全部规模以上企业的五成以上，因此中小企业群体所汇聚的经济效益不容小觑。在技术创新上，中小企业的实力虽然不能与头部企业媲美，但其胜在组织行为灵活、市场嗅觉敏锐，能精准捕捉消费者需求和市场变化，迅速做出应对调整。此外，头部企业通常以垄断姿态和技术壁垒而懈于创新，受制于庞大的组织架构，头部企业需要更高的成本和更长的周期孵化创新成果。而中小企业具备更强的创新动机，其小巧敏锐的组织体系使得创新成果更易转化；在金融需求上，传统金融存在的属性错配、领域错配和阶段错配等问题使得大企业融资在渠道、成本和效率上拥有显著优势。中小企业往往因有限的资产规模和较高的财务风险难以取得金融机构的信贷支持，融资渠道的匮乏极大遏制了中小企业的技术创新动力。因此中小企业亟须的技术创新资金一旦被满足，将迸发出无限的市场活力。

从需方视角看，数字经济时代消费行为的显著特点是数字技术促使供需间交互的显著增强。市场供应方能利用技术算法挖掘消费行为数据之间的内在联系，精准捕捉消费者自身的需求和偏好，预测消费者的行为，快速响应并使之被满足。此外，数字经济还能借助网络外部性的力量来影响消费者的偏好和需求，刺激消费者的"跟风购买"。

数字技术促使产品种类趋于多样化，搜索成本趋近于零，这也促使越来越多的私人、个性化需求能够被市场满足，进而构造出更强的长尾效应市场，让更多的小众产品进入大众市场，持续捕捉和影响消费者需求和行为。

四、厂商理论的拓展：企业规模与技术创新

企业规模问题已成为厂商理论变革的关键。数字技术的发展不断催生产品更新迭代。产品属性与服务的更新周期成为市场竞争的关键要素。熊彼特假说最早论证了企业规模与技术创新的关系。其认为大规模企业拥有技术创新所需的研发资金与技术积累，能通过多样化和大范围的研发创新来增强抵御风险的能力。由此产生的高额垄断技术收益将进一步促进大规模企业的技术创新，从而使得市场资本进一步在大规模企业集聚。该假说的核心思想也可概括为两个正相关关系：企业规模与技术创新正相关；垄断与技术创新正相关。随后，越来越多的学者加入企业规模与技术创新的关系的研究，其中不乏质疑熊彼特假说的声音。以阿罗（1962）为代表的学者认为，企业规模会负向影响研发投入。为了在残酷的市场竞争中生存，中小企业往往会利用自身灵活的组织结构和敏锐的市场嗅觉迸发出强大的研发活力。而大规模企业得益于市场影响力和资本的积累而降低创新动机，冗余的组织架构也极大降低了创新的效率。因此，中小企业的研发效率要显著高于大规模企业。类似的，克里斯坦森（1997）也指出，企业规模的扩张会导致内部组织结构的繁杂，这会增强组织惰性，导致"大企业病"，即无法快速响应新兴市场，错失创新良机，陷入"创新者的窘境"。随后，Kamien 和 Schwartz（1975）基于不同的市场结构讨论了企业规模和技术创新的关系。他们通过观察和实证研究指出：在完全垄断市场中，企业的技术创新动机并不高。垄断企业对市场强大的控制力以及强大的技术壁垒使得外来企业难以与之抗衡，这会挫败外来企业的创新动力，也使得垄断企业因缺乏外来威胁而降低创新动机。在完全竞争市场中，企业的技术创新动机也不高。市场上大量企业的同质性使得技术创新成果容易被模仿，创新企业不仅难以获得长期的创新利润，还需背负高额的研发创新成本。这使得市场上的同质企业普遍降低创新意愿。只有当企业处于垄断竞争市场时，技术创新意愿最高涨。适度的竞争使得企业有从事技术创新的压力和动力，适度的垄断又使得企业能够获得创新成果

带来的超额收益。大企业因市场规模和资本的积累，容易受制于组织结构的冗杂，反应迟钝，技术创新水平并不高。小型企业难以提供研发创新所需的财力和资源，技术创新水平也不高。相比较而言，中等规模企业因集聚大小企业的创新优势而会表现出更强的技术创新意愿。

与规模相关的，数字技术发展使得范围经济日益凸显。在传统的生产关系中，企业生产的其他产品与主营产品的关联性越强，能共用的设备、人力以及运输、销售渠道等资源就越多，从而单位产品的生产成本越低，越能形成范围经济。随着数字技术的发展，企业能够依靠某一主营业务积累的用户数量优势而开发更多相关性不强的产品与服务，从而拥有由企业规模扩张而附带的范围经济价值。如阿里在电商领域积累的强大用户体量使其能迅速在金融、物流、本地生活服务、数字媒体等领域以较低的成本占领市场。

五、交易成本理论的重塑：信息不对称性、交易成本的降低

传统的交易成本理论成立的前提是市场运行中存在较高的交易费用（Coase，1937），其中暗含4个假设条件：交易环境的不确定性与复杂性；垄断竞争市场下交易主体数目较少，搜寻成本、执行成本等费用较高；信息不对称；交易者的有限理性，容易产生投机行为（Williamson，1975）。然而，随着数字技术的迅猛发展及其在市场经济中的广泛应用，市场交易主体之间的"信息不对称"问题被极大克服，去中介化的交易模式极大降低了信息搜寻成本和交易执行成本，也颠覆了传统交易成本的内涵。

一方面，数字技术的发展与应用降低了信息不对称性。信息不对称是指在交易市场中，每个经济活动主体对交易相关信息的获取和掌握存在很大的差异。信息来源越可靠，渠道越丰富，越容易在交易市场中占据有利地位。信息不对称往往会带来市场的逆向选择、道德风险和委托代理等问题，进而造成市场失灵和资源配置扭曲。逆向选择是指信息的不对称导致同类商品的价格不断下降，劣质品逐渐将优质品驱逐出市场，最终使得劣质品充斥市场，商品价格普遍降低；道德风险是指信息的不对称使得一方监督另一方相关交易行为的成本过高，使得另一方会在满足自身利益最大化的同时做出有损他人利益的行为，如投保人蓄意骗保的高风险行为、行政官员的贪污腐败以及核心机要人员的泄密，等等；委托代理问题与道德风险同质，也是因信息不对称导致委托人和企业难以监督代理人和工人的行为，使得代理人和工人因自身利益最大化而损害委托人的利益。市场中委托代理关系普遍存在，如企业股东与职业经理、个体老板与雇员、医生与病人等。传统的交易成本理论认为信息不对称导致的交易成本始终存在。而数字经济时代，区块链、大数据、云计算等数字技术的发展和应用极大程度上消除了信息披露和传递的壁垒，使得隐性信息无处遁形。此外，数字技术采用的多点记录和共享模式能有效确保数据不被篡改，数据存储和交易过程公开透明。其搭建的信任机制能够有效披露交易主体过往的信用评级、交易风险评估等传统交易模式难以直接获取的私密信息，能够有效遏制市场逆向选择、道德风险和委托代理等问题的出现，大幅降低了市场交易成本。

另一方面，数字技术搭建的网络交易平台有效降低了交易运作成本。传统交易成本理论认为企业交易模式是降低交易成本的关键模式，但忽略了企业运作也需要成本。数字技术建立的网络平台成为市场交易资源再分配的信息集散中心，能为供需双方快速匹配其所需的资源信息，大幅降低供需双方相互搜寻的成本。此外，交易主体借助网络平台实现了去中介化，线上直接签约以及点对点的交易模式高效便捷，大幅降低了交易执行成本，如"美团"上一目了然的餐饮、住宿价格；"滴滴出行"上一键完成的约车、支付功能等。基于此，网络交易平台的去中介化极大降低了交易双方的执行成本。

第三节　数字经济的主要特征

一、数据支撑：数字化、信息化、高效性

数字化。数字化是指将传统经济活动中的各种资源、生产要素、产品和服务等转化为数字形式，通过数字技术进行处理、传输和交互。例如，在线购物、在线支付等数字化的商业活动已经成为人们日常生活的一部分。数字化使得经济活动更加灵活、便捷和高效，提高了资源配置和利用的效率。数字化还能够实现跨地域、跨行业、跨平台的连接和合作，推动经济活动的融合和创新。

信息化。数字经济通过充分利用数字化转换的数据，使得信息的获取、处理、传播和利用更加快速、便捷和智能化。通过信息化，人们可以实时获取和分享各种信息资源，促进信息的流动和交互。信息化使得市场参与者更容易获取市场信息、进行准确的决策，并创造出更高附加值的产品和服务。

高效性。数字经济通过应用先进的数字技术和数据分析方法，提高了经济活动的效率和生产力。数字技术的广泛应用，如云计算、大数据分析、人工智能等，可以自动化和智能化许多工作流程，减少人力投入和时间消耗。此外，数字经济还促进了资源的优化配置和供应链的优化，提高了生产和交易的效率。

综上所述，数字化和信息化提供了更加便捷和智能的经济环境，提升了信息获取和利用的能力。高效性通过数字技术的应用和数据驱动的决策，提高了经济活动的效率和生产力。数据支撑作为核心，使得数字经济具备了挖掘价值、推动创新和优化决策的能力。

二、融合创新：无边界性、渗透性、创新性

无边界性。数字技术和互联网的发展打破了地理和时间的限制，使得经济活动可以跨越国界和地域进行。数字经济通过数字化工具和平台，实现了跨国和跨地域的合作与交流，促进了全球经济的融合和互联互通。无边界性的特点使得数字经济具有更大的市场规模和资源范围，为创新和发展提供了更广阔的空间。

渗透性。数字经济通过信息技术和互联网等数字化工具和平台，渗透到传统经济活动的各个领域和环节。数字经济的渗透性使得传统产业可以通过数字化转型和升级，实现产业链的优化和业务模式的创新。数字经济的渗透性还促进了不同产业和领域的融合和协同，推动了产业结构的升级和多元化的创新。自20世纪90年代中后期开始，信息和通信技术迅速向第三产业渗透，特别是第二产业与第三产业，数字经济已经深刻地影响到这些产业的经营与发展模式。信息和通信技术的渗透性功能使得信息服务业迅速向第一、第二产业扩张，使三大产业之间的界限模糊，出现了第一、第二和第三产业相互融合的趋势。这种高渗透性使得数字经济在国民经济中扮演着越来越重要的角色，也对各行业的发展产生了深远的影响。

创新性。数字经济通过信息技术和互联网等数字化工具和平台，提供了创新的机会和方式。通过数据的分析和挖掘，数字经济可以发现和应用新的商业模式、产品和服务，推动创新的实现。数字经济的创新性还表现在推动经济活动和社会发展的方式上，通过数字化工具和平台，实现了在线支付、在线购物、在线教育等新的经济活动和生活方式。

综上所述，数字经济的无边界性使得经济活动不再受地域和国界限制，促进了全球经济的融合与发展。渗透性使得数字技术在各行各业广泛应用，推动了传统产业的数字化转型。创新性则是数字经济持续演进和发展的重要驱动力，推动了新商业模式的出现和经济的创新升级。

三、共享应用：网络化、共享经济、智能化

网络化。数字经济的核心是在互联网平台上进行经济活动，因此具有高度的网络化特点。网络化使得不同的主体可以通过互联网进行全球范围的交流、合作和交易，打破了时间和空间的限制，提高了效率和便利性。

共享经济。数字经济推动了共享经济的发展。共享经济是指通过共享闲置资源、技能或服务来实现资源优化配置和价值最大化的经济模式。数字经济提供了共享平台，使得用户可以方便地分享和利用资源，例如共享单车、共享住宿等。共享经济的特点是通过共享实现资源的高效利用，降低成本，提高资源利用率。

智能化。数字经济借助人工智能、大数据、物联网等技术的发展，实现了智能化的经济活动。智能化是指通过计算机和互联网技术来实现智能决策、智能管理和智能服务的能力。数字经济中的智能化应用包括智能制造、智能物流、智能交通等。智能化的特点是通过引入智能技术和算法，提高生产力和效率，实现个性化、定制化的服务。

综上所述，数字经济的网络化特征使得人们能够在全球范围内进行快速的信息传播和合作。共享经济的特征通过共享平台和技术，使得闲置资源得到充分利用和共享。智能化特征则利用人工智能和大数据等技术提供个性化、智能化的产品和服务，提高效率和创造价值。这些特征共同推动了数字经济的发展和创新，有效促进了资源的有效获取和利用，使其更好地服务于人们的生活和工作。

四、市场变革：边际效应递增、马太效应、长尾效应

边际效应递增。数字经济中的边际效应递增指的是随着规模扩大，每增加一单位的产出，所带来的附加效益逐渐增加。这是由于数字技术和互联网的特性，使得数字产品和服务具有非常低的复制成本和传播成本。因此，一旦建立了初始的数字平台或产品，每增加一个用户或增加一个交易，所带来

的成本增加是相对较小的，而收益却能呈指数增长。这种边际效应递增的特征使得数字经济具有快速扩张和成长的潜力。

马太效应。马太效应在数字经济中表现为"富者愈富，穷者愈贫"的现象，也即"强者更强，弱者更弱"。这是由于数字经济中的网络效应和规模经济的存在。网络效应指的是随着用户数量的增加，产品或服务的价值和实用性也增加，吸引更多用户加入形成良性循环。规模经济则使得大型数字平台能够更好地利用其庞大的用户基础和数据资源，提供更优质的产品和服务，从而吸引更多用户。这种效应导致了市场上的一些领先者和巨头公司获取到更多的机会和资源，进一步扩大其优势地位，而劣势者则更难以逆转其劣势。

长尾效应。长尾效应指的是在数字经济中，销售量大的头部产品和销售量少的尾部产品之间的关系。传统经济中，由于渠道有限和成本关系，只有少部分畅销产品能够获得主流市场的关注。而在数字经济中，由于数字化和互联网的特性，人们可以更轻松地访问和购买各种产品和服务。这种情况下，尽管单个尾部产品的销售量可能较小，但由于总体市场庞大，尾部产品的累积销售量却具有相当大的潜力。长尾效应的特征使得市场上的长尾产品和小众市场得到了更多的机会和发展空间。

综上所述，数字经济在市场变革中呈现出边际效应递增、马太效应和长尾效应等特征。这些特征推动了数字经济的快速发展，并对传统产业结构和市场格局产生了深远的影响。

第四节　数字经济的有关行业和产业

国家统计局于 2021 年首次发布《数字经济及其核心产业统计分类（2021）》，从"数字的产业化"和"产业的数字化"两个方面界定数字经济的基本范围，并将数字经济产业划分为五个类别：数字产品制造业、数字产品服务业、数字技术应用业、数字要素驱动业、数字化效率提升业。

狭义的数字经济通常指数字经济的核心产业，即数字的产业化部分，是旨在为产业数字化发展提供数字技术、产品、服务、基础设施和解决方案，以及完全依赖于数字技术、数据要素的各类经济活动，包含数字产品制造业、数字产品服务业、数字技术应用业、数字要素驱动业四个大类。

广义的数字经济包括数字技术与经济社会广泛融合产生的一系列经济活动，即在包括数字经济核心产业的基础上加入"产业的数字化"部分。数字化效率提升也属于"产业的数字化"，旨在应用数字技术和数据资源驱动传统产业的产出增加和效率提升，是数字经济与实体经济的融合。

现对数字经济涉及的相关产业和行业（包括但不仅限于）做简要介绍：

一、数字产业化

（一）集成电路

集成电路（IC）是一种电子器件，主要由半导体器件和电路组成，并且在计算、通信、工业控制、医疗、智能交通等领域得到广泛应用。集成电路产业是数字经济时代的产业基础，以集成电路芯片为核心，涵盖设计、制造、封装测试、设备和材料等多个环节的产业链。

（1）产业现状

集成电路作为国家的支柱性产业，也是引领新一轮科技革命和产业变革的关键力量。目前，集成电路的应用领域不仅覆盖消费电子、汽车电子、计算机、工业控制等传统产业领域，更在物联网、云计算、无线充电、新能源汽车、可穿戴设备等新兴市场获得新的机遇。现阶段，我国已迈入集成电路产业"夯实基础、谋取更大进步"的关键 5 年，随着我国对计算机、通信、智能制造、智能交通等领域大力的资金支持和政策扶持，我国集成电路产业呈现出了快速发展的态势。

产业规模逐渐扩大。在国家政策的支持以及物联网、智能驾驶、新能源汽车、智能终端制造、新一代移动通信等下游市场需求的驱动下，我国集成电路产业市场规模显著增长。数据显示，我国集成电路行业市场规模由 2017年的 5411 亿元增长至 2022 的 12036 亿元，年均复合增长率为 17.3%。中商产业研究院预测，2023 年我国集成电路行业市场规模将达 13093 亿元，同比增长 8.8%。

产业结构逐渐优化。虽然我国集成电路领域在制程技术、材料和设备等

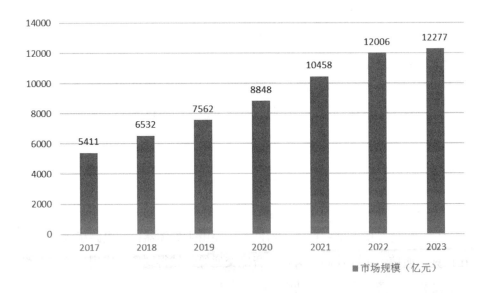

图 1-1　2017—2023 年中国集成电路行业市场规模情况图

方面还存在较大的技术差距，但是在设计和封装等领域已经开始形成一定的竞争优势，产业结构逐渐优化。同时，由于我国政府对集成电路产业的高度重视和大力支持，国内众多集成电路企业已经取得了较大的发展空间和市场份额，形成了一定的市场竞争。

海外市场占有率不断提高。我国集成电路产业已经实现了跨越式发展，并且逐渐向海外市场延伸。目前，我国已成为全球最大的集成电路和半导体芯片进口国，同时也逐渐带动了国际市场的竞争。我国的一些集成电路企业，在海外市场的业务越来越活跃，已经走出国门，成为国际化企业。

（2）数字经济对集成电路产业的影响

首先，数字经济的兴起推动了集成电路产业的创新和发展。数字技术的进步驱动集成电路芯片不断升级换代，使其功能更加强大、性能更加稳定，满足了数字经济各个领域的需求，如人工智能、物联网、云计算等。同时，数字经济的快速发展也为集成电路产业提供了广阔的市场空间，促进了产业链上下游的协同发展。

其次，数字经济的发展也对集成电路产业提出了更高的要求。数字经济对集成电路产业的关键技术、制造工艺、设备等方面提出了更高的要求，需要产业链各个环节加大研发投入、提升技术水平。同时，数字经济的快速发展也对集成电路产业的供应链管理、营销渠道等提出了更高的要求，需要加强与其他产业的协同合作，实现资源共享和优势互补。

最后，数字经济的发展也为集成电路产业带来了新的商业模式和发展机会。数字经济的兴起催生了很多新的商业模式，如芯片定制、云服务、智能制造等。集成电路产业可以通过与其他产业的深度融合，实现产业链延伸和价值链升级，开拓新的市场。

（3）未来发展

随着数字经济的不断发展和新应用的不断出现，集成电路产业将迎来新的机遇与挑战。

产业技术升级。随着5G、云计算、大数据、智能制造等新技术的兴起，集成电路行业面临着严峻的挑战和机遇。在新一轮科技革命和产业变革中，最终胜出的是技术创新，所以，集成电路产业要想取得更大的市场份额和巨大的商业价值，就必须不断加强技术研究和开发，实现产业技术的升级和优化。

产业自主可控。半导体芯片的重要性不言而喻，因为它是限制集成电路可控性的最重要的因素之一。在这种情况下，自主可控是一个国家在发展高新技术产业时必须考虑的问题。因此，我国政府正在推进半导体自主可控项目，并且制定了一系列的政策，以鼓励和培育国内的集成电路企业，提高国内半导体自主可控能力。

产业多业态。作为一个高度集成、附加功能广泛的信息产业，集成电路产业将不断从传统的单一元件制造向整合型、系统型和智能型发展。未来集成电路将呈现"多样化""多功能化""多领域化"的发展趋势，将呈现出从研发、设计、制造到开发完整的产业链向智能化、跨界融合的新发展方向转变。

产业生态周边。随着集成电路产业的不断发展，生态周边将成为集成电路新的增长点。产业周边包括了众多领域，如芯片设计工具、成像元件、光学器件、新型显示技术、智能电子、无线通信等。这些周边产业的不断发展和壮大，将为集成电路产业的升级和发展提供更为广阔的空间。

（二）能源电子

2023年1月3日，《工业和信息化部等六部门关于推动能源电子产业发展的指导意见》（工信部联电子〔2022〕181号）（以下简称《指导意见》）发布。《指导意见》首次从国家发展的战略高度定义了能源电子产业的内涵，明确了发展目标和重点任务，成为能源电子产业发展的里程碑。

能源电子，听起来既熟悉又新鲜。熟悉，是因为电子信息和能源都是工业的粮食，都是国民经济的命脉所在，都是真正的"国之大者"。新鲜，是因为比特与瓦特碰撞，信息流和能量流交融，电子信息技术和新能源需求融合创新，才诞生了能源电子这一快速发展的新兴产业。如果说，"蒸汽机和煤炭""内燃机和石油""电子计算机和核能"分别代表着此前每一轮工业革命,那么"电子信息技术和新能源"则是新一轮工业革命的重要标识。作为生产能源、服务能源、应用能源的电子信息技术及产品的总称,能源电子主要包括太阳能光伏、新型储能产品、重点终端应用、关键信息技术(统称光储端信)等领域。在"光"方面,从"受制于人"到"全球领先",我国已经形成了全球最完整的光伏产业链,多晶硅、硅片、电池片和组件在全球产量占比均超过70%。在"储"方面,2022年1—10月我国锂离子电池总产量超过580吉瓦时,出口同比增长87%,在安全性、能量密度、使用寿命等方面进步显著。在"端"方面,能源电子技术及产品在工业、通信、交通、建筑、农业等领域皆有广泛应用,2022年1—11月,全球锂离子电池装车量前十名中,中国电池企业占据6个席位,合计市场份额达60.5%。在"信"方面,电力电子、柔性电子、传感物联、智慧能源信息系统及有关的先进计算、工业软件、传输通信、工业机器人等适配性技术及产品正在面向新能源领域加速开发和应用,互联网、大数据、人工智能、5G等信息技术已经与绿色低碳产业深度融合。

能源电子,曾经远在天边,如今近在眼前。远,是因为曾经作为装机主流的大型集中式光伏电站多数远在西部地区,要靠特高压技术"西电东输",才能把电力运输到东部地区来消纳。近,是因为随着度电成本的大幅下降,2022年前三季度,我国分布式光伏新增装机已经占到全部新增装机容量的67.2%,光伏已经从少数环保主义者的"贵族"用电,进入寻常百姓家。远,是因为在中国锂离子电池产业刚刚起步的年代里,我国新能源汽车累计销量到2012年年底才只有2万辆,"新能源汽车会取代燃油汽车"听起来就像天方夜谭。近,是因为2022年我国新能源汽车销量达到670万辆,同比增长超过90.3%,2023年新能源汽车渗透率将达36%,每三辆车里就有一辆是新能源车。远,已成为过去。近,除了成果和机遇,更有压力和紧迫。在2022年全国两会上,多位代表委员向记者谈起"东数西算"工程的重大意义和巨大市场,要知道,算力指数每提高1个百分点,数字经济和GDP将分别增长3.3%和1.8%。但他们也同时指出,以新网络、新设施、新平台、新终端为代表的数字新基建对能源需求巨大，"东数西算"更要算好"自身能耗账"。业界常用数据中心耗电量相当于多少个三峡水电站发电量来凸显其用电之巨，摆在能源电子产业面前的任务，就是面向"东数西算"等重大工程提升能源保障供给能力，建立分布式光伏集群配套储能系统，促进数据中心等可再生能源电力消费。

除了"东数西算"、5G 基站、新能源汽车充电桩等，还有太多的领域期待能源电子大展身手。能源电子既是实施制造强国和网络强国战略的重要内容，也是新能源生产、存储和利用的物质基础，更是实现碳达峰碳中和目标的中坚力量。

（三）云计算

在数字经济中，云计算作为一种基于网络的计算模式，通过将计算资源集中管理、共享和按需分配，为用户提供高效、灵活、可扩展的计算服务，成为数字经济发展最具决定性的产业之一。

（1）云计算的基本概念和特点

云计算是一种基于互联网的计算方式，通过将计算资源集中在云端进行管理和调度，使得用户可以根据自身需求灵活使用计算资源。云计算的特点包括弹性伸缩、按需付费、共享资源、高可靠性等。

（2）云计算在数字经济中的重要地位

推动创新和创业：云计算为创新型企业提供了低成本、高效率的计算资源，降低了创业门槛，推动了创新和创业的发展。

提升生产力和效率：云计算可以根据用户需求为其提供弹性伸缩的计算资源，使企业能够更加灵活地应对市场变化，提高生产力和效率。

促进数字化转型：云计算为企业提供了数据存储和处理的能力，支持大规模数据分析和人工智能应用，帮助企业实现数字化转型。

促进合作与共享：云计算平台提供了共享资源的机制，促进了企业之间的合作与共享，推动了产业链上下游的协同发展。

（3）云计算在各行业的应用

电子商务行业：通过云计算平台，电商企业可以快速构建和扩展自己的在线商城，并利用云端的大数据分析能力进行用户画像和个性化推荐，提升用户体验和销售额。

金融行业：云计算可以为金融机构提供高性能的计算和存储资源，支持大规模数据分析和风险管理，提升金融服务效率和安全性。

制造业：云计算可以帮助制造企业实现智能化生产和物流管理，提高生产效率和产品质量，并支持远程监控和维护，降低成本和风险。

在数字经济时代，云计算作为一项决定性的产业，发挥着重要的推动作用。它不仅促进了创新和创业，提升了生产力和效率，还推动了数字化转型和产业合作共享。随着技术的进一步发展和应用，云计算将在更多行业中发挥重要作用，推动数字经济持续健康发展。

（四）大数据

大数据是指规模庞大、类型多样且难以处理的数据集合。在数据经济中，大数据具有重要的价值和意义，它可以通过分析和挖掘海量数据，揭示隐藏在数据背后的规律和趋势，为企业提供准确的市场信息和用户需求。

（1）大数据在数字经济发展中的机会

智能决策支持：大数据分析可以帮助企业从海量数据中提取有价值的信息，为决策者提供准确、全面的数据支持，帮助他们做出更明智的决策。

精准营销和个性化推荐：通过对大数据的分析，企业可以了解消费者的购买行为、偏好和需求，实现精准营销和个性化推荐，提升用户体验和满意度。

风险管理和预测：大数据分析可以帮助企业识别潜在的风险和机会，进行风险管理和预测，提高企业的竞争力和抗风险能力。

创新和新业务模式：大数据为企业创造了新的商业机会和增长点。通过对大数据的分析，企业可以发现新的市场需求、产品创新和服务模式，推动产业的创新和发展。

（2）大数据在数字经济发展中的变革

数据驱动决策：大数据的应用将改变企业的决策方式，从主观经验和直觉驱动转变为基于数据的决策，提高决策的科学性和准确性。

产业结构的重塑：大数据的广泛应用将重塑各个行业的竞争格局和产业结构。那些能够充分利用大数据的企业将获得竞争优势，而不适应变革的企业可能面临被淘汰的风险。

数据治理和隐私保护：大数据的应用也带来了数据治理和隐私保护的挑战。企业需要建立健全的数据治理机制，保护用户数据的安全和隐私，同时遵守相关法律法规。

（3）不同行业中的大数据应用

金融领域：大数据分析可以帮助金融机构进行风险评估、信用评分和欺诈检测，提高风险管理和客户服务的效率和准确性。

医疗领域：大数据分析可以应用于医学影像诊断、疾病预测和个性化治疗等方面，提高医疗诊断的准确性和效率。

零售行业：大数据分析可以通过分析消费者购买行为和偏好，实现精准营销和个性化推荐，提升用户购物体验和店铺销售额。

物流和供应链管理：大数据分析可以帮助企业优化物流和供应链管理，提高运输效率、降低成本，并及时应对供需波动。

大数据作为数字经济的主要产业之一，带来了巨大的机会和变革。它不仅可以提供智能决策支持、精准营销和个性化推荐，还能促进创新和新业务模式的出现。然而，大数据的发展也对决策方式、产业结构和数据隐私等方面带来了深远的影响。因此，政府、企业和社会应共同努力，制定相关政策和规范，推动大数据的健康发展，并确保其在数字经济中发挥积极的作用。

（五）工业互联网

工业互联网为数字产业化和产业数字化提供重要支持。工业互联网既是工业数字化、网络化、智能化转型的基础设施，也是互联网、大数据、人工智能与实体经济深度融合的应用模式。

一方面，工业互联网是数字产业化的新增长极，工业互联网能够带动5G、人工智能、边缘计算、区块链等核心数字技术的创新融合发展，提升关键技术的创新力和核心数字产业竞争力。另一方面，工业互联网是产业数字化的新型基础设施，依托其网络、平台、安全、数据四大功能体系，打造泛智能基础设施，筑牢产业转型升级的数字底座；同时，工业互联网的融合应用推动了一批新模式、新业态孕育兴起，形成了平台化设计、智能化制造、网络化协同、个性化定制、服务化延伸、数字化管理六大典型应用模式，正在赋能千行百业，成为传统产业数字化转型、提高产业链供应链现代化水平的重要支撑。

（1）核心产业增加值规模快速增长，全产业链受益

我国工业互联网的部署与使用大多集中于数字化基础较好，对自身数字化、网络化、智能化转型定位清晰并且目标明确的大型企业。

细分行业的使用率情况也较为集中，机械、能源、轻工、石化、电子信息等行业的工业互联网使用率相对较高，工业互联网对冶金、汽车、装备制造、航空航天等众多工业细分行业覆盖率则有待进一步挖掘和提升，发展潜力巨大。根据艾瑞咨询的测算，2022年工业互联网核心产业增加值规模达到约9389亿元，2021—2025年复合增长率保持在20%，呈快速成长趋势。从结构上看，平台与软件产业在增加值规模中占比最高，达46%，自动化、数字化装备、安全、网络产业占比分别为21%、20%、12%、1%。

（2）AI助力工业互联网打通智能制造

建立智能制造体系是工业企业实现优化的必要途径。工业互联网为工业企业提供通用的算力（工业云计算和边缘计算）、算据（工业大数据）以及算法（工业人工智能），其中大数据作为人工智能技术发挥作用的必要燃料，助推工业互联网从网络化、数字化转而最终实现智能化，并全面融入研发、生产、销售、运维等各环节，使企业建立智能制造系统，这也是工业企业实现降本增效、升级优化的必经之路。

（3）AI是打通智能制造"最后一公里"的关键环节

工业互联网的核心是数据驱动的智能分析与决策优化，人工智能技术从

广义上来看正是一种通过算法模型对数据进行处理的方式。人工智能技术能从根本上提高系统建模和处理复杂性、不确定性、常识性等问题的能力，显著提升工业大数据分析能力与效率，为解决工业各领域诊断、预测与优化问题提供得力工具。工业数据智能分析支撑工业互联网实现数据价值深度挖掘，成为打通智能制造"最后一公里"的关键环节。

（六）物联网

物联网（Internet of Things，简称 IoT），作为数字经济时代的支柱产业之一，正在逐渐改变我们的生活和工作方式。以下是对物联网在数字经济时代中的角色及其影响的具体分析。

首先，物联网是数字化转型的重要驱动力。通过将各种设备与互联网连接，物联网能够收集大量数据，为人工智能、大数据分析等提供原始输入。这些数据可以用来优化设备性能，预测和防止故障，提高效率，从而推动各行业的数字化转型。

其次，物联网正在改变我们的日常生活。智能家居是物联网应用的一个典型例子。通过物联网技术，我们可以远程控制家中的电器：如灯光、空调、电视等；智能门锁可以提高家庭安全；智能冰箱可以帮助我们管理食品存储等。这些都极大地提升了我们的生活便利性和舒适度。

再次，物联网也在改变各个行业的运营模式。在制造业，物联网可以实现设备的实时监控和维护，提高生产效率，降低运营成本。在医疗行业，物联网可以实现远程监测和诊断，提高医疗服务的质量和效率。在农业，物联网可以实现精准农业，提高农作物的产量和质量。

最后，物联网的发展也带来了新的挑战。数据安全和隐私保护是其中最主要的问题。由于物联网设备数量众多，且往往缺乏有效的安全防护，它们可能成为黑客攻击的目标。因此，如何确保数据的安全和保护好用户隐私，是物联网发展必须面对的重要问题。

总的来说，物联网作为数字时代的支柱产业，正在推动社会的数字化转型，改变我们的生活和工作方式。但同时，我们也需要关注和解决物联网发展中的安全和隐私问题。只有这样，我们才能充分利用物联网的潜力，推动社会的持续进步。

（七）区块链

区块链作为一种基于密码学技术的分布式账本系统，其去中心化和数据不可篡改的特点与数字经济相结合，使得数字经济在信息安全、交易效率、信任机制等方面得到了极大的提升。区块链不仅改变了传统金融行业的运作方式，也为物联网、供应链管理、版权保护等领域带来了全新的解决方案。因此，区块链与数字经济是密不可分的，两者相互促进、共同发展。

（1）区块链的定义及基本原理

区块链是由一系列数据块按照时间顺序连接而成的链式结构。每个数据块包含了一定数量的交易记录，具有时间戳以及前一块的哈希值。通过加密算法，每个数据块的哈希值与前一块的哈希值相关联，形成了一个不可篡改的连续链条。

（2）区块链的特点与优势

区块链采用分布式账本的形式存储交易数据，使得多个参与方可以共享和验证数据的状态，提高数据的安全性和可靠性。

区块链通过去中心化的构架，摒弃了传统中心化机构的垄断地位，实现了由众多节点共同维护和验证账本的目的。这种去中心化的特点使得区块链更为透明和公正。

区块链中每个数据块的哈希值与前一块的哈希值相关联，一旦交易数据被记录在区块链上，基本上不可篡改。这种特点使得区块链成为了数字经济中数据安全和可信任的重要基石。

区块链交易数据的存储和验证过程是公开透明的，任何人都可以查看和验证交易记录，确保交易的可追溯性。这种特点可以有效防止数据篡改和欺诈行为。

区块链可以通过智能合约技术，实现自动化执行和合规性管理，提高交易的效率和准确性。智能合约可以作为数字经济中各方之间的一种信任机制和约束机制。

（3）区块链为数字经济带来的改变

区块链通过分布式账本和加密算法，提供了更高的安全性和可信任性，使得数字经济中的交易和数据更加安全可靠。区块链技术可以防止数据篡改和欺诈行为，增加数字经济中的信任度和合规性。

区块链技术可以通过去中心化和智能合约等特点，降低交易的中间环节和费用。数字经济中的各种交易和合作可以通过区块链技术实现自动化和高效化，提高交易效率和准确性。

（八）人工智能

人工智能是模拟和复制人类智能的技术和系统，通过机器学习、深度学习和自然语言处理等技术，使计算机具备感知、理解、推理和决策的能力。

在数字经济中，人工智能扮演着重要的角色，它能够从海量的数据中提取有价值的信息，实现个性化推荐、智能客服等服务。

人工智能为什么会成为数字化时代的主要产业之一？

（1）人工智能带来的机会

数据挖掘和洞察力：人工智能可以通过对大数据的分析和挖掘，发现隐藏在数据背后的规律和趋势，为企业提供准确的市场信息和用户需求，帮助企业做出更明智的决策。

自动化和效率提升：人工智能可以实现自动化的任务处理和流程优化，提高工作效率和生产力。例如，机器人在制造业中的应用，可以替代繁重、危险或重复性的工作，提高生产效率和产品质量。

个性化和定制化服务：人工智能可以根据用户的喜好、行为和需求，提供个性化的产品推荐、广告投放和客户服务，提升用户体验和满意度。

创新和新业务模式：人工智能为企业创造了新的商业机会和增长点。例如，虚拟助手、无人驾驶汽车、智能家居等领域的创新应用，正在改变我们的生活方式和商业模式。

（2）人工智能带来的变革

工作岗位的变化：人工智能的发展将对传统工作岗位产生影响和改变。一方面，一些低技能、重复性的工作可能被机器人和自动化系统取代；另一方面，人工智能也将创造新的工作岗位，如数据科学家、机器学习工程师等。

产业结构的重塑：人工智能的广泛应用将重塑各个行业的竞争格局和产业结构。那些能够充分利用人工智能技术的企业将获得竞争优势，而不适应变革的企业可能面临被淘汰的风险。

数据隐私和安全：人工智能需要大量的数据支持，但同时也带来了数据隐私和安全的挑战。保护用户数据的安全和隐私，成为人工智能发展过程中的重要课题。

（3）不同行业中人工智能的应用

金融领域：人工智能可以通过分析大量的金融数据，提供风险评估、信用评分和欺诈检测等服务，改进金融机构的风险管理和客户服务。

医疗领域：人工智能可以应用于医学影像诊断、疾病预测和个性化治疗等方面，提高医疗诊断的准确性和效率。

零售行业：人工智能可以通过分析消费者购买行为和偏好，实现精准营销和个性化推荐，提升用户购物体验和店铺销售额。

制造业：人工智能可以应用于生产计划优化、质量控制和设备维护等方面，提高制造业的生产效率和产品质量。

（九）虚拟现实和增强现实

自从"十四五"规划将虚拟现实和增强现实产业划入数字经济的七大重点产业以来，VR/AR技术加速向影视、工业、金融、医疗、教育等领域渗透，并逐步实现规模化发展。如今，这一新兴产业正迎来消费端放量拐点，赋能数字经济稳健前行。

虚拟现实（Virtual Reality，VR）与增强现实（Augmented Reality，AR）产业是指利用先进的技术手段，为用户创造身临其境的虚拟世界或将虚拟元素与真实世界进行融合的产业。

虚拟现实指的是通过专门的设备（如头显、手柄等）将用户带入计算机生成的虚拟环境中，让用户可以与虚拟世界进行交互和体验。增强现实则是在真实环境中叠加虚拟元素，使用户能够在现实中看到虚拟的图像、文字或视频等。

虚拟现实与增强现实产业的发展离不开以下几个方面的特点和关键技术：

（1）特点

沉浸式体验：虚拟现实技术能够让用户身临其境地感受虚拟环境，提供一种身临其境、全感官的体验。

交互性与参与感：虚拟现实和增强现实技术可以实现用户与虚拟元素的交互，并使用户参与到虚拟世界或与真实世界融合的体验中。

多领域应用：虚拟现实与增强现实技术不仅在娱乐和游戏领域有广泛应用，还在教育、医疗、设计、工程等领域产生了积极的影响。

（2）关键技术

展示设备：虚拟现实设备包括头显、手柄、全景摄像机等，用于创建和展现虚拟环境并与用户进行交互。增强现实则需要相机、智能手机、平板电脑等设备。

感知与追踪技术：通过传感器、摄像头等技术获取用户的动作、位置、眼动等信息，实现对用户的追踪和感知。

三维建模与渲染技术：创建和呈现虚拟场景、物体、效果等的技术，保证虚拟环境的真实感和逼真度。

增强现实引擎：将虚拟元素与真实场景进行融合的软件引擎，提供图像识别、空间定位、图像跟踪等功能。

当前，5G网络、人工智能、云计算、物联网、区块链、数字孪生等新技术与虚拟现实技术加速融合，虚拟现实产业正处于一个新的发展窗口期。产业发展呈现以下趋势：

产业生态不断优化。近年来，VR硬件、软件、内容制作与分发、应用与服务等产业链主要环节发展迅速，VR 产业生态不断完善。

应用场景"百花齐放"。近年来，随着虚拟现实关键技术不断突破，应用创新的广度和深度日益拓展，VR 加速融入群众生产生活，虚拟与现实无缝对接的场景不胜枚举。如 VR+ 游戏、VR+ 医疗、VR+ 教育、VR+ 交通管理、VR+ 工业制造、VR+ 文化旅游等。

技术进步"多点开花"。在关键技术领域，我国虚拟现实产业在近眼显示技术、多感官协同技术、全景摄录技术、虚拟仿真技术等方面取得重要突破。在近眼显示环节，我国在快速响应液晶屏、硅基有机发光二极管（OLED）等领域已具备量产和技术优势。

尽管如此，虚拟现实与增强现实技术仍面临着很多问题和挑战。

优质的虚拟现实内容相对缺乏。内容产出量少，频度不够，市场规模就会受影响。虚拟现实内容质量与硬件性能不匹配，迫切需要更优质、更丰富的虚拟现实内容来提升用户体验，特别是在大众消费领域。

产业生态还需进一步完善。尽管很多企业对产业链中的薄弱环节进行了"强链"行动，但全球虚拟现实产业链协同创新能力仍亟须进一步加强。

全行业对虚拟现实技术系统性的科研不足。技术研发单点创新多、系统性的突破少、应用研发多、基础性突破创新少、娱乐性应用多、战略性行业应用少、视觉展示体验多、交互式体验少、交互层次也比较浅。

二、产业数字化

（一）电子商务

电子商务（e-commerce）指的是基于互联网和电子技术，在虚拟空间中进行商务活动的一种商业模式。数字经济为电子商务的发展提供了有利条件，推动了电子商务产业的快速增长，同时电子商务模式也在不断地发展和改变。数字经济时代的电子商务模式与传统的商业模式有很大的不同，它更注重数字化、智能化和创新性，通过利用互联网及信息技术为企业及消费者提供简便、高效、低成本和个性化的服务和产品。

第一，数字经济时代的电子商务模式更加数字化。数字化是指企业将传统的产品、服务、营销渠道等通过互联网技术进行数字转化，一方面可以完成实物化产品的数字化销售，另一方面可以直接提供通过互联网创建的数字化产品。此外，在数字经济时代，用户数字素养的提高，也使得数字购物成为消费越来越主流的方式。

第二，数字经济时代的电子商务模式更加智能化。智能化是指企业通过大数据、云计算、物联网等技术手段，对消费者的需求、消费习惯进行数据挖掘和分析，从而实现个性化定制，提高消费者满意度和忠诚度。

第三，数字经济时代的电子商务模式更加具有创新性。互联网技术的快速发展，推动了商业模式的不断更新和变革。随着新兴技术的应用，企业不断创新，开创多元化的电子商务模式，例如社交电商、共享经济、O2O 等。

总的来说，数字经济时代的电子商务模式主要体现在数字化、智能化、创新性和平台化等方面。数字化和智能化体现了企业面临数字经济时代的技术创新压力，创新性则是企业实现竞争优势的重要途径，而平台化则是更好地服务消费者的重要手段。数字经济时代的电子商务模式不仅带来了商业机遇，也带来了史无前例的挑战，企业应不断拥抱变革，利用数字技术创新营销方式、增强消费者体验，实现商业的可持续发展。

（二）数字内容

数字内容产业是指通过数字技术创作、加工、传播和展示各种数字化内容的生产和经营活动。这些内容可以包括文字、图片、音频、视频、游戏、移动应用程序等形式。

以下是数字内容产业在数字经济中的一些关键特点和要素：

多样化的内容形式：数字内容产业涵盖了各种形式的内容，包括影视作品、音乐、出版物、游戏、动漫、虚拟现实和增强现实应用、移动应用程序等。这些内容通过数字化技术的加工和传播，可以以多种方式呈现和消费。

数字技术的创新应用：数字内容产业紧密依赖于数字技术的创新应用。例如，人工智能技术支持内容的个性化推荐和智能生成，区块链技术可以确保内容的版权保护和交易的可追溯性，增强现实技术使用户可以与虚拟内容进行互动等。

跨界融合与协同创新：数字内容产业在数字经济中实现了与其他行业的融合。例如，数字内容与旅游、教育、健康等行业相结合，形成了数字旅游、在线教育和数字医疗等新兴领域。数字内容产业还鼓励协同创新，促进创作者、技术提供商、平台运营商和用户之间的合作与交流。

个人参与和用户体验：数字内容产业激发了个人的创意和参与。越来越多的个人创作者可以通过数字技术创作和发布内容，如自媒体、博客、短视频等。这一产业也注重用户体验，通过提供个性化推荐、交互性和社交性功能，满足用户的需求。

全球化和跨境交流：数字内容产业具有全球化的特征。数字技术打破了地域和语言的限制，促进了全球范围内的内容创作、传播和交流。数字内容可以通过互联网迅速传播到全球观众，国际合作和市场开拓成为数字内容产业发展的重要趋势。

数字内容产业在数字经济中扮演着重要角色，它不仅创造了巨大的经济价值和就业机会，还丰富了人们的生活方式和娱乐方式。然而，数字内容产业也面临一些挑战，例如版权保护、盗版问题、信息安全和用户隐私等方面的挑战。政府和相关行业需要加强合作，制定政策法规，推动数字内容产业的健康发展，并保护创作者的权益和用户的利益。

（三）产业数字金融

产业数字金融是近年来兴起的一种新型金融业态，它以数据为重要生产要素，利用数字技术为特定产业提供数字化投融资、支付结算、租赁信托、保险等综合金融服务，旨在促进产业转型升级。产业数字金融的价值在于，它通过提高产业链协同效率、变革风险管理方法等手段，为实体经济的发展提供了新的动力。

在传统的金融业态中，数字金融主要面向消费端客户，提供线上化、场景化的移动支付、个人信贷、理财等。但是随着产业互联网的发展，企业端数据被采集起来，数字金融开始将实体经济引入数字金融生态，为产业链上的中小企业提供专业的财务咨询、价格风险管理、融资租赁等服务，从而带动产业链协同共进、价值共创。

产业数字金融能够提高产业链协同效率，优化集团内各部门的资源配置，发挥企业集团的辐射效应，从而促进产业链上的中小企业发展。同时，它还能够变革风险管理方法，从关注各个节点构成的复杂网络中的风险传染，到更加全面地管理整个网络的风险。

产业数字金融是现代化产业体系建设的核心之一，它可以有效提高产业链协同效率、变革风险管理方法，为实体经济的发展提供新的动力。针对二十大报告提出的更高要求，未来还应从以下几个方面加强产业数字金融的发展：

首先，完善产业数字金融的合规治理和发展规划。制定数据产权保护法律法规，完善产业数字金融的合规治理，明确业务准入门槛和风险管理规则，建立风险监测和预警机制，避免风险传递和蔓延。同时，扩大试点金融链长制，与产业链链长制对接，使金融服务与各地产业发展需求联系更紧密。

其次，激发产业数字金融市场的活力。金融机构可以打造绿色产业数字金融、跨境产业数字金融、科创产业数字金融、乡村产业数字金融等特色模式，拓宽产业数字金融市场空间。同时，金融机构可以创新金融顾问制度，为产业链量身提供专业的财务分析、风险管理、融资策略等综合性服务，提升产业竞争力。

最后，推动数字技术在实体经济中的深度融合。建设数字化基础设施和公共服务设施，吸引数字化相关企业进驻。建立数字化转型服务平台，整合数字化服务商、技术专家、培训机构等资源，为不同行业中小企业提供合适的数字化转型方案、工业 App、技术咨询等服务。同时，用好数字化转型税收优惠政策与专项政府基金等，提高中小企业数字化转型能力，鼓励中小企业"上云用数赋智"。

（四）数字政府

数字乡村、智慧城市、数字政府建设加速推进，移动互联网进一步赋能社会治理和民生服务。网络购物、手机游戏、网络视频、手机外卖、在线医疗等基于移动互联网的新应用、新业态蓬勃发展，稳就业、促消费，对加快构建新发展格局、满足人民美好生活需要的作用进一步凸显。

数字经济的发展催生了大量的数字平台，数字政府一方面可以在数字平台上开设官方政务号，提升政务覆盖人群；另一方面也可以构建平台型政府，与数字平台的接入者之间形成更为紧密的网络联结关系。平台型政府的信息传递更及时，信息透明度更高，政府与民众的信息交互性也更强。构建平台型政府，以各级政府为核心，发挥集体智慧，集中社会各层级力量做好公共治理。平台型政府下，数字政府领导数字平台和民众共同形成数字共治能力，为中国国家治理体系的现代化提供动力，也为疫情治理、共同富裕、"双碳"发展等目标的实现凝聚全社会的合力。

（1）数字政府的概念

数字政府是指以现代互联网、物联网、大数据、人工智能、区块链等技术为支撑，充分契合政府发展的客观规律与政府建设创新的主观能动性的一种多元化协同、多维度互动、多空间泛在的新时代高效行政服务模式。

党的十九大提出，完善党委领导、政府负责、社会协同、公众参与、法治保障的社会治理体制。十九届四中全会发展了十九大的理论成果，在完善社会治理体制方面增加了"民主协商"和"科技支撑"。党的二十大报告中提出"转变政府职能，优化政府职责体系和组织结构，推进机构、职能、权限、程序、责任法定化，提高行政效率和公信力"。建设数字政府恰好回应了我国体制性改革的要求，是政府提高行政效率、推动治理能力现代化的关键手段。

据中研普华研究院《2023—2028 年中国数字政府建设行业市场发展现状调研及投资前景预测研究报告》分析，数字政府建设的推进，未来将极大改变现有的治理结构，加速政府治理体系和治理能力现代化的进程，重新形塑政府治理的诸多方式和治理主体。总体来看，我国当前电子政务的建设已初具成效，为"十四五"期间进一步提升数字政府治理能力奠定了坚实基础。

（2）数字政府建设行业分析

数字政府建设的核心目的是以人为本，实施路径是共创共享共建共赢的生态体系。根据政府业务职能和相关支撑，主要涉及的行业支撑服务包含电子政务内网、政务外网、政务云资源、网络安全、一体化的数据平台和服务平台，以及政府门户、协同办公和各部门业务智慧应用模块等。在建设各应用模块的同时，更要加强统筹协调，不断推动体制机制创新、技术创新和业务创新。

党的十九大报告提出了从 2020 年到 2035 年基本实现社会主义现代化的目标，强调要统筹推进"五位一体"总体布局。按照"十四五"规划纲要加快数字化发展、建设数字中国的要求，进一步统筹推进数字政府、数字经济、数字社会、数字生态建设，为建设社会主义现代化国家提供强有力的支撑。

（3）数字政府建设行业发展方向

数据赋能是数字政府建设的关键和发展方向。一是建立健全数据治理制度和标准体系，创新数据管理机制，明确数据归集、共享、开放、应用、安全、存储、归档等责任，加快推进全国一体化政务大数据体系建设。二是加强数据汇聚融合、共享开放和开发利用，高度重视公共数据质量，依法依规促进数据高效共享和有序开发利用，充分发挥数据的基础资源作用和创新引擎作用。三是激发数据要素新动能，实现技术、业务与数据要素的深度融合，提高政府决策科学化水平和管理服务效率，提升各行业各领域运用公共数据推动经济社会发展的能力，充分释放数据要素价值，催生经济社会发展创新动力。

数字政府、数字经济、数字社会和数字生态的协同发展、互为支撑、彼此渗透、相互交融，将高质高效推进"全国一盘棋"的数字中国建设和发展。一是数字政府建设统筹推进技术融合、业务融合、数据融合，提升跨层级、跨地域、跨系统、跨部门、跨业务的协同管理和服务水平。通过部门间的协同合作机制，构建无缝衔接的数字政府协同高效数字化履职能力体系，向社会提供一体化公共服务。二是数字政府推进过程中的数字化投入、数字化服务、数字化政策和数字化监管等举措整体优化、融会贯通，打造适合数字中国融合发展的良好生态。三是数字政府推进过程中创造一种鼓励学习数字化转型的文化，积极塑造数字环境，优化组织结构，创新工作方式，为数字中国人力资源培育创造融合发展的优越条件。

☆ 第二章 ☆

数字经济发展的历史沿革

第一节 国际：全球链接，促进数字经济结构迭代

一、信息化阶段：全球信息系统的建设

以因特网为标志的数字技术创新是数字经济时代的黎明。早期信息系统的建设和早期计算机网络的发展，为现今的全球信息交流和数字经济奠定了基础，因而数字经济的起源必然要追溯到因特网技术的形成与发展。

20 世纪 60 年代是互联网发展的基础技术阶段。第二次世界大战后，当时的美国和苏联同为世界上的"超级大国"，两国及其盟国之间展开了数十年的"冷战"。1957 年，苏联发射了人类第一颗人造地球卫星 Sputnik，这是给美国举国上下带来巨大危机感的"卫星时刻"。在这种紧张的气氛下，1958 年美国总统艾森豪威尔（Dwight D. Eisenhower）授权美国国防部组建了 ARPA（Advanced Research Project Agency，美国国防部高级研究计划局）科研部门。ARPA 面向大学和科研体系，为军事领域孵化前沿的科学技术应用，寻求高科技支持下的军备优势，建立一个不依靠单一中央控制计算机操纵的

巨大网络，防止出现苏联的核打击导致自身计算机系统瘫痪的被动局面。1966 年，一个新型通信网络项目在内部立项，ARPA 将其命名为 ARPANET（阿帕网），后来的"互联网之父"拉里·罗伯茨（Larry Roberts）负责项目实施。1967 年，在美国密歇根州安娜堡召开的 ARPA IPTO PI 会议上，拉里·罗伯茨组织了有关 ARPANET 设计方案的讨论；不久后，发表了第一篇关于 ARPANET 设计的论文"Multiple Computer Networks and Intercomputer Communication"（《多计算机网络和计算机之间的通信》）。在罗伯茨的设计中，处理数据路由的任务由一个小型的廉价计算机来承担，命名为 IMP（Interface Message Processor，接口消息处理器），其作用是连接、调度和管理，人们将其视为路由器的雏形。1969 年，美国国防部斥资支持 BBN（Bolt Beranek and Newman Inc.）公司负责研究各计算中心之间的通信方法。同时，拉里·罗伯茨计划在美国西南部建立一个四节点的网络，节点分别是加州大学洛杉矶分校、斯坦福大学研究学院、加州大学圣巴巴拉分校和犹他州大学的 4 台大型计算机。1969 年 12 月，随着最后一台 IMP 安装成功，第一个 ARPANET 正式诞生，四所大学的 4 台大型计算机之间联网通信成功，成为了早期全球计算机网络的先驱，标志着互联网完成了从 0 到 1 的进程，人类社会开始进入"网络时代"，数字经济开始萌芽。

　　20 世纪 70 年代，是互联网基础协议阶段。1970 年，史蒂夫·克洛克（S.Crocker）领导的国际网络工作小组（International Network Working Group，简称 INWG）完成了最初的名为网络控制协议（NCP）——阿帕网主机到主机协议。这种网络交换方式能够更有效地利用网络资源，已经成为目前因特网上的标准交换方式，并成为当前"语音、数据和图像"三网合一的关键。1972 年，鲍伯·卡恩首次在国际计算机通信大会（ICCC）上成功演示了 ARPANET 网络。由于 ARPANET 的成功，计算机网络领域开始涌现出其他网络类型，例如夏威夷建立了无线电网络，硅谷发明了以太网络，太空卫星组建了卫星网络等。1973 年，ARPANET 通过卫星通信与夏威夷、英国伦敦大学以及挪威皇家雷达机构实现了联网。ARPANET 逐渐从美国本土的互联网络演变成了国际性的互联网络。

1973 年，针对人们发现的 NCP 协议的缺点（如 NCP 只能在同构环境中运行，又比如 NCP 支持的主机数量有限），传输控制协议（Transmission Control Protocol，TCP）应运而生。1978 年，TCP 协议被从分层思想的角度划分为两个协议：一是传输层的 TCP 协议，保证信息在网络间可靠地传递，保证接收到的信息在传送途中不被损坏；二是网络层的 IP 协议，负责在不同的网络之间进行互联。TCP/IP（Internet Protocol）协议规定了网络中所有通信设备的通信方式，尤其是主机之间的数据交换格式和传输方式。因此，在网络上连接的所有计算机只要遵循这个协议，就能够通过网络传输任何以数字形式存在的文件或命令。TCP/IP 协议最终成为计算机网络互联的核心技术。1979 年，IBM-PC 5150 计算机采用 Intel8808 处理器，是第一部真正意义上的个人计算机。互联网开始不仅仅局限于国防部的项目，大学体系的科学精神和开放路线成为绝对主导的价值观，开启以科研机构主导的新阶段，数字计算机网络技术开始走向实用。

在 20 世纪 80 年代的基础应用阶段，各种类型的网络在全球各地涌现，通过电子邮件、BBS（网络论坛）和 USEnet（新闻组网络）等应用的普及，推动了全球学术界的互联网连接。在这个过程中，TCP/IP 和 NSFnet（国家科学基金会网络）在协议和网络竞争中脱颖而出，成为了胜利者。1982 年，TCP/IP 协议成为刚刚起步的互联网的重要协议，第一次明确了互联网的定义，即将互联网定义为通过 TCP/IP 协议连接起来的一组网络。1983 年，美国国防部将 ARPANET 划分为军用和民用两个部分。1984 年，TCP/IP 协议终因其开放性和简单性成为计算机领域共同遵守的一个主流标准。至此，基于 IP 协议标准的互联网诞生了。此后，美国国家科学基金会（NSF）出资，基于 TCP/IP 协议，建立完全属于自己的 NSFnet 广域网，即国家科学基金会网络。NSFnet 的发展非常迅速，把美国所有的大学和研究机构的计算机中心连接起来，通过区域性网络，再互联成为全美范围的计算机广域网；之后，又逐渐和全球各地原有的计算机网络相连，把因特网拓展到了全球范围。NSFnet 网络速度比当时民用的 ARPANET 要快 25 倍以上，从而逐渐取代了阿帕网，成为美国因特网的主干网。直至 1990 年 6 月 1 日，ARPANET 正式退出历史舞台。互联网的核心理念是开放性的网络结构，它采用了统一的网络互联标准，为自由选择和利用各种网络服务以及全球范围内的信息检索提供了便利。在开放架构中，互联网用户既是其使用者和服务对象，也是开发者和服务提供者，成为互联网赖以存在和发展的主要资金来源和支撑力量，是网络的财富和活力所在。

经历了长达三十年的商业化孕育、积淀的扩散，互联网积聚起巨大的潜能，随时准备爆发。互联网的出现使得全球互联互通成为可能：TCP/IP 协议使得不同类型的网络相互连接，突破了地理障碍，开创了全新的合作模式；早期的邮件服务和论坛成为学界和技术人员交流的平台，促进了全球范围的信息共享。可见，早期计算机网络的发展是一次巨大的技术革命，不仅推动了计算机科学和通信工程的飞跃，更为全球化、信息共享和数字经济的兴起铺平了道路，成为了现今数字世界的基石。

二、网络化阶段：全球互联网的普及与万物互联

20 世纪 90 年代，万维网（World Wide Web，简称 WWW）的诞生和商业化浪潮推动着互联网走向大众，以浏览器、门户和电子商务等为代表的应用，广泛开启了互联网发展的第一次投资热潮。1989 年，欧洲核子研究中心（European Organization for Nuclear Research，简称 CERN）的科学家蒂姆·伯纳斯·李（Tim Berners-Lee）成功开发出世界上第一个 Web 服务器和第一个 Web 客户机，定名为万维网。蒂姆没有为这一开拓性的发明申请专利，而是将万维网免费提供给每个人使用。从此，大量新鲜事物陆续诞生：例如，1991 年，Gopher 作为第一个查找文件内容而不仅仅是查找文件名称的搜索协议诞生，也让以后的搜索引擎成为互联网的重要支柱；同年，MP3 文件格式正式成为标准，为互联网带来悦耳的音乐，为多媒体的蓬勃发展拓宽了道路。

1993 年，执政后的美国克林顿政府在因特网的基础上提出"国家信息基础设施行动计划"，推出"信息高速公路"战略。其最终目标是，使所有的人都能经过"信息高速公路"进行联机通信，实现远程工作、远程教育、远程医疗及数字出版、数字通信、数字图书馆、家庭数字影院、电子商务等，由此将个人、企业、机构和政府等密切连接起来并为之提供各种服务。受此影响，欧盟、加拿大、俄罗斯、日本等国家也纷纷推出各自的"信息高速公路"建设计划，世界各国积极投入大量资金进行信息基础设施建设。

1993 年，浏览器的问世被许多人认为是开启互联网辉煌年代的里程碑。1994 年，网景通信公司（Netscape Communications Corporation）成立，开发出导航者浏览器，引发 IT 产业爆发式增长，以互联网为核心的信息技术开始渗透到社会经济的各个方面。而在随后的 1995 年，更多标志性的商业成果爆发，让 1995 年被普遍认为是数字经济开始进入网络时代的元年。这一年，雅虎（Yahoo！）成立；Compuserve、America Online 和 Prodigy 开始提供互联网访问；Amazon.com，Craigslist 和 eBay 上线；第一个在线约会网站 Match.com 发布。加拿大商业策略大师唐·泰普斯科特被认为是最早提出"数字经济"概念的人之一，他在 1995 年出版的名为《数字经济》的著作中详细论述了互联网对经济社会的影响。此后随着曼纽尔·卡斯特的《信息时代三部曲：经济、社会与文化》、尼古拉·尼葛洛庞帝的《数字化生存》等一系列著作的问世，数字经济的理念在全世界流行开来。1996 年，互联网商业化的浏览器战争爆发，PC 行业最具垄断力量的微软投入重金抢占浏览器市场。微软借助收购 Hotmail 而一跃成为全球注册用户最多和访问量最大的三大网站之一。1997 年，里德·哈斯廷斯（Reed Hastings）和马克·伦道夫（Marc Randolph）成立了 Netflix，拓展了在线影片租赁。与此同时，网络硬件领域的三大供应商思科、3COM 和海湾网络公司的营业收入达到 10 亿美元，成为主要的受益者。1998 年，谷歌（Google）作为搜索引擎诞生；两年后，雅虎与其合作使得谷歌第一次开始盈利。1998 年，Napster 公司在互联网上为音频文件的共享开辟先例，点对点（peer-to-peer，简称 P2P）技术和应用的诞生导致接下来的 10 年里音乐专辑销量减少一半，引发了音乐和电影行业人士大量不满，互联网领域的版权意识被广泛讨论。互联网热度不断攀升，在克林顿的 8 年执政期间（1992—2000 年），成为引领"新经济"的奇迹。华盛顿的"信息高速公路"政策理念、华尔街资本市场的配合与支持、以及硅谷的创业精神和风险投资机制的推动，共同促使了互联网热潮在全球的蔓延。

在21世纪初，互联网浪潮推动的投资热潮和经济热度达到顶峰，人们对"模式创新"给予过高的期待而忽视了"技术创新"，互联网泡沫开始破灭。2000年3月10日，纳斯达克指数曾达到最高点5048点，但之后两年时间，跌幅超过75%，很多公司跌幅超过90%。纳斯达克指数最终在"9·11"事件后连续阴跌至历史最低点，互联网泡沫破灭，直接将美国经济拖入了衰退，并引发全球经济转弱。2001年的"9·11"事件不仅改变了市场走势，也改变了互联网的内容创造模式，博客等社交媒体雏形成为灾难亲历者发布亲身体验的重要渠道，正式步入主流社会视野。其颠覆性在于，广大网民开始成为内容的生产者。2001年美国联邦法院宣判关停Napster，P2P带来的版权问题终于受到法律强有力的阻击。2003年，MySpace、Skype和Safari Web浏览器登场；其中，MySpace在2003年成为最流行的社交网络，引领了Web 2.0的主流化。2003年，瑞典甚至出现了一个民间反版权组织——海盗湾，后来成为世界上最大的盗版资源网站，它企图绕过监管，为用户提供免费资源。

2004年，克里斯·夏普利（Chris Sharpley）首先命名"社交媒体"术语；同一年，开源软件理念的缔造者、O'Reilly媒体公司CEO蒂姆·奥莱利提出了"Web 2.0"概念，最终给这场由博客、播客、SNS、Wiki等互联网的新浪潮命了名，并迅速在全球获得认可；也在2004年，哈佛大学学生扎克伯格（Zuckerberg）创立了Facebook网站，社交网络快速成为全球热点，社交媒体的崛起拉开了Web 2.0时代的帷幕。随后，云计算和物联网如潮水般涌现，一波接着一波，将数字经济推向了新的高峰。2005年，YouTube（油管）上线，大众可以自由地生产、免费分享在线网络视频。2006年，Twitter（推特）诞生，创始人杰克·多尔西（Jack Dorsey）发布了第一条推文："just setting up my twitter"（刚刚设置好我的推特），推动互联网信息传播模式开始走向"零时延"。这几大社交媒体的崛起，标志着Web 2.0时代全面到来，使得在Web 1.0时代占据主导地位的门户模式开始走下坡路。

2007 年，第一代 iPhone 由苹果 CEO 史蒂夫·乔布斯发布，宣告了移动互联网时代的到来。2008 年，苹果在 iPhone 3G 发布的同时，正式推出了应用商店 App Store，带动了整个互联网开发和应用模式的重大变革，从 PC 网站开始走向移动 App。随着移动终端的发展以及平台系统的普及，以移动互联网为基础，创业者们在资本的助推下，充满对"互联网 + 创业"的热情，利用互联网技术改造传统行业，使得人人都可以只用一部手机，便享受到丰富多样的互联网服务。

2008 年，由美国次贷危机引发的国际金融危机爆发，全球经济特别是传统金融业遭受重创，但苹果、脸书、谷歌、微软、亚马逊等数字公司依然伫立在这个复杂的大环境中。世界各国开始制定数字经济战略，数字经济成为各国拉动经济复苏的中介。也正是这一年，中本聪（Satoshi Nakamoto）发表了比特币白皮书——《比特币：一种点对点的电子现金系统》（*Bitcoin: A Peer-to-Peer Electronic Cash System*），比特币和区块链技术同时诞生，拉开了 Web 3.0 产业浪潮的序幕。比特币是一种无须可信第三方的电子支付系统，共发行 2100 万枚且永不增发，通过整合非对称加密技术、工作量证明（Proof of Work，简称 PoW）机制、点对点技术等来保障个人对资产的所有权和匿名性，彻底颠覆了我们对于货币需要依赖中心化机构发行的传统认知。2009 年，美国通信分析机构 TeleGeography 调查结果显示，美国逐渐丧失互联网中心的地位，其重要程度已经下降。

21 世纪 10 年代是移动互联阶段，随着智能手机的普及，移动互联网助力全社会全面实现信息化，更加深入地改变着人们的日常生活。全球网民从 2010 年的 20 亿增长到 2019 年的 45 亿。

2015—2020 年间，美国国防部共申请 22.4 亿美元预算用于人工智能技术研发活动，2021 年向人工智能、5G、微电子等关键技术领域投入 70 亿美元研经费。2021 年通过的《美国创新与竞争法案》承诺未来 5 年内投入约 2500 亿美元用于芯片、人工智能、量子计算、半导体等关键科技研究领域。美国国家科学基金会项目中，截至 2021 年 8 月，包含重要数字技术关键词的已立项项目数目巨大，如机器学习（大于 3000 项）、人工智能（1665 项）、大数据（1286 项）、物联网（1112 项）等；还有针对新技术的专项计划，如 2018 年提出的"电子复兴计划"，旨在不断推进 6G 项目等。

德国 2011 年 4 月首先提出了"工业 4.0"战略，希望利用数字化技术和工业 4.0 的巨大潜力来夯实德国制造的基石，从根本上推动德国制造业数字化转型。工业 4.0 的核心是"智能 + 网络化"，基于网络物理系统（CPS）构建智能工厂，实现智能制造，在 CPS 技术及产品和智能制造技术上处于世界领先地位。随后，2014 年，德国政府提出了《数字议程（2014—2017)》，旨在短期内通过挖掘数字化创新潜力促进经济增长和就业，为工业 4.0 体系建设提供长久动力，也旨在打造一个数字化的未来社会，将德国建设成为数字强国。2016 年，德国联邦经济与能源部发布《数字化战略 2025》，进一步明确了德国制造业转型和构建未来数字社会的思路。

英国作为第一次工业革命的发源地，享有"现代工业摇篮"的美誉。在数字经济时代来临之时，其同样走在世界前列，积极打造世界数字之都，全面布局数字经济发展。2009 年，金融危机之后，英国就提出了"数字英国"计划，力图通过提高英国的数字基础设施水平，促进数字技术的广泛应用；同时采取了提高个人隐私数据保护力度、政府公共服务数字化水平、电子政务水平等一系列措施，这标志着数字化、发展数字经济在英国第一次以国家顶层设计的形式开展。之后，英国先后出台了《2015—2018 年数字经济法案》(2009)、《2015—2018 年数字经济战略》（2015）、《英国数字化战略》（2017）、《国家数据战略》（2020）等。另外，英国政府坚持发展与规范并重，从数据保护、网络与信息安全、数字服务税、竞争监管等多个方面出台了系列制度和法案，不断完善数字经济的政策布局。

日本在 21 世纪初就制定了"IT 立国"战略，并通过《e-Japan 战略》、"U-Japan"计划、《i-Japan 战略 2015》等政策指引，促使日本数字经济逐步向信息化、网络化与智能化方向发展，并在 2013 年提出建设最尖端 IT 国家与"超智能社会"。

新加坡从 1981 年起就先后实施了"国家电脑"计划、"国家 IT"计划、"IT2000"计划、"Infocomm 21"和"全联新加坡"计划，为数字经济发展打下了坚实的基础。2006 年 6 月，新加坡正式推出"智慧国 2015（iN2015）"计划，致力于将新加坡打造成为信息技术无处不在的智慧国家。

发展中经济体的数字经济战略布局起步较晚，但近年来也纷纷出台了相关政策。其中，印度在 2015 年才推出"数字印度"计划，普及宽带上网、建立全国数据中心与促进电子政务这三个方面；巴西在 2016 年才颁布《国家科技创新战略（2016—2019 年）》，将数字经济与数字社会列为其优先发展的十一个领域之一；俄罗斯在 2017 年将数字经济列入《俄联邦 2018—2025 年主要战略发展方向目录》，并将其编制成为《俄联邦数字经济规划》。

2023 年 7 月 5 日，在 2023 全球数字经济大会主论坛上，中国信息通信研究院发布《全球数字经济白皮书（2023 年）》，数据显示主要国家数字经济发展持续提速。总体看，2022 年美国、中国、德国、日本、韩国 5 个主要国家的数字经济总量为 31 万亿美元，数字经济占 GDP 比重为 58%。主要国家数字经济规模同比增长 7.6%，高于 GDP 增速 5.4 个百分点。产业数字化持续带动 5 个国家数字经济发展，占数字经济比重达到 86.4%，较 2016 年提升 2.1 个百分点。2016 年至 2022 年，美国、中国数字经济持续快速增长，数字经济规模分别增加 6.5 万亿美元、4.1 万亿美元；中国数字经济年均复合增长 14.2%，是同期美中德日韩 5 国数字经济总体年均复合增速的 1.6 倍。德国产业数字化占数字经济比重连续多年高于美中日韩，2022 年已达到 92.1%。在数字技术与产业领域，全球 5G 快速发展。截至 2023 年 3 月，全球 5G 网络人口覆盖率为 30.6%，同比提高 5.5%。人工智能产业平稳发展，2022 年全球人工智能市场收入达 4500 亿美元，同比增长 17.3%，2023 年第一季度生成式人工智能（AIGC）异军突起，成为最热门的投融资领域。

然而，全球数字经济依然存在挑战，数字资源差异导致全球经济出现新的分化。早期，传统要素如人口红利对数字经济发展有显著作用；随着互联网普及率和渗透率提升，数字经济潜力迅速释放，带来高速增长，数字资源的影响力不断扩大。但长期看，数字资源禀赋依赖政府投入，呈现国家干预和产业扶持特征；数字资源成为跨国企业投资决策影响因素，全球价值链数字化导致生产体系集聚，可能带来发达经济体外资回流；数字经济缺乏监管，易导致数据垄断，挤占中小企业和个体市场份额，可能引发失业增加、贫富差距扩大，需关注并防范，具备超前意识。因此，在数字经济的全球热潮中，如何避免"数字鸿沟"进一步扩大，也成为世界各个地区关心的议题。

三、智能化阶段：全球化的人工智能应用

21世纪20年代，智能物联阶段开启，随着5G等应用的展开，全球进入万物互联新阶段，从传统的手机、平板电脑等移动载体，向机器人、虚拟现实、可穿戴设备、智能汽车、智能家居、智能城市、人工智能等多维度立体空间升级。

2019年，是互联网历史上又一个深刻变化的重要年份。美国总统特朗普在白宫罗斯福厅发表美国5G部署的讲话，宣布"5G是一场美国必须赢得胜利的竞赛"。华为创始人任正非说："很不幸，美国将5G技术视为一种战略武器。对他们来说，这就像一颗原子弹。" 2019年5月3日，在美国策动下，来自32个欧美国家的网络安全官员在布拉格提出新的5G安全标准，包括供应商所在国的法律环境、治理模式、有无安全合作协议都在考虑范围之内。这将5G原本单纯的技术和产业问题，加入了浓厚的政治和意识形态色彩。5G和AI联手的智能物联浪潮，带来了一系列全人类需要面对的未来议题，无论是人工智能的伦理规范、个人信息保护的失控和滥用、AI武器化以及网络恐怖主义等，都将数字世界的发展推入一个历史完全无法提供经验和参考的"无人区"。

如今，美国、中国、欧洲、以色列、日本、加拿大等全球各个国家和地区都在AI领域展开激烈竞争。美国作为AI的重要发源地，拥有众多技术巨头和顶尖研究机构，一直保持着领先地位。中国则通过国家战略和大力投资，迅速崛起成为全球AI领域的重要力量。欧洲和其他国家也在加大投入，试图缩小与美中两国的差距。2023年7月发布的《2022全球人工智能创新指数报告》显示，当前全球人工智能发展总格局是由中美两国引领、多国呈梯次分布的格局，不同国家和地区各有优势和特色。例如，美国在AI基础研

究、创新能力、人才培养等方面领先；中国在 AI 应用场景、数据规模、市场潜力等方面领先，在人才、教育、专利产出等方面有所进步，但基础资源建设水平仍有待提高；欧盟在 AI 伦理、法律、标准等方面领先；其他国家和地区如日本、韩国、印度、以色列等在某些细分领域也都有突出表现。随着 ChatGPT 的诞生和快速火爆，各国对 AI 产业的重视在 2023 年达到了空前的高度，世界各地都在积极培育本土 AI 产业，努力占据 AI 产业链的关键环节，以确保在全球竞争中有更强的话语权。

与 AI 技术伴生的各类数字新技术也正在发挥更大的影响力，元宇宙便是其中的融合创新佼佼者。2021 年元宇宙概念横空出世，迅速成为产业、资本、技术关注的热点；随着扎克伯格将 Facebook 改名为 Meta，元宇宙火爆全球。在担心元宇宙是又一个资本泡沫的同时，也有越来越多的年轻人开始在元宇宙过春节、看春晚，可见元宇宙已经开始在各行各业应用层面悄然扎根、萌芽和发展。得益于 AR/VR、物联网、人工智能、区块链等技术的更加成熟，数字孪生进一步发展；元宇宙与产业更紧密地结合，推动实体资本进一步向元宇宙靠拢；数字政务建设也开始摸索在元宇宙场景下的应用；艺术、教育、游戏等领域更是开始探索元宇宙新模式；金融业与元宇宙的结合也逐渐被热议。2023 年，元宇宙毋庸置疑是最大风口。

然而，AI 的飞速发展也引发了大众对人工智能伦理困境的进一步讨论。联合国教科文组织成员国大会 2021 年通过首个关于人工智能伦理的全球标准《人工智能伦理问题建议书》，它包含以行动为导向的政策相关章节，涉及数据管理、教育、文化、劳工、医疗保健、经济等多个领域，将应对与透明度、问责制和隐私相关的问题，从而确保数字转型能够促进人权，并推动实现可持续发展目标。这一历史性文本确定了共同的价值观和原则，用以指导建设必需的法律框架来确保人工智能的健康发展。

2023 年 5 月发布的《全球数字经济发展指数报告（TIMG 2023）》从全球视角出发，选取数字技术（technology）、数字基础设施（infrastructure）、数字市场（market）和数字治理（governance）四个维度，构建全球数字经济发展指数——TIMG 指数。报告显示，对全球 106 个经济体 2013—2021 年间的数字经济发展程度进行度量，全球数字经济呈现持续发展趋势，TIMG 指数平均得分从 2013 年的 45.33 增长至 2021 年的 57.01，增幅达 26%。从区域来看，北美、亚太和西欧是数字经济发展水平较高的三大地区，东盟、中东欧、独联体等地区属于中等水平，非洲地区较为落后。从国别来看，2021 年，美国、新加坡和英国是 TIMG 指数排名最高的国家，中国 TIMG 指数排名位列全球第 8 位。中国在数字市场和数字基础设施领域优势较为突出，分别排名全球第 2 位和第 3 位；但在数字技术和数字治理方面与美国、新加坡等国家存在一定的差距，排名位列全球第 15 位和第 41 位。据此，报告也提出了促进数字规模优势向技术优势转化、持续推动关键领域的数字基础设施建设、加快提升数字治理水平等政策建议。

全球数字经济的历史是一个充满变革和创新的过程。自从互联网技术出现以来，数字经济已经迅速发展，深刻改变了我们的生活方式、工作方式和社会交往方式。它为全球范围内的企业和消费者提供了更多的机会和便利，助力经济增长和社会发展。数字经济的未来也充满了无限的可能性，随着 5G、物联网、人工智能、区块链等新兴技术的快速发展和应用，新的商业模式和服务将不断涌现，数字经济将继续深化和扩大，变得更加集成、智能、多元和开放。在未来，数字经济有望进一步推动全球经济的增长和发展，成为全球经济体系的重要组成部分，为全人类创造更大的价值。

第二节　国内：创新驱动，引领数字经济转型发展

一、萌芽阶段：基础设施与政策环境的构建

中国数字经济的发展历程最早可追溯至 20 世纪的 80 年代前后。改革开放前，由于长期封闭政策的影响，中国的信息技术与国际社会处于相互隔绝的状态，中国的信息技术水平相对较低，信息传播和交流方式非常有限。1977 年 9 月，中共中央发出的《关于召开全国科学大会的通知》指出："当代自然科学正在酝酿新的重大突破。随着自然科学的新的飞跃，将会给生产技术带来巨大的变革。"对此，邓小平同志指出："特别是由于电子计算机、控制论和自动化技术的发展，正在迅速提高生产自动化的程度。"这回答了此前所讨论的"电子计算机技术是不是技术革命"等问题，统一了思想认识，对互联网在中国的发展至关重要。

改革开放重大决策之后，在 1982 年的 10 月，国务院成立了计算机与大规模集成电路领导小组，提倡在引进国外先进技术的基础上加强自主创新能力。同时，该小组大力推动软件产业、电子产业和信息产业的发展，并广泛推进计算机应用，加速科技人才队伍的建设。振兴计算机与大规模集成电路领域，成为现代化建设的一项重要任务。同年 12 月，领导小组在北京召开全国计算机系列型谱专家论证会，确定了我国在此后一个时期发展和应用计算机的规划。1984 年 9 月，计算机与大规模集成电路领导小组正式更名为电子振兴领导小组。同年 9 月 18 日，邓小平同志为《经济参考报》题词"开发信息资源，服务四化建设"，明确了信息资源开发与中国现代化建设相互依存，相互促进。这个题词成为我国信息化发展的指导方针。11 月，经国务

院同意，电子振兴领导小组发布了"我国电子和信息产业发展战略"。这一年，邓小平同志还倡导"计算机的普及要从娃娃抓起"。不久，我国教育部门就中小学计算机教育问题制定了发展纲要。

根据邓小平同志做出的重要批示，1986年3月3日，四位科学家王大珩、王淦昌、杨嘉墀、陈芳允向中央领导提交了《关于跟踪研究外国战略性高技术发展的建议》。3月5日，邓小平同志亲笔批示"此事宜速作决断，不可拖延"。国家《高技术研究发展计划纲要》（简称"863"计划）正式启动，该计划投资100亿元，其中，信息技术相关项目的投资约占投资总额的2/3。1986年12月，首届中国信息化问题学术讨论会在北京召开，会后编辑出版了论文集《信息化——历史的使命》一书。这一年，信息化概念开始真正传入我国。

科学技术是第一生产力，在数字经济逐渐诞生的初期，信息产业在推动现代化新兴产业的发展中起着关键作用，而政府在其中扮演着主导角色。随着技术和产业基础的不断积累，到了20世纪90年代，以信息技术驱动为特点，中国数字经济正式进入萌芽阶段。1991年，海湾战争爆发，美国及其盟军利用了先进的信息技术，包括卫星导航、精确制导武器、信息通信等，取得了压倒性的战场优势，这让我国清楚地认识到了信息技术对现代战争形态和结果的重要影响，也清醒地意识到与美国等发达国家在信息化方面的技术落差。1993年，江泽民同志在军委扩大会议上正式提出，必须"把军事斗争准备的基点放在打赢现代技术特别是高技术条件下的局部战争上"。同时，国家经济信息化建设工程正式启动，明确了以信息化推动产业发展的指导思想。电子工业部1993年向国务院报告："我国电子信息产业已发展到了一定的规模和水平，具备了推进国民经济信息化的物质基础。同时，各行各业的电子信息技术推广应用工作已取得了明显的成效，对信息化有着迫切的需求，人们在共同呼唤着信息化的到来。因此，加速信息化建设是我国经济发展面临的重大战略选择，是时代赋予我们的伟大历史使命。""当今世界，发展信息技术、信息产业，实现信息化，已经成为各国参与世界经济、政治、军事竞争，进行综合国力较量的焦点。"江泽民同志指出，四个现代化恐怕无一不和电子信息有着紧密的联系，要把信息化提升到战略地位上来，要把信息化列为国民经济的重要方针。

在发展信息化的号召之下，我国于 1993 年正式启动了国民经济信息化的起步工程——"三金"工程，即金桥工程、金关工程和金卡工程。"三金"工程的启动，标志着我国"金"字工程全面铺开。此后，经过多年的持续发展，以"金"字头为代表的多项工程取得了突破性进展，在 2002 年更是扩展为十二个重要业务系统建设工程（"十二金"工程）。1994 年，自第一条 64K 国际专线接入中国，中国以国家的身份成为国际互联网成员。到 1995 年，随着北京和上海的 64K 国际专线的开通，中国完全加入了国际互联网，这一年也因此被称为"中国互联网商业元年"。国家通过实施重大信息化工程的建设，有力推动了我国信息化建设的开展。在石油、化工、冶金、钢铁、建材、机械、交通、水利、纺织、烟草、医药、食品、金融等重点行业开展信息化建设，效果十分明显。1995 年 9 月，中共十四届五中全会将"加快国民经济信息化进程"确定为战略任务，积极推进信息化建设工作在全国各地区、各行各业形成迅速且强劲的发展潮流。从 20 世纪 90 年代初期开始，中国在基础设施建设、电信业务收入以及新增电信用户总数方面都保持了逐年递增的态势，家庭的信息化建设也开始加速发展，电脑在中国迅速普及。

1997 年 4 月，国务院召开了首次全国信息化工作会议，会议提出了信息化建设的方针和原则，明确了工作任务，讨论通过了《国家信息化"九五"规划和 2010 年远景目标（纲要）》，提出了信息化建设的奋斗目标和当前的主要任务，明确要把信息资源的开发和利用放在首位。1999 年 12 月，国家信息化工作领导小组正式成立。随着国家信息化基础设施的持续建设、产业信息化的深入推进和国民经济信息化的全面发展，微电子、计算机技术等电子信息技术得到了广泛应用，为中国的信息化建设注入了强大的动力。这些技术不仅推动了信息技术本身的飞速发展，也促进了其他相关产业的跨越式升级，催生了新的经济增长点和新的业态模式。基于此，一条具有中国特色、行之有效的信息化发展路径逐渐形成。总的来看，这一系列信息化进程为我国未来数字经济的全面发展奠定了坚实的基础，并为我国在全球数字经济竞争中取得优势地位提供了有力的支撑。

二、成长阶段：消费互联网产业的崛起和蓬勃发展

在两个世纪的交汇点上，在全球信息化浪潮的推动下，我国迈开了大规模信息化的步伐。2000年8月21日，江泽民同志在第十六届世界计算机大会开幕式讲话中指出："我们的战略是，在完成工业化的过程中注重运用信息技术提高工业化的水准，在推进信息化的过程中注重运用信息技术改造传统产业，以信息化带动工业化，发挥后发优势，努力实现技术跨越式发展。"明确我国必须抓住信息化深入发展的战略机遇，大力推进信息化与工业化融合，走中国特色新型工业化道路，实现经济从粗放经营向集约经营转变，从规模速度型向创新效益型转变，全面进入科学发展的新阶段。9月，一系列关于互联网的管理规范相继出台，例如《中华人民共和国电信条例》《互联网信息服务管理办法》等，中国首次开始对互联网这一新兴产业的运营与管理进行了规范。

从1997年到2002年，随着互联网用户数量的快速增加，许多行业的先锋企业陆续成立。三大门户网站——新浪、搜狐和网易都在这个时期创立。同时，电子商务网站如阿里巴巴和京东也进入了初创阶段。此外，搜索引擎和社交媒体公司如百度和腾讯也取得了前所未有的发展。此时，中国数字经济的商业模式仍较为单一，新闻门户、邮箱业务、搜索引擎为代表性业态，增值服务以信息传播和获取为中心。

2002年，党的十六大召开，确定了我国要走一条"坚持以信息化带动工业化，以工业化促进信息化，走出一条科技含量高、经济效益好、资源消耗低、环境污染少、人力资源优势得到充分发挥的新型工业化路子"。同年，我国制定了《国民经济和社会发展第十个五年计划信息化发展重点专项规划》，提出了"十五"期间发展信息化的指导方针，以信息化转型发展实现跨越式发展。

自2000年全球互联网泡沫破灭连带中国互联网行业进入互联网寒冬后，中国数字经济终于在2003年后摆脱阴霾，步入高速增长的新阶段。互联网

用户数量持续猛增，以网络零售为代表的电子商务大量崛起，以互联网为主的商业模式逐渐确立并成熟起来，中国正式进入以互联网为驱动力的数字经济时代。2003年5月，阿里巴巴集团投资创办了个人电子商务网站——淘宝网，以成功的本土化商业模式迫使eBay退出中国市场，后飞速发展成为全球最大规模的C2C商务平台。同年10月，阿里巴巴推出第三方支付平台支付宝，移动支付这一新兴支付方式在中国诞生并被广泛使用，支付宝逐渐成为第三方支付领域的龙头。在随后的2006年，网络零售额突破1千亿大关，2012年突破1万亿大关，其间增速一直保持在50%以上。2007年，国家发布《电子商务发展"十一五"规划》，将电子商务服务业确定为国家重要的新兴产业。2003年也成为了中国互联网发展历程中具有重要意义的一年，互联网驱动的数字经济应用主体向政府、企业、社会、个人等各个层面纵深发展。

博客自2002年成立以来，在2005年引发了一场潮流，成为互联网最具革命性的变化之一，让网民以个体身份深入参与互联网；社交网站（social networking site，SNS）的普及，也引发了人际交往方式的重大变革，社交网站与社交关系之间形成了紧密联系。2009年，以社交网站为基础的虚拟社区游戏迅速火爆，开心网、腾讯开心农场等成了大众热门。同年，微博正式上线，其具有强烈的及时性，且迫使用户用简洁的问题表达自己的想法，用户可以与任何一个感兴趣的人交流，等等。这些巨大优势使其迅速传播，产生了极大的影响力。

国家对互联网基础设施建设的重视也反映到实处，2011年，工业和信息化部部长提出"宽带中国"战略，经批示后于2013年8月由国务院发布实施方案，配套政策得到落实，政策红利不断释放，城乡数字鸿沟进一步缩小。

这一阶段，是各种不同技术、不同模式、不同产业在我国扎根和成长的阶段。尤其是党的十八大以来，党中央提出关于数字经济发展的一系列战略目标，平台经济、共享经济等数字经济新业态不断兴起。基于互联网成长的B2B、B2C、C2C等电子商务创新模式繁荣发展，打破了地域和时间的限制，使得全球范围内的交易变得更加便利和高效；数字支付、移动支付等新型支付方式普及；消费行为数据积累为数据挖掘和人工智能等技术提供了用武之地；网络游戏、网络视频等为地方经济带来了新的增长点；数字化业务也开始逐步赋能三次产业和公共服务各个领域，互联网驱动的数字经济推动了广泛的生产方式变革和产业结构升级。也是在这一阶段，国家对互联网基础设施建设的重视反映到实处。"宽带中国"战略的实施不但加快了缩小城乡"数字鸿沟"，而且为数字经济各相关产业的进一步延伸和渗透创造了扎实的基础条件。

三、升级阶段：规范普惠的高质量发展新阶段

在 2015 年前后，国内外环境不断发生变化，尤其是人工智能在中国掀起新一轮技术革命的浪潮，各个行业迫切需要通过高度发展的信息化技术进行全面深入的组织变革，这促使政府必须提供一个完善的数字化转型生态系统来适应经济形态的快速革新。党中央、国务院高度重视，2015 年 3 月，李克强总理在第十二届全国人民代表大会第三次会议上作的政府工作报告中充分肯定了人工智能技术的重要性，指出人工智能将推动新一轮信息技术革命，将促进中国经济结构的转型升级。2015 年 5 月，国务院发布《中国制造 2025》，指出制造业是国民经济的主体。同年 12 月，习近平在第二届世界互联网大会上发表演讲，提出建设"数字中国"，在全球范围内做出关于数字经济发展的重要论述。2015 年 6 月，李克强总理部署"互联网 +"行动，促进了互联网创新成果与经济社会各个领域的深入融合，为数字经济的建设提供了强大的支持。2016 年 11 月，国务院发布《"十三五"国家战略性新兴产业发展规划》，数字创意产业首次被纳入国家战略性新兴产业发展规划。2017 年，政府工作报告首次提到了数字经济，表明数字经济的发展已被提升到国家战略层面。

以人工智能为驱动的数字经济业态深刻改变着人们的日常生活和工作方式，数字经济与每个个体、每个组织息息相关。人们突然意识到生活变得便捷，可以用"美团""饿了么"叫外卖上门，可以使用"滴滴打车"随时随地打车，也可以使用以"ofo"为代表的共享出行方式，等等。企业通过数据分析获取

有价值的信息，实现更精准的市场定位，准确地把握消费者的需求和偏好，从而为用户提供更加个性化、定制化的产品和服务。数字经济降低了创业和创新的门槛。数字技术的普及使得更多的创业者和小企业能够轻松进入市场，推动创业创新的繁荣。特别是 2016 年淘宝直播上线之后，网络直播模式与网购和海淘的进一步融合，使直播经济真正成为一种强有力的变现模式。数字经济通过数据驱动、互联互通、个性化服务和创新驱动等特征，使得市场更加开放和多元，为经济社会发展带来了巨大的机遇和挑战。

2016 年下半年以来，"数字经济"也一跃成为中外政经高层聚焦的热词。2016 年，世界互联网大会、G20 杭州峰会、中央政治局网络强国战略集体学习、网络安全和信息化工作座谈会等重大场合，数字经济大放异彩。2016 年 9 月，习近平在 G20 杭州峰会上对数字经济进行了着重强调，中国在 G20 峰会上作为主办国首次将"数字经济"列为重要议题，会议通过了《二十国集团数字经济发展与合作倡议》，为世界数字经济的发展贡献了中国智慧。"数字中国"建设政策，如《"互联网 +"现代农业三年行动实施方案》《"互联网 +"人工智能三年行动实施方案》《"十四五"信息化和工业化深度融合发展规划》《"十四五"软件和信息技术服务业发展规划》《"十四五"大数据产业发展规划》等应运而生。

随着我国数字经济竞争力的不断夯实，党的十九大提出建设网络强国、交通强国、数字中国、智慧社会，加强数字经济顶层设计；"十四五"规划等国家战略明确提出发展数字经济的目标与任务；党的二十大报告提出"要加快发展数字经济，促进数字经济和实体经济深度融合，打造具有国际竞争力的数字产业集群"。至此，我国先后出台了《国务院关于积极推进"互联网 +"行动的指导意见》（2015）、《关于发展数字经济稳定并扩大就业的指导意见》（2018）、《数字乡村发展战略纲要》（2019）、《关于深化新一代信息技术与制造业融合发展的指导意见》（2020）、《"十四五"数字经济发展规划》（2022）等。

自 2012 年以来，我国数字经济增速已连续 11 年显著高于 GDP 增速，持续发挥经济"稳定器""加速器"作用。此后，2020 年后，新冠疫情的出现进一步加速了各行各业的线上化进程，越来越多的数字技术从原本仅服务于虚拟经济，向服务、赋能实体经济的方向补齐短板。根据《中国数字经济发展研究报告（2023年）》显示，2022年后，数字经济整体实现量的合理增长，规模首次突破50万亿元；数字经济占GDP比重进一步提升，超过四成，占比达到41.5%，这一比重与第二产业占国民经济39.9%的比重相当，数字经济作为国民经济的重要支柱地位更加凸显，并正在向数字普惠化的新阶段迈进。

当然，我国数字经济发展仍存在诸多瓶颈。我国仍面对大数据核心技术受制于人的困境，高端芯片、操作系统、工业设计软件等均是我国被"卡脖子"的短板；我国城乡、地区之间的数字鸿沟依然存在，部分地区和群体无法充分享受数字经济带来的红利；随着数据量的激增，数据安全和隐私保护问题突出，仍需找到更有力的解决方式；部分数字经济领域存在投资过热、泡沫风险，可能对市场稳定和经济健康发展造成威胁。因此，进一步推动数字经济升级，必须坚定不移走自主创新之路，加大力度解决自主可控问题，坚持采取创新、包容、审慎的监管措施，高质量、可持续地促进我国数字经济不断升级。

☆ 第三章 ☆

新一轮科技革命：数字革命

第一节　经济形态的变革：从实体经济到数字经济

生产力与生产关系的矛盾是推动人类社会不断前进的根本动力，数字技术带来的生产力革命亟须新生产关系与之相匹配，进而催生出新经济形态。人类社会发展历经原始经济、农业经济、工业经济，开始进入数字经济时代。从技术—经济范式理论来看，技术革命推动人类社会发展，每一次重大技术变革都伴随着相应技术—经济范式的产生；而数字技术带来的广泛、深刻的融合与渗透，则是经济形态范式进阶的"再突破"，即数字经济时代的生产力和生产关系呈现出了前所未有的新形态。

本节主要追溯历史，阐述清楚人类社会经济形态演进的规律，描述人类社会历次科技和产业革命：从农业经济时代到工业经济时代再到数字经济时代，生产要素、生产工具、生产力、生产关系不断变迁，世界格局也在不断随之变化。

一、农业经济时代

18世纪以前，农业经济作为人类科技革命和产业革命的开端，其代表性技术为农耕技术，以各类农作物（例如小麦、水稻、棉花等）的产量作为生产力的表征。这一阶段的生产形式多为人力生产，以手工作坊的形式开展。此时世界格局相对封闭，中国、印度、埃及等作为农业大国，占据世界经济动脉的主要位置，这一时代数字化痕迹并不明显。

二、工业经济时代与工业革命

工业经济指的是以工业为主导的经济形态，是现代经济的重要组成部分。工业经济时代的发展可以追溯到18世纪的英国，正是在18世纪末期至19世纪下半叶，第一次工业革命（1.0）开启了全球化的进程。以蒸汽机为代表性技术，蒸汽机、纺织机械和钢铁工业的革新是工业革命的核心内容之一。传统的人力劳动和水力驱动已经无法满足迅速增长的产能需求，人们开始追求一种更高效、更强大的动力源。蒸汽机是工业革命的关键发明之一，它改变了生产方式和交通运输方式，极大地促进了工业化进程。蒸汽机的革新对社会经济产生了深远影响。工业革命带来的大规模工业化促进了城市化和城市人口的增长。同时，工人阶级的形成也推动了工人权益和劳工运动的兴起。蒸汽机的应用广泛涉及生产生活各个领域。在工业生产方面，蒸汽机的出现实现了机械化生产，机械化范式、蒸汽动力革命及其带来的蒸汽动力和铁路范式，提高了生产效率和产品质量。工业革命是人类历史上一个重要的转折点，它以科技创新为基础，带来了社会经济的巨大变革，英国成为全球霸主，拉开了全球化的帷幕。

19世纪下半叶到20世纪50年代，以电力技术为代表的第二次工业革命（2.0）使得全球化的经济行为快速兴起，也引发了世界格局的进一步变化。随着工业经济的规模和范围进一步扩大，城市化进程进一步加速，世界格局也发生了改变，美国、德国迅速崛起，汽车、化工、电力行业成为这一时期的标志，这一阶段以大规模生产为特征，诞生了许多现代大企业。

20世纪50年代至21世纪10年代后，现代工业变革（3.0）使得全球化进一步深入，ICT技术赋能了计算机和互联网产业，融合形成了新的技术领域，激发了全球化生产和跨国企业的可能性。与之相伴随的是世界格局的新调整：美国继续领先，中国经济起飞。相较前两次工业革命，第三次工业革命对人类社会产生了更深远的影响：极大推动了社会生产力的发展；引起世界经济结构发生重大变化，第三产业比重上升，人类从此进入知识经济时代；改变了人们的日常生活方式。工业3.0时代的到来使得传统工业更加机械化、自动化，减少了工作成本，大幅提升了工作效率；尤其是众多新技术的争相出现，打破了原有产业领域的界限，推进了各个领域之间的融合渗透，彻底改变了整个社会的运作模式，逐步转向规模化和批量生产。此外，电脑工业的兴起对数字经济的发展也产生了深远的影响。

三、数字经济时代的新范式

不断更迭的科技革命是我们这个世界生生不息的源动力。21世纪10年代后，新工业革命（4.0）作为数字经济时代的引领者，正以其革命性的潜力和无限可能性深刻地改变着我们的生活和社会。一方面，数字化技术的迅猛发展和互联网的普及为实现工业4.0奠定了坚实的基础；另一方面，工业4.0以数字化、互联化和智能化为核心，将物理系统与数字系统紧密融合，构建起一个全面数字化的价值链，实现生产过程的高度自动化和智能化。随着云计算、大数据、人工智能等新一代信息技术的不断突破和广泛应用，信息革命及其带来的数字经济范式快速蔓延至全球各个领域，数字经济正在成为世界经济增长的新动能。这意味着全球化将深度调整，中国也将面临新的战略机遇。根据中国电子商务研究中心的数据，截至2022年底，中国工业互联网的市场规模已经超过1.5万亿元人民币，并且预计在未来几年内将继续快速增长。这表明，工业4.0在中国取得了积极的进展，并且正在为企业带来实际的成果；同时，在互联网、移动技术和云计算等技术的推动下，数字经济已经成为经济增长的重要驱动力。

作为一种新的经济形态，数字经济是以数字化的知识和信息作为关键生产要素，以数字技术为核心驱动力的新型经济形态，目前阐述最多的主要包含三个方面：1. 数字产业化。主要是指信息通信产业，主要包括电子信息制造业、电信业、软件和信息技术服务业、互联网行业等。2. 产业数字化。主要指传统产业由于应用数字技术所带来的生产数量和生产效率提升，例如工业互联网、智能制造、平台经济等融合型新产业。3. 数字安全。主要指由于国防、金融、产业、民生数据存储、传输、分发带来的数据安全相关的新型产业。从目前的全球形势来看，数字经济是移动互联网、云计算、人工智能、大数据等数字技术产业化应用的成果，已成为第四次工业革命的主战场。

数据作为资产，成为科技创新的出发点。数据的生产要素地位越来越重要，将成为比土地、石油、煤矿等更为核心的生产资源。如何加工利用数据，释放数据价值，实现企业的数字化转型，已经成为各行业和企业必须面对的重要议题。在企业数字化转型进程中，企业数据资产管理内涵也发生了深刻的变化，从传统的主数据管理向全域数据资产管理延伸。全域数据资产管理需要基于端到端数据中台，通过大数据、AI技术等对全域数据进行全生命周期的资产化管理，促进数据在"内增值、外增效"两个方面的价值变现，同时控制数据整个管理流程的成本消耗，相比传统主数据管理的模式，更加强调全域性、一体化与主动性。

另一方面，数字技术的不断演进也给商业模式创新带来了新的挑战。现有的商业模式是平台交易模式，数据采集经过加密后通过第三方管理来进行交易，解决了数据互信、数据保护及数据共享的主要矛盾，但存在范围较小的局限性。未来，数据可能会类似个人财产，可以像存款一样存放在银行。

第二节　数字经济的运作机理

　　数字经济正在全球范围内加速拓展，成为重塑科技、经济和社会形态，重构国家间竞争格局的关键力量。从马克思主义政治经济学的再生产理论出发，有助于我们理解和洞察数字经济循环的完整过程（生产、流通、分配和消费）。基于技术—经济范式的理论视角，数字经济是数字技术的创新和产业化，以及数字技术向经济社会各领域渗透带动传统产业升级，同时引发社会制度适配性变革，最终形成技术—经济与社会—制度协同演变的过程。

　　在数字经济时代，社会再生产过程中的四个环节已经实现了数字化变革，为经济高质量发展赋予了新动能和新活力。其中，数字经济在生产环节为经济高质量发展提供了新动力，在流通环节则提升了资本周转与价值实现的效率，在分配环节带来的普惠效应可以优化收入分配结构，在消费环节则助推了产业转型升级并进一步扩大内需。

一、数字经济时代的生产

　　随着数字技术的飞速发展，生产环节、劳动对象、劳动资料和劳动工具都产生了颠覆式的变化。具体而言，劳动对象由传统的自然资源等实体性要素逐渐转向虚拟性要素或实体性要素与虚拟性要素相结合的形式。劳动资料是劳动过程中所使用的物质资料和物质条件等，是劳动者与劳动对象之间的媒介，其中劳动工具具有决定性作用。劳动工具的水平往往可以反映一个社会的生产力发展水平。

　　在数字经济时代，作为劳动者的"人"，其活力和创造力成为生产资料中最为宝贵的要素。在数字劳动过程中，随着数字化和智能化的发展，尤其是人工智能和大数据技术，改变了人类所使用的劳动工具，人工智能设备正在赋能或替代劳动者的脑力劳动。因此，数字化的知识和技能，也成为对劳动者的基本素质要求。也就是说，掌握更高水平数字知识和技能的"知识型员工"成为了重要劳动者，他们集聚成为推动数字经济相关产业高质量发展的关键力量。

在数字经济领域，科技创新正在改变着人类的劳动对象、劳动资料和劳动者自身，数字技术和数字产业已经成为国家之间竞争的重要领域。随着中国经济增长向创新驱动转变，生产环节中科学技术的重要性愈加突出。在高新技术产业和传统产业转型发展中，科技创新起到重要的助推作用。因此，在数字经济时代，发展生产力依靠加大科技研发投入，提升行业科技含量。

二、数字经济时代的流通

数字经济时代，流通是利用大数据、人工智能、云计算等技术实现信息流和数据流的快速聚合、提取和挖掘，进而整合各个流通环节，缩短流通时间，降低交易成本，提高流通效率的能力。互联网等数字信息技术加快了信息和数据的流通，优化了传统的流通网络，创新了组织形式，形成了强大的互联互通能力，提高了经济运行的整体效率。数字技术改变了流通的内容和流通方式。

平台经济正在成为数字经济时代的流通方式。它依靠数据收集、数据传输、数据处理和数据挖掘等实现了商品流和信息流的集成，正在形成跨越时空的全球性生产和销售网络体系，影响着全球范围的生产、交换、分配和消费等活动。平台经济的崛起，已经改变了传统的商品流通方式，形成了新的商业生态体系。平台经济极大地缩短了资本流通时间，有利于价值的实现。一方面，流通过程中的生产性劳动创造了新价值，使得专业化和分工效应进一步发挥，有利于产业结构向高附加值领域的转型升级，有利于创造更多的社会财富；另一方面，数字流通助力媒介交换体系的转型，由传统的相对静态体系转化为跨越时空的相对动态体系，由一元简单交换体系转型为以互联网平台为基础的多元复杂交换体系，衍生出了更多的新行业和新部门，创造了更多的就业岗位。

三、数字经济时代的分配

马克思的收入分配理论涉及两个层次，即生产资料或生产条件的分配，以及收入分配。数字经济具有收入分配的普惠效应，即通过数字连通、数据共享、产业数字化和收入分配均等化，使得数字经济发展的成果由全体参与者共享。以数字经济中发展较快的数字金融为例，得益于互联网革命，中国实现了数字经济和数字金融的快速发展，研究发现中国的数字金融不但在落后地区的发展速度更快，而且显著提升了家庭收入，尤其是对农村低收入群体而言。在数字经济中，要发挥其收入分配的普惠效应。

数字经济时代的分配关系正在发生改变，数字分配力已成为影响收入分配方式和结构的重要变量。数字经济时代的分配是基于数字技术、数字要素和数字生产过程形成的对社会财富分配的参与能力和实现能力。正如马克思所言："所谓的分配关系，是同生产过程的历史地规定的特殊社会形式，以及人们在他们的人类生活的再生产过程中相互所处的关系相适应的，并且是由这些形式和关系产生的。"随着数字化生产方式的变革，以及由此导致的生产关系的局部变化，收入分配关系也发生了局部调整。这种调整涉及两个方面：一是客观和主观生产条件的数字化趋势，二是收入分配的普惠性可以更有条件去实现。

四、数字经济时代的消费

数字经济时代创造了越来越丰富的数字消费资料和数字生产资料，为数字消费提供了坚实的财富基础。同时，数字消费中的新业态、新模式正在引领消费新方向，形成新消费。

在数字经济时代，个人消费的内容和方式都更加多元化。消费内容由传统的物质主导型消费拓展到精神享受型消费，不仅包括衣食住行等生存型消费资料，还包括教育、医疗、养老、文化、娱乐、新闻、资讯等发展型和精神享受型生活资料。其中，随着互联网、大数据、人工智能和云计算等新技术的发展，以及新业态、新模式和新产品的出现，很多消费内容逐渐实现了网络化、数字化和虚拟化；由于互联网等数字基础设施的全球性普及，消费方式正在突破传统地域界限的限制，通过现代化的数字基础设施、仓储物流系统和平台经济等实现了线上线下消费的互动、国内国际消费的结合。

公共消费的内涵和方式也在发生新变化，数字生产力的壮大和政府投资力度的提升在不断培育社会消费力，同时高质量的数字基础设施及公共服务体系建设则进一步服务于经济社会发展。随着数字生产方式的变革，社会消费领域的数字化倾向日益明显。例如，国防建设的数字化推动了数字化新装备采购，社会治理的数字化要求政府在信息技术使用和大数据管理等方面发挥示范作用，教育、医疗、社会保障和文化服务的数字化则要求全社会必须加大数字基础设施和数字公共服务的投资力度。随着公共领域数字消费的不断扩大，在国防安全、政府运转、科学研究、文化教育、医疗保健、社会保障、环境保护、城乡公共设施和服务等方面的数字化建设投入，将持续成为经济高质量发展的关键基石。

第三节　数字经济变革的本质

一、数字生产力和数字生产关系

数字生产力是指随着互联网、大数据、人工智能和云计算等数字技术的快速发展，人们在利用数字技术改造传统产业和打造数字产业过程中形成的改造世界和创造社会财富的能力。数字生产力强调技术的应用，如云计算的使用、机器学习算法的部署、物联网技术的整合等，它们帮助提高工作效率、创新产品和服务或降低成本。在数字经济时代，数字化的知识和信息正在取代传统的土地、资本等生产要素，成为核心生产不可或缺的条件。大数据等数字化的知识和信息，不仅本身具有劳动对象的属性，同时也是实现劳动者与劳动对象之间快速联系、劳动者之间密切合作、生产者与销售者之间紧密沟通的重要载体。大数据和人工智能可以实现数据要素的经济价值，同时创造新的数字财富；使用数字技术、自动化工具和平台进行生产活动，可以大幅度提高生产效率与生产质量，以及开发新的数字产品和服务的能力。

数字生产关系涉及数字技术在生产活动中所引发的社会和经济关系变革。它体现的是数字技术如何改变企业的组织结构、员工关系和运作管理等，并对市场、工作和价值创造方式产生影响。数字生产关系强调人与人、企业与企业之间如何在数字化背景下互动，以及这种互动如何影响经济的运行方式和生产的组织形式。因而，数字经济可以重塑组织结构、人力资源管理等管理的全过程，例如，逐渐趋向扁平化、网络化的组织架构，不断推进数字化和智能化的管理手段等。通过运用人工智能、大数据等数字化手段，提高了组织能力和管理效率，数字技术可以更好地实现对个体劳动者的监督和考核，有利于更好地组织资源进行社会扩大再生产。

数字生产力与数字生产关系都与数字化转型紧密相关，是数字经济时代生产活动的两个重要特性。其中，数字生产力强调如何利用数字技术提高效率和创新，而数字生产关系则关注这些技术如何重塑生产和经济活动的社会结构。一方面，高效的数字生产力可能会引发新的数字生产关系。例如，通过云计算和自动化技术实现的高效生产可能会导致远程工作的普及，从而改变传统的劳资关系和工作模式。数字生产力的发展对生产关系，特别是生产资料所有制、收入分配形式和劳动关系等提出了新要求，例如，界定数字领域的所有权、保护数据隐私就是为了适应数字生产力发展需要的生产关系重塑。另一方面，数字经济时代生产关系的局部变革促进了生产力发展。其中，在劳动关系方面，平台经济改变了劳资关系和劳动组织形式，出现了共享经济、零工经济等就业新模式。在平台经济中，由于众包、外包等多种就业模式的涌现，劳动关系正由传统的企业—个体雇佣关系转变为更为灵活的平台—个体的合作关系，这种灵活性和高不确定性的关系将深刻改变就业模式和人力资源管理模式。

总的来说，尽管数字生产力和数字生产关系是数字化时代生产和经济活动的两个不同维度，但它们紧密联系、相互作用、同源共生，共同塑造现代社会和经济的面貌。

二、数据要素化与要素数据化

在数字经济的背景下，数据要素化和要素数据化是两个相关但有所不同的概念。

数据要素化指的是将数据视为生产和经济活动中的基本要素，与土地、劳动、资本和技术等传统生产要素并列。在这一视角下，数据被视为一种创造价值的资源，对于创新、决策和运营等方面至关重要。其特点包括：强调数据的价值和重要性，强调数据在创新、优化操作和提高效率中的核心作用，强调数据驱动的决策过程和策略形成。

要素数据化是指将传统的生产和经济要素（如土地、劳动、资本和技术）进行数字化处理，从而产生可用于分析、预测和优化的数据。这意味着其是通过技术手段捕获、存储和分析传统要素的数据化表现。其特点包括：将传统的生产要素与数字技术相结合，运用技术手段对传统要素进行监测、分析和优化，同时通过数据分析对生产要素的配置和管理进行优化。

两者都强调了数据在现代数字经济中的核心地位，充分认可了数据的中心性和价值。数据要素化是将数据视为核心要素，强调其独特价值；要素数据化则是通过数字化技术转化其他生产要素，使其能够在数据层面上进行分析和管理，核心是将所有要素变为可分析的数据。

可见，数据要素化强调了数据的核心地位，而要素数据化则关注如何利用数字技术优化传统的生产要素，两者共同推动了数字经济的发展和变革。生产力和生产关系的高度数字化特征和高度同源属性，让数字经济这一新经济形态的诞生和发展，与传统经济形态的递进式发展路径都有所不同。数字经济发展范式是一种突破式的、重构式的形态，由于其内生技术驱动力的爆发，数字生产力可以指数级地增长、数字生产关系可以指数级地蔓延，进而渗透融合到以往所有的经济形态范式中，成就一轮独立的、全新的、颠覆本质的大变革。

第二篇

数字经济的现在：
现代工业经济发展的新阶段

☆ 第四章 ☆

全球数字经济发展的总体概况

第一节　数字经济为全球经济注入新动能

一、世界主要国家数字经济发展持续提速

在总量方面，世界主要国家数字经济规模持续扩张。它们纷纷把数字经济作为提升经济发展能力的重要手段，加快发展半导体、人工智能、数字基础设施、电子政务等，数字经济为全球经济发展带来新一轮热潮。据中国信息通信研究院，2022 年，美国、中国、德国、日本、韩国 5 个世界主要国家的数字经济总量为 31 万亿美元，数字经济发展活力持续释放。

在占比方面，数字经济有效支撑全球经济持续稳定发展。全球的传统生产经营方式在深刻变革，正逐渐转变为数字化基础设施、数据要素、通用人工智能等方式。2022 年，美国、中国、德国、日本、韩国 5 个世界主要国家的数字经济占 GDP 比重为 58%，较 2016 年提升约 11 个百分点。发达国家数字经济占 GDP 比重为 55.7%，远超发展中国家 29.8% 的水平。2022 年到 2023 年，全球主要国家数字经济占 GDP 的比重持续提升，预计到 2026 年可达到 54%。

在增速方面，数字经济成为全球经济发展的主要动力。数字经济催生新模式新业态，持续为全球经济平稳回升注入动力。据中国信息通信研究院，2021年，发展中国家数字经济同比名义增长22.3%，高于同期发达国家数字经济增速9.1个百分点。2022年，美国、中国、德国、日本、韩国5个世界主要国家的数字经济规模同比增长7.6%，高于GDP增速5.4个百分点。产业数字化持续带动5个国家数字经济发展，占数字经济比重达到86.4%。

在具体国家方面，美国和中国的数字经济持续快速增长，美国的数字经济规模蝉联全球第一，从2018年的12.34万亿美元增至2021年的15.3万亿美元，中国是全球第二大数字经济体，2018—2021年数字经济总量从4.73万亿美元增至7.1万亿美元，年均复合增长14.2%，是同期美中德日韩5国数字经济总体年均复合增速的1.6倍。德国2022年数字经济行业营收将首次突破2000亿欧元大关[①]，产业数字化占数字经济比重连续多年高于美中日韩4国，2022年达到92.1%。

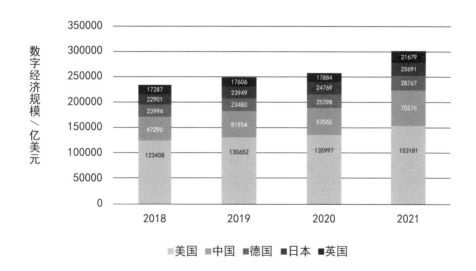

图4-1　2018—2021年全球排名前五国家的数字经济规模

---

① FAZIT基金会：法兰克福汇报，2023年1月10日。

二、全球产业数字化转型进入深度应用阶段

数字化转型应用领域由生产研发向供应链协同、绿色低碳方向延伸，推动产业高端化、智能化、绿色化、融合化发展，助力提升产业链供应链韧性和安全。工业互联网平台作为转型的重要支撑，加速与人工智能、5G 等数字技术深度融合，逐步推动形成平台化、开放化、无线化、智能化的新型产业形态。截至 2023 年 3 月，5G 网络覆盖全球 30.6% 的人口，同比提高 5.5%[①]。2022 年，全球数字经济独角兽企业达 1032 家，较上年增加 10 家，产业数字化独角兽企业较上年增加 16 家，整体进入深化应用阶段。

三、数字贸易成为国际贸易发展主引擎

数字经济快速发展带动国际贸易方式的创新变革，推动全球产业链、供应链、价值链和创新链深刻变革，成为新一轮经济全球化的重要驱动力量。尤其疫情以后，在货物贸易、服务贸易受到严重冲击的背景下，数字贸易展现出较强的发展韧性，占全球服务贸易比重超过 60%，跨境数据流动以及搜索引擎、社交媒体、云计算等基于数据流动的新模式、新业态成为国际贸易的重要部分。在我国加快构建新发展格局的背景下，必须把数字贸易放到全球化演变进程的战略高度，抢占市场话语权和规则制高点，提升在全球数字贸易治理体系中的竞争力和影响力。

四、全球数据要素价值化探索

近年来，各国将行业数据空间作为数据流通的关键基础设施，持续打造

---

① 中国信息通信研究院：全球数字经济白皮书（2023 年），2023 年。

产业生态合力。主要经济体加快数据空间建设探索，欧盟在"数字欧洲"计划统一体系下，多主体协同推进公共/行业数据空间建设；美国依托云基础设施优势，面向数据流通进行产业转型升级；日本以点带面，通过指导现有基础设施向数据流通服务方向转型发展数据空间；中国加强行业数据空间应用牵引，开展行业龙头与初创企业产业生态培育[①]。

五、数字治理合作趋势增强

全球治理联盟化态势增强，美欧跨大西洋协调密切，欧盟设立专门的对美联络办公室，美国主导发起《互联网未来宣言》《全球跨境隐私规则声明》"印太经济框架"（IPEF）等合作框架，欧盟持续推广"全球门户"计划，"技术联盟"表现活跃。亚太区域数字经济伙伴关系网络加速构建，欧洲委员会和欧盟理事会先后发布《欧盟印太地区合作战略》《欧盟数字外交结论报告》；美国与 14 个国家启动"印太经济框架"；提出加入《数字经济伙伴关系协定》（DEPA）的经济体有中国、韩国、英国、加拿大等。2021 年 11 月 1 日，中国正式提出加入 DEPA 申请。2022 年 8 月 18 日，中国加入 DEPA 工作组正式成立，全面推进中国加入 DEPA 谈判。

[①] 中国信息通信研究院：全球数字经济白皮书（2023 年），2023 年。

第二节　典型国家数字经济发展的现状特点

一、美国

（一）数字经济发展的总体概况

2021 年，美国数字经济规模以 15.3 万亿美元蝉联世界第一，是中国规模的两倍以上。[①] 美国数字科技平台发展较成熟，拥有以谷歌和苹果为代表的移动互联网平台、以 Facebook 社交网站为代表的互联网 2.0 平台、以亚马逊云计算为代表的企业级平台，此外，微软是国际电脑软件巨头公司。美国三产数字经济发展遥遥领先，2021 年已超过 60%。数字前沿技术取得重大突破，利用机器学习发现了数百种新冠肺炎候选药物；英特尔神经形态计算实验室研发了学习并鉴别气味的 AI 设备；麻省理工学院研制的深度学习 AI 可以鉴定一种全新的抗生素；斯坦福大学开发的机器学习方法能鉴别出早期肺癌患者。

2022 年，美国数字化转型支出最大，占全球约 35%，目前美国数字化转型呈现出两大趋势[②]：一是大规模的数字化转型正在向全产业链渗透，传统行业积极开展数字化转型，如物流、供应链、医疗、精细化工、制造等领域；二是数字化转型相关赛道的产品需求升温，传统行业对于技术的认知和接受度大幅提升。

---

① 中国信息通信研究院：全球数字经济白皮书（2022 年），2022 年。
② 中国电子信息产业发展研究院：2022 全球数字经济发展水平评估报告，2022 年。

（二）数字经济发展的重要举措

美国制定超前的数字经济战略规划，如《数字经济议程》（2015）、"在数字经济中实现增长与创新"（2016）、"数字经济的定义与衡量"（2018）、《国家网络战略》（2018）、《美国全球数字经济大战略》（2021）、《国家人工智能研究与发展战略计划》等，数字经济处于世界领先地位，确保了美国在信息技术革新和数字成果应用方面长期的领先地位。

表 4-1　美国数字经济部分政策汇总

时间	战略政策
1993.09	信息高速公路计划
1997.07	全球电子商务纲要
1999.01	21 世纪信息技术计划
2010.03	国家宽带计划
2011.02	联邦云计算战略
2011.06	先进制造伙伴计划
2012.02	先进制造业国家战略计划
2012.05	数字政府战略
2015.11	数字经济议程 2015
2016.10	国家人工智能研究和发展战略计划
2018.08	5G Fast 战略
2018.12	国家量子倡议法案
2019.02	美国人工智能倡议
2019.12	联邦数据战略 2020 年行动计划
2020.02	美国量子网络战略构想

续表

时间	战略政策
2020.03	5G 安全国家战略
2020.11	关于利用云计算资源推进联邦资助的人工智能研发的建议
2021.04	2021 年战略竞争法案
2021.05	改善国家网络安全行政令
2021.06	2021 年美国创新和竞争法案
2021.11	负责任的人工智能指南
2022.02	2022 年美国竞争法案

数字创新巩固美国数字经济竞争力。大量资金投入数字创新基建，2015—2020 年，美国国防部共申请 22.4 亿美元预算经费用于人工智能技术科研活动。出台《芯片和开放式无线电接入网（O-RAN)5G 紧急拨款》，2021 财年预算中向人工智能、5G、微电子等关键领域投入 70 亿美元研究经费。发布《先进制造伙伴计划》《先进制造业美国领导力战略》等，于 2012—2017 年间组建 14 个制造技术创新中心。项目计划推进芯片领域数字创新，美国陆续推出电子复兴计划(ERI)和联合大学微电子计划（JUMP），出台《2021年美国创新和竞争法案》，抢占数字芯片科技的制高点。吸引数字创新人才，美国国会正推动国防部改善其专业量子计算领域的劳动力供给质量，出台《量子网络基础设施和劳动力发展法案》，吸收量子相关人才。

5G 和数据中心建设全面"开花"，超前布局下一代通信技术研发。2018 年美国发布《美国重建基础设施立法纲要》，设计了美国未来 10 年的基础设施建设方案，提出重点投资现代交通、新能源、5G 通信基站、智能电网、宽带网络和大数据等领域，同时积极布局下一代通信技术研发，如太赫兹通信和传感融合研究中心等机构的 6G 通信相关研究，推进 SpaceX 公司的卫星互联网——"星链"项目。2017 年和 2019 年连续两年发布"数据中心优化"计划，来支持数据中心发展，为数字经济提供算力保障。目前美国拥有全球最多超大规模数据中心。2020年公布《5G安全国家战略》推动5G部署，目前美国移动运营商已经能够为美国75%的人口提供5G信号覆盖，5G应用场景乐观。

着重培育人工智能和量子信息等数字产业。布局云计算、大数据、先进制造、5G、量子通信等前沿领域，并不断推出人工智能、物联网、工业互联网、智慧城市、共享经济等新的数字理念。2018年和2019年，美国先后发布了《美国机器智能国家战略》《国家人工智能研究和发展战略计划（2019更新版）》等，推动人工智能技术的飞速发展。2022财年，国防授权法案重点投资微电子、高超声速、人工智能和5G等"先进能力赋能器"技术。先进计算机方面包括"酋长岩"超算项目、IBM（国际商业机器公司）的量子计算路线图，同时美国政府加大了对量子信息领域的投入，确认未来5年将投资6.25亿美元支持全国5个量子信息科学研究中心的建设。

科技巨头助力数字政府建设步伐加快，构建数据驱动战略体系支撑数据要素。积极制定数字政府建设的战略规划，先后发布《数字政府战略》《数字政府：构建一个21世纪平台以更好地服务美国人民》等，致力于提供可以在任何时间、任何地点、通过任何设备获取的数字政府服务。建立首席信息官数字政府管理运行制度，负责数字政府建设的资源管理工作。2019年12月，白宫发布《联邦数据战略2020年行动计划》推动智慧政府建设。构建公私合作伙伴关系，将部分公共服务及惠民项目外包给苹果、微软、亚马逊、Facebook以及谷歌等互联网巨头公司，提升政府信息技术。发布《联邦大数据研发战略计划》，提出七大战略，涵盖大数据技术、可信数据、共享管理、安全隐私、基础设施、人才培养和协作管理等与大数据研发相关等，构建数据驱动战略体系。

率先出台数字贸易政策，主导全球数字贸易规则。美国致力于打造一个具有约束力的全球数字贸易规则体系，在双边和多边贸易协定中率先推出了数字贸易规则，如2017年7月美国向亚太经合组织秘书处提交的《促进数字贸易的基本要素》中，提出了美国主导的数字贸易规则基本主张，包含互联网应保持自由开放、跨境服务贸易规则适用于数字贸易、数据存储设备与源代码非强制本地化、禁止强制性技术转移、数据跨境自由流动五个方面。2018 年 3 月，发布《澄清境外数据合法使用法案》（CLOUD），从法律层面对跨境调取海外公民的信息和通信数据等方面内容进行了规定。

二、欧盟

（一）数字经济发展的总体概况

欧盟成为全球数字经济"第三极"，电子商务的发展推动欧盟数字经济的发展。欧盟统计局数据显示，电子商务零售额占总零售额的比重不断上升，2019 年欧盟民众至少进行一次网上购物总占比达 63%，其中 22% 的人是跨境购物。

欧盟数字化转型的特色主要体现在两个方面：一是数字化转型的重点是制造业，在产业战略中重点支持传统制造业的数字化转型。二是数字化转型的价值取向，欧盟既要追求数据的自由流动与数据市场的完整，又要在数字化转型进程中坚持所谓"欧洲价值观"。

数字化公共服务水平明显提升。欧盟 2013 年启动"欧洲统一数字化服务"项目，不断提高成员国数字化公共服务水平。据《2020 联合国电子政务调查报告》，欧洲电子政务发展平均指数值处于全球领先地位。《2020 数字经济与社会指数（DESI）结果》显示，欧盟平均以在线方式提交行政审批表格率占 67%，较 2014 年增加了 10%。预计到 2030 年，欧盟所有重要的行政文件均网上完成，所有欧盟公民可在网上查阅自己的就诊档案，80% 的公民可使用电子身份证。

（二）数字经济发展的重要举措

"单一数字市场"战略、"欧洲工业数字化"战略规划数字经济"路线图"。2015 年欧盟委员会提出"单一数字市场"战略，2016 年正式推出"欧洲工业数字化"战略，到 2018 年公布《欧盟人工智能战略》。2020 年，欧盟委员会发布了用于指导欧洲适应数字时代的总体规划《塑造欧洲的数字未来》《欧洲新工业战略》《欧洲数据战略》《人工智能白皮书》等，建立基于规则和标准的数字空间框架，扩大数字主权。2021年欧盟委员会发布了《2030数字指南针：欧洲数字十年之路》，提出了实现欧洲数字化转型的2030年目标和实现这些目标的关键里程碑和方法。

大力推进人工智能和芯片领域数字技术创新，建设"地平线欧洲"。实施"数字欧洲"计划，提高数字技术竞争力，推动"地平线欧洲（2021—2027）"计划。德国和法国于2020年6月宣布大力支持"盖亚–X"云计算系统，加快"欧洲云"建设。德国2020年更新《国家人工智能战略》，支持德国人工智能研究，推进高性能计算中心网络建设。2023年7月，欧洲议会通过《芯片法案》，要求到2030年欧盟芯片产量占全球的份额应从目前的10%提高至20%，满足自身和世界市场需求。目前，德国德累斯顿工业大学实施了"超高数据速率测量平台"项目，计划研发世界最快的微芯片，为未来6G通信应用提供保障；德国马普智能系统研究所推出了开源的四足机器人项目；法国军队获准研发"超级战士"。

大力推行工业4.0向工业5.0的迭代跃迁。通过"数字欧洲"计划，欧盟投资近20亿欧元推动数字化转型。欧盟重点发展微系统和微控制器零件领域、组件和模块制造、3D打印先进制造技术等领域的工业数字化。"欧洲工业数字化"战略支持工业数字化发展，集中欧洲老牌工业技术体系的优势。2020年发布的《欧洲新工业战略》提出通过物联网、大数据和人工智能三大技术来增强欧洲工业大中小企业的智能化程度，激发企业活力。贯彻工业5.0的理念，建立严格的可持续性标准，构建弹性价值链，在研发支出方面增加公共资金投入。

建设"数字单一市场"，健全数据资源市场化体系。《数字市场法》和《数字服务法》两项新法案出台，对数字服务商和"守门人公司"（网络巨头）加强规制与监管；签署《人工智能伦理罗马宣言》，出台《网络与信息系统安全指令》《通用数据保护条例》《非个人数据自由流动条例》《欧盟网络安全法案》等文件，为数字经济的健康发展提供法律依据。建立完备的数据保护制度，发布《打造欧洲数据经济》，为非个人的机器生成数据的归属、交换和贸易制定规则，促进数据资源共享；《欧洲数据战略》提出创建一个单一数据空间，促进经济增长、创造价值；欧盟发布《数据治理法》，促进欧盟和行业间的数据交换；《数据法案》规定使用和访问欧盟经济部门生成的数据的新规则；制定《电子隐私条令》，健全数字经济规则。

大力发展数字教育，培育数字人才。欧盟推出一系列支持政策培养数字化技能，从 2012 年起，将数字教育列为基本国策之一。2016 年，"欧洲新技能议程"着重强调数字技能对促进欧盟经济增长和竞争力提升的重要性。2018 年提出《数字教育行动计划 2018》，促进数字技术在教育领域的应用。据《2030 数字指南针：欧洲数字十年之路》计划，到 2030 年，至少应有80% 的成年人具备基本的数字技能，在欧盟工作的信息通信技术专家应达到2000 万人。

三、英国

（一）数字经济发展的总体概况

数字经济已成为英国经济新的增长点。2021 年英国、法国数字经济规模超过 1 万亿美元，占 GDP 比重超过 65%，2018 年、2019 年数字行业分别为英国经济贡献了 1500 亿英镑和 1490 亿英镑，数字行业增速是英国国民经济增速的 6 倍。新冠疫情暴发以来，数字经济在传统服务业、制造业遭受供给和需求双重冲击的情况下保持了上涨势头，即时通信、电子商务、线上教育和医疗、数字金融服务等行业在疫情中表现亮眼。英国的数字优势之一是初创企业数量与规模的快速增长，市值在 10 亿美元或以上的英国科技公司数量排名全球第四。数字平台支付系统自 2016 年 9 月至 2021 年 7 月共实现交易量 1820 万次，处理金额 11 亿英镑。

（二）数字经济发展的重要举措
积极规划人工智能等下一代新技术战略。出台《2015—2018 数字经济发展战略》、《英国数字战略（2017）》、2020 年《国家数据战略》等战略计划，部署全国数字经济，全面推进数字化转型。布局人工智能等数字产业，发布《产业战略：人工智能领域行动》、2017—2020 年"国家计量战略实施"计划等一系列战略行动计划，大力投资包括虚拟技术在内的沉浸式新技术研发、数字安全软件开发和商业示范、下一代人工智能服务等领域，建立城市范围的超安全量子网络，成立专注于 6G 技术研究的创新中心。

表 4-2　英国数字经济部分政策

时间	战略政策
1998	数据保护法
2015	2015—2018 数字经济发展战略
2017	国家计量战略
2017	数字英国战略
2017	英国数字战略（2017）
2018	产业战略：人工智能领域行动
2018	消费者物联网安全行为准则
2019	在线危害白皮书
2020	国家数据战略（2020）
2021	2022 年国家网络空间战略
2022	英国数字战略
2022	国家安全与投资法
2022	数字经济法案
2022	通用数据保护条例

数字政府引领数字经济发展，形成数字治理"英国模式"。出台《政府数字化战略》《政府数字包容战略》《政府转型战略（2017—2020）》《数字服务标准》，启动"数字政府即平台"计划，推动数字政府建设，完成从"服务数字化"到"数字服务化"的进化。《数字经济法案》提出建立国家级数据基础设施登记注册制度，推进政府数据开放共享，建立数据咨询委员会并任命政府首席数据官。打造 GOV.UK 网站，形成政府一体化数字平台。发布了包含 18 项指标的数字服务标准，确定数字服务的关键绩效指标（KPI），定期评估英国政府的在线服务。

培养和吸引数字人才上升为国家战略，重视数字教育培育方式。英国设立 AI 硕士研究项目、设立全球图灵奖学金计划，培养更多的 AI 及相关学科博士；AI 学生可通过 EPSRC（英国工程和自然科学研究委员会）博士培训中心项目进行分配，政府为此提供 1 亿英镑的支持；投资 4.06 亿英镑用于技能发展，重点是数学、数字化和技术教育；政府资助大学开设新的人工智能和数据科学转换课程，提供发展新的数字技能或接受重新培训的机会。《英国数字战略》提出加强数字教育渠道，提高对进入数字职业的途径的认识，发展高级和终生数字技能，与私营和第三部门合作，吸引全球优秀的数字人才。

政府通过投资、监管、引导方式推进数字经济企业发展。英国为数字业务生命周期的所有阶段提供充足的资金和数字技术开发平台，包括种子投资来鼓励对早期企业的投资、早期和规模化投资支持成熟的金融生态系统。开展一系列上市监管改革来吸引更多的科技企业，推动英国成为全球 IPO(Initial Public Offerings，首次公开募股）之都。发布鼓励数字市场竞争机制的新提案，覆盖数字市场范围、监管机构目标及权力、行为准则、财政资助和征税、监管协调和信息共享等。宣布新的行业 Open RAN 供应指南，以支持加速开发和部署 Open RAN 设备，并吸引新的电信供应商加入 5G 供应链。

四、日本

（一）数字经济发展的总体概况

2021 年，日本数字经济规模突破 2.5 万亿美元，位列全球第四位，低于中国、美国、德国三国。数字经济占 GDP 比重、第一及第二产业数字化渗透率均高于主要国家平均水平，处于全球第二梯队。数字技术普及率方面，据日本《信息通信白皮书》统计，在能源、金融、医疗、媒体领域占比分别为 38%、42%、23%、60%。当前，日本在拟计算方法、人工智能学习性能、大数据处理性能等方面已取得突破。在超级计算机的全球 500 强排名中，日本超级计算机"富岳"以每秒 41.5 亿亿次的运算速度排名世界第一，曾连续四年排名世界第一，2022 年退居世界第二。

（二）数字经济发展的重要举措

以量子技术为核心，大力推动数字经济技术创新。发布"量子技术创新"战略和立项"量子密码通信"项目，推动量子通信和加密链路技术、可信节点技术、量子中继技术和广域网构筑与运用技术的研究与开发。目前东芝公司和日本东北大学利用新一代技术量子密码通信，成功进行了传送人类遗传信息完整数据的实证实验，确认了量子密码技术的实用性。日本京都大学开发出一种机器学习模型，允许通过测量神经元本身的信号来重建神经元回路。日本在 2022 财年拟定 107 亿美元的科研预算，重点投资人工智能、大数据、物联网量子技术、太空技术等领域。

"互联工业"战略引导制造业转型，政策奖励加大转型力度。日本发挥其制造业优势大力推进制造业数字化转型，积极推动人工智能、物联网、云计算等科技手段应用到生产制造领域，发布 2021 年版《制造业白皮书》，提出"场景驱动 + 项目"的模式，之后相继发布了《日本制造业白皮书》《综合创新战略》《集成创新战略》《第 2 期战略性创新推进计划（SIP）》等战略和计划，推动产业数字化发展。给予企业数字化转型方面的激励，推动数字化转型，并推出"促进信息处理法"，制定"DX 评级"系统，评估具有出色数字转型策略的公司并重点支持，2021 年用于促进优秀数字化转型公司的相关预算达到 389 亿日元。

加速智能型社会建设，构建"社会 5.0"。《第五期科学技术基本计划（2016—2020）》和《科学技术创新综合战略 2016》中提出超智能"社会 5.0"概念，推动交通、医疗、养老等领域数字化转型。此后，发布《下一代人工智能推进战略》《科技创新综合战略 2017》《集成创新战略》等纲领性文件，从战略规划、制度建设、人才培养等方面规划"社会 5.0"和"互联工业"。"数字新政"战略推动"后 5G"信息通信基础设施、学校的 ICT 应用、中小企业信息化和 ICT 领域研发等方面，推动社会数字化、智能化转型。

政府和通信企业合力推动 5G 基站全覆盖建设。大力推动企业开展 5G 领域投资，积极推进 5G 网络建设，促进 5G 网络基站与"地域版 5G"的建设工作，总投资达到 3 万亿日元。日本 NTT、KDDI、软银、乐天等移动通信公司在未来 5 年内的 5G 投资额将达到 1.6 万亿日元。同时，引入 5G 相关税制，培育日本 5G 设备供应商，通过官民协作的方式，加大对 5G 及"后 5G"时代技术开发的支持力度。

五、韩国

（一）数字经济发展的总体概况

2020 年，韩国数字经济占比达到 52.0%，产业数字化占比超过 70%。韩国第一产业数字经济占比位列前三甲，达到 17.4%，第二产业数字经济占比领先全球，达到 43.6%。韩国的数字经济产业中制造部门（即计算机、电子和光学产品制造业）比重较高，数字经济产业发展更依赖于制造业基础。韩国在半导体领域的综合实力领先于其他国家，占据了全球 70% 的内存芯片市场，但在系统半导体方面趋于弱势，过去十年韩国在该领域的全球市场份额一直停滞在 3.2% 左右。

（二）数字经济发展的重要举措

人工智能和半导体数字经济技术吸引大量研发投入，竞争力位于全国领先地位。2023 年起，韩国集中投资于人工智能、人工智能半导体、5G 和 6G 移动通信、量子、元宇宙、网络安全六大创新技术领域的研发上，力争在 2025 年前将半导体、未来汽车和生物健康这三大产业的竞争力提升至世界第一。在石墨烯器件、增材制造工艺、纳米粒子处理和生物材料制备等新材料技术方面加速突破。推进 "2019 年纳米材料领域技术开发的实施计划"，旨在系统性支持具有人脑计算能力的未来半导体新器件核心技术开发，研究具有新特性与新功能的未来材料。建设神经网络处理器（NPU）、超级计算机、超大型人工智能模型等世界最好的人工智能基础设施，为下一代技术创新奠定数字基建基础。

构建数据交易体系，注重个人数据权利和保护。整合公共和民间数据，建立数据价值认可和流通的基础，开发 "K– 区块链信任框架" 与新认证技术等，保护数字资产，确立数据交易秩序和标准化体系等，形成数据利用的环境。全面推进 "韩国网络基础资源共享计划（K–Cloud 计划）"，建立高性能、低功耗的基础资源共享数据中心，联结人工智能服务。发布《数据产业振兴和利用促进基本法》《个人信息保护法（修正案）》，统筹安排数据的开发利用，支持数据流通交易，推动培育数据要素市场；同时通过引入权利、设置弹性化规则等方式进一步保障公民的数据权利。着力推进 MyData 模式，推动个人控制自身数据，分享自身数字红利。

第三节　典型国家发展数字经济的领先之道

一、以市场为主导驱动数字科技创新

创新是数字经济发展的内在源泉，带动数字科技的兴起和繁荣，全球各国有不同的创新方式，加大投入力度，不断推进数字技术创新。经济合作与发展组织数据显示，大型经济体企业在信息技术行业的研发投入占 GDP 比重均在 2% 左右。美国采用"官产学研融用"创新网络，促成互联网、云计算、大数据、人工智能、量子计算等数字科技的迅速发展，形成了"四线螺旋体"；发布多版《美国国家创新战略》推动和鼓励创新；瞄准生产要素上游领先优势，布局利润最高的制造业，凭借由创新驱动的商业模式掌握价值链的中高端部分。德国围绕数字科技和创新国家建设，出台《数字化管理 2020》《数字化战略 2025》，重点支持工业领域新一代革命性技术的研发与创新，围绕"工业 4.0"开展产学研紧密合作，同时促进平台和龙头企业的自我实践，分工明确的国立科研体系是保持创新活力的源泉。日本"科学技术创新立国"的国家战略，使得日本实现了向高新科技自主创新的转变，强大的制造业基础为数字化转型提供了很好的试验田，并在工业互联网发展路径上形成了独特的"日本模式"，同时"产学官"合作促进重大成果产出，各创新主体打破国立与私立、大学与企业、政府与民间之间的阶层壁垒，通力合作，共享成果。韩国是典型以政府主导推动创新驱动发展为模式的国家，政府主要通过宏观战略指导和协调、税收优惠政策支持、技术研发资金支持、成果推广支持等手段推进和完善国家创新系统，采用"政府 + 大财团"的经济发展模式，庞大的资源集中于少数财团，实现了"资金 + 技术 + 人才"的高效融合。

二、以前瞻谋划抢跑数字产业新赛道

未来产业成为数字经济竞争的新赛道，各国发挥自身技术、人才、产业上的先发基础优势，加快前沿产业领域布局。联合国为加强通用人工智能产业治理和发展，计划在 2023 年年底前设立一个高级 AI 咨询机构，类似国际原子能机构，定期审查 AI 治理安排，在 AI 发展的基础上保障人权和法制。美国作为全球人工智能科技和产业最强的国家，在 2021 年将《2020 年国家人工智能倡议法案》加以修订后纳入《2020 财年国防授权法案》，正式升级为法律。设置专门执行机构进行协调监督、加大研发投入、成立系列国家人工智能研究院或研究中心以打造新型战略科技创新力量、加强人工智能治理及基础设施建设等，全面推进人工智能产业发展。韩国推进"数字新政 2.0"，超前布局 6G，并为 AI 提供世界一流的政策支持。在 5G 领域，韩国提出从全球首创迈向全球最佳的状态，在三年内达到 650 万亿美元的规模。在 AI 领域，韩国 2020 年实现了 40% 左右的年增速，大量 AI 应用在金融、医疗领域落地，且韩国官方预测 AI 未来五年会继续保持良好的增长态势。英国先后发布了《产业战略：人工智能领域行动》、"国家计量战略实施计划"等一系列战略行动计划来支持人工智能产业的发展。2021 年，英国还发布了《国家人工智能战略》，计划未来 10 年将以更大力度推动人工智能商业化进程。

三、以产教融合推动数字人才培养

数字经济需要具有战略性、创新性、市场性的创新型人才。在创新人才培养上，各国加速突破以往以学校为主导的人才培养模式。美国提出培养人工智能劳动力，通过科学、技术、工程和数学（STEM）教育，培养具备开发和应用人工智能的通用人才，增设人工智能相关领域奖学金；推动一流的大学、企业等培养相关人才和采用优厚的移民政策来吸引外国优秀人才，比如《外来移民与国籍法修正案》提出，每年分配 2.9 万个移民名额给全球各国的高级人才。韩国提出基于企业实际需求，为其自主培养人才营造良好环境，推动需求企业事先参与项目，并制定灵活及时的支援计划推动项目重组；启动了由韩国半导体产业协会主管，大学、中小企业、中坚企业和协会参与的半导体产业人才培养工程，计划5年内培养300名高级研发人员。英国扩大STEM教育的本科生人数，为学生提供高质量的数字课程体系及相关实习机会，加深下一代劳动群体对数字经济的了解。开展新的基本数字技能资格教育、技能训练营等培训活动，鼓励企业和第三方机构积极开展员工数字技能提升培训。通过股票期权吸引和留住高层次人才，放宽全球数字经济人才签证条件，促进国际企业家创新。

四、数据交易推动数据价值化

数据是数字文明时代的第一要素。从国际层面来看，不少国家将促进数据价值释放作为关键任务，其中美国和欧盟主导了最主要的两大数字治理体系。美国在成熟的数据要素市场基础上，采取"数据自由主义"理念，强调数据跨境自由流动、数字市场准入宽松、政府数据开放并反对数据存储本地化，重视通过世界贸易组织、亚太经合组织等国际合作平台推行美式规则，同时利用《爱国者法案》《外国情报监听法》《澄清境外数据合法使用法案（云法案）》等保护主义立法实施长臂管辖，从而帮助美国企业开拓他国市场、扩展全球利益。欧盟采取"数据保护主义"立场，按照《欧洲数据战略》整体规划，先后发布了《通用数据保护条例》《数据治理法案》《数据法案》《数字市场法案》《数字服务法案》等10余部法律，在强监管的同时对数据开放、流动、使用进行体系化布局。

☆ 第五章 ☆

中国数字经济发展的路径探索

第一节 数字经济发展的中国方案

一、习近平关于数字经济重要论述的演进历程

习近平关于数字经济重要论述的形成与发展源于其长期的理论创新和实践探索，是历史和现实、理论和实践、国内和国际的结合之上，不断发展进步的历史过程。

（一）2000—2011 年：地方实践和初步构想

21 世纪伊始，数字化转型在全球大规模激荡。十六大报告提出"信息化是我国加快实现工业化和现代化的必然选择""坚持以信息化带动工业化，以工业化促进信息化"。时任福建省省长的习近平见微知著，在 2000 年提出"数字福建"的构想。他指出，建设"数字福建"意义重大，省政府应全力支持，实施科教兴省战略，必须抢占科技制高点。建设"数字福建"，就是最重要的科技制高点之一。就在这一年，"数字福建"被写入福建省的"十五"

规划当中。2000年12月23日，"数字福建"建设领导小组正式成立，习近平担任组长。

2002年10月习近平调任浙江，11月23日他在省委理论中心组学习会上提出，要按照十六大的要求，坚持以经济建设为中心，紧紧抓住本世纪头20年的重要战略机遇期，最广泛最充分地调动一切积极因素，聚精会神搞建设，一心一意谋发展。要从浙江的实际出发，全力推进工业化、信息化、城市化、市场化、国际化，加快建设数字浙江、信用浙江、绿色浙江。

2003年1月16日，时任代省长的习近平在省十届人大一次会议开幕式上作政府工作报告时，全面阐述了"数字浙江"的构想，强调"数字浙江"是全面推进浙江省国民经济和社会信息化、以信息化带动工业化的基础性工程。2003年7月，浙江省委第十一届四次全体（扩大）会议将"数字浙江"建设上升为"八八战略"的重要内容。习近平强调，"进一步发挥浙江的块状特色产业优势，加快先进制造业基地建设，走新型工业化道路。坚持以信息化带动工业化，推进'数字浙江'建设，用高新技术和先进适用技术改造提升传统优势产业，大力发展高新技术产业，适度发展沿海临港重化工业，努力培育发展装备制造业，全面提升浙江产业发展的层次和水平"。2003年9月，浙江省政府出台《数字浙江建设规划纲要（2003—2007年）》，为数字经济发展提供了系统性指导，开启数字经济驱动高质量发展的新阶段。

（二）2012—2016年：概念确立和体系推进

党的十八大以来，中国特色社会主义进入新时代。以习近平同志为核心的党中央观大势、定大局、谋大事，强调必须实现高质量发展，推动经济发展质量变革、效率变革、动力变革。2012年12月，习近平在广东深圳调研考察时指出，现在人类已经进入互联网时代这样一个历史阶段，这是一个世界潮流。2013年7月，习近平在视察中国科学院时指出，"浩瀚的数据海洋就如同工业社会的石油资源，蕴含着巨大生产力和商机，谁掌握了大数据技术，谁就掌握了发展的资源和主动权"。2014年2月27日，在中央网络安全和信息化领导小组第一次会议上的讲话中，习近平首次提出网络强国，强调"信息资源日益成为重要生产要素和社会财富，信息掌握的多寡成为国家软实力和竞争力的重要标志"。2015 年 10 月 26 日至 29 日，党的十八届五中全会提出，实施网络强国战略，实施"互联网+"行动计划，发展分享经济，实施国家大数据战略。

习近平明确提出数字经济的说法是在 2015 年 12 月 16 日第二届世界互联网大会的开幕式上。在主旨演讲中，习近平指出，"中国正在实施'互联网+'行动计划，推进'数字中国'建设"，"我们愿意同各国加强合作，通过发展跨境电子商务、建设信息经济示范区等，促进世界范围内投资和贸易发展，推动全球数字经济发展"。在"网络空间命运共同体"的构想中，习近平再次强调"推动网络经济创新发展，促进共同繁荣，促进世界范围内投资和贸易发展，推动全球数字经济发展"。

2016 年 10 月 9 日，十八届中央政治局围绕"实施网络强国战略"开展第三十六次集体学习，习近平指出，"世界经济加速向以网络信息技术产业为重要内容的经济活动转变。我们要把握这一历史契机，以信息化培育新动能，用新动能推动新发展。要加大投入，加强信息基础设施建设，推动互联网和实体经济深度融合，加快传统产业数字化、智能化，做大做强数字经济，拓展经济发展新空间"。同年在二十国集团领导人杭州峰会上，《二十国集团数字经济发展与合作倡议》首次提出发展数字经济的倡议，首次从官方角度对数字经济给出定义，得到各国领导人和企业家的普遍认同，给世界经济发展注入了新的动力。

（三）2017 年至今：系统谋划和全面布局

2017 年以来，一个重大变化是"数字中国"整体战略的加速推进。党的十九大报告提出建设数字中国。2017 年 12 月 8 日，中央政治局就"实施国家大数据战略加快建设数字中国"进行第二次集体学习。2018 年 4 月 22 日，习近平在致首届数字中国建设峰会的贺信中强调，"加快数字中国建设，就是要适应我国发展新的历史方位，全面贯彻新发展理念，以信息化培育新动能，用新动能推动新发展，以新发展创造新辉煌"。对于数字中国战略清晰的表述体现在十四个五年规划和 2035 年远景目标纲要中,《加快数字化发展 建设数字中国》作为第五篇独立呈现,提出"迎接数字时代,激活数据要素潜能,推进网络强国建设,加快建设数字经济、数字社会、数字政府,以数字化转型整体驱动生产方式、生活方式和治理方式变革"。

在该阶段,习近平关于数字经济的论述进一步系统化、具体化和全面化。一是系统化,将数字经济发展融入数字中国整体战略。2020 年 4 月 10 日,习近平在中央财经委员会第七次会议上的讲话中强调,"我们要乘势而上,加快数字经济、数字社会、数字政府建设,推动各领域数字化优化升级"。2021 年 9 月 26 日,在致 2021 年世界互联网大会乌镇峰会的贺信中,习近平提出"中国愿同世界各国一道,共同担起为人类谋进步的历史责任,激发数字经济活力,增强数字政府效能,优化数字社会环境,构建数字合作格局,筑牢数字安全屏障,让数字文明造福各国人民,推动构建人类命运共同体"。二是具体化,围绕数字经济内容、分领域分篇章专题论述。2018 年 10 月 31 日至 2020 年 10 月 16 日期间,中央政治局第九次、第十八次、第二十四次集体学习分别围绕"人工智能发展现状和趋势""区块链技术发展现状和趋势"和"量子科技研究和应用前景"展开深入学习,关注发展数字经济的具体技术。三是全面化,在数字经济快速发展的背景下,特别在"中美贸易战"、平台"二选一"等事件之后,习近平对数字经济健康发展形成了更为全面、深刻的认识。在深入把握数字经济发展趋势和规律基础上,提出"不断做强做优做大我国数字经济",并从七个方面做出一系列具体部署。

2023 年 2 月 27 日,中共中央、国务院印发的《数字中国建设整体布局规划》提出 2035 远期数字中国建设目标,描述了数字中国发展的"四梁八柱",明确"2522"的数字中国建设框架,推进数字技术与经济、政治、文化、社会、生态文明建设"五位一体"深度融合,有力推动数字经济优质化、数字治理高效化和智慧生活惠民化。

二、习近平关于数字经济重要论述的主要内容

习近平关于数字经济重要论述深刻阐明我国数字经济发展的根本性、方向性问题，从内容看主要涉及"为什么发展数字经济""发展怎样的数字经济""怎样发展好数字经济"三个方面。

（一）为什么发展数字经济：构筑国际竞争新优势

数字经济是数字时代国家综合实力的重要体现，是构建现代化经济体系的重要引擎。在回答"为什么发展数字经济"问题时，习近平深入融合了历史视野和国际视野，强调发展数字经济是我国把握新一轮科技革命和产业变革新机遇的战略选择。

世界经济数字化转型是大势所趋。没有信息化就没有现代化。习近平反复强调，世界正进入以信息产业为主导的新经济发展时期，信息技术成为率先渗透到经济社会生活各领域的先导技术。习近平强调，信息化所蕴含的生产力，是前所未有的。在河北正定工作时期，他提出"使广大干部认识到信息就是财富，信息可以指导商品生产、引导农民致富"。2003 年 4 月 29 日，习近平在考察科技工作时强调，如果说在蒸汽机时代，科学技术对生产力发展产生的是"加数效应"，电器化时代，科学技术对生产力发展产生的是"乘数效应"，那么，在当今信息时代，科学技术对生产力发展产生的就是"幂数效应"。2005 年 4 月 4 日，在杭州调研软件通信产业时，习近平又进一步提出信息化发展趋势是速度更快、影响更深、分工更细、合作更密。经过十余年的发展，信息化进入新阶段，数字技术、数字经济成为世界科技革命和产业变革的先机。互联网、大数据、云计算、人工智能、区块链等技术加速创新，日益融入经济社会发展各领域全过程。数字经济的蓬勃发展深刻改变着人类的生产生活方式，对各国经济社会发展、全球治理体系、人类文明进程影响深远。

数字经济成为改变全球竞争格局的关键力量。以互联网、大数据、人工智能为代表的新一代信息技术日新月异。促进数字经济和实体经济融合发展，

加快新旧发展动能接续转换，打造新产业新业态，是各国面临的共同任务。2016年10月9日，习近平在十八届中央政治局第三十六次集体学习时指出，网络信息技术深刻改变着全球经济格局、利益格局、安全格局。2018年4月20日，在全国网络安全和信息化工作会议上的讲话中，习近平再次强调，互联网发展给生产力和生产关系带来的变革给世界政治经济格局带来的深刻调整是前所未有的，给国家主权和国家安全带来的冲击是前所未有的，给不同文化和价值观念交流交融交锋产生的影响也是前所未有的。一场新的全方位综合国力竞争正在全球展开。能不能适应和引领互联网发展，成为决定大国兴衰的一个关键。面对数字经济发展的重大机遇，各国竞相制定数字经济发展战略、出台鼓励政策，数字经济发展速度之快、辐射范围之广、影响程度之深前所未有，正在成为重组全球要素资源、重塑全球经济结构、改变全球竞争格局的关键力量。

数字经济事关国内国际两个大局、发展安全两件大事。中华民族复兴既是世界大变局的有机组成部分，也是其重要推动因素。世界大变局则为实现中华民族伟大复兴既提供了条件和机遇，也带来了潜在风险和挑战。在数字经济发展中，习近平始终将两个大局作为谋划工作的基本出发点，他强调信息化为中华民族带来了千载难逢的机遇。工业革命以后，我们一次次同历史机遇擦肩而过。信息化为我国抢占新一轮发展制高点、构筑国际竞争新优势提供了有利契机，我国正逢其时。我们必须抓住信息化发展的历史机遇，不能有任何迟疑，不能有任何懈怠，不能失之交臂，不能犯历史性错误。与此同时，习近平还看到了数字化发展中面临的各类风险与挑战，涉及意识形态、网络安全、技术安全、国家治理、国际治理等方方面面。正因如此，看待数字经济发展必须要站在统筹中华民族伟大复兴战略全局和世界百年未有之大变局的高度，将其作为我国参与新一轮国际竞争重点领域，抓住先机、抢占未来发展制高点。

（二）发展怎样的数字经济：更好地服务和融入新发展格局

对于"发展怎样的数字经济"，习近平始终聚焦国际力量对比深刻调整、我国社会主要矛盾变化，围绕高质量发展和建设社会主义现代化强国目标给出指引，强调健康发展的数字经济应是更好地服务和融入新发展格局的数字经济。

牢牢掌握发展自主权的数字经济。早在 2005 年 4 月 4 日，习近平在杭州调研软件通信产业时就指出，实现经济增长方式的根本转变和经济结构的调整优化，中心环节或者说最重要的就是提高自主创新能力，在自主创新能力的提高中，大力推进科技进步和创新，特别是大力推进国民经济和社会信息化。十八大以来，针对我国数字经济"大而不强、快而不优"的现实，习近平反复强调"核心技术受制于人是最大的隐患"。他指出"一个互联网企业即便规模再大、市值再高，如果核心元器件严重依赖外国，供应链的'命门'掌握在别人手里，那就好比在别人的墙基上砌房子，再大再漂亮也可能经不起风雨，甚至会不堪一击"①。2017 年 9 月 3 日，习近平在金砖国家工商论坛开幕式上的讲话中指出，要立足自身、放眼长远，推进结构性改革，探寻新的增长动力和发展路径。要把握新工业革命的机遇，以创新促增长、促转型，积极投身智能制造、"互联网 +"、数字经济、共享经济等带来的创新发展浪潮。2017 年 12 月 8 日，他在十九届中央政治局第二次集体学习时强调，要加快形成以创新为主要引领和支撑的数字经济。2021 年 10 月 18 日，他在十九届中央政治局第三十四次集体学习时，明确提出"尽快实现高水平自立自强，把发展数字经济自主权牢牢掌握在自己手中"。基于这样的发展导向，2021 年 12 月出台的《"十四五"数字经济发展规划》提出，"到 2025 年，数字经济迈向全面扩展期，数字经济核心产业增加值占 GDP 比重达到 10%"，进一步突出科技自立自强对数字经济发展的战略支撑作用。

发展成果惠及广大人民的数字经济。在习近平看来，信息化成果必须惠及广大人民，实实在在为老百姓提供信息化服务。2016 年 4 月 19 日在网络安全和信息化工作座谈会上，习近平强调要适应人民期待和需求，加快信息

---

① 习近平：在网络安全和信息化工作座谈会上的讲话，北京：人民出版社，2016。

化服务普及，降低应用成本，为老百姓提供用得上、用得起、用得好的信息服务，让亿万人民在共享互联网发展成果上有更多获得感。2018年4月20日，习近平在全国网络安全和信息化工作会议上再次强调，网信事业发展必须贯彻以人民为中心的发展思想，把增进人民福祉作为信息化发展的出发点和落脚点，让人民群众在信息化发展中有更多获得感、幸福感、安全感。在新发展格局下，增强经济发展动能、畅通经济循环是数字经济发展的重要任务。2020年5月23日，习近平在看望参加全国政协十三届三次会议的经济界委员时指出，面向未来，要把满足国内需求作为发展的出发点和落脚点。加快推进数字经济、智能制造、生命健康、新材料等战略性新兴产业，形成更多新的增长点、增长极，着力打通生产、分配、流通、消费各个环节，逐步形成以国内大循环为主体、国内国际双循环相互促进的新发展格局。

安全规范健康发展的数字经济。习近平曾指出，古往今来，很多技术都是"双刃剑"，一方面可以造福社会、造福人民，另一方面也可以被一些人用来损害社会公共利益和民众利益。数字化快速发展中，也出现了一些新问题、新挑战，习近平强调要规范数字经济发展，坚持促进发展和监管规范两手抓、两手都要硬，在发展中规范、在规范中发展。2021年3月15日，习近平在中央财经委员会第九次会议上指出，我国平台经济发展正处在关键时期，要着眼长远、兼顾当前，补齐短板、强化弱项，营造创新环境，解决突出矛盾和问题，推动平台经济规范健康持续发展。平台经济要坚持正确政治方向，从构筑国家竞争新优势的战略高度出发，坚持发展和规范并重，把握平台经济发展规律，建立健全平台经济治理体系，明确规则，划清底线，加强监管，规范秩序，更好统筹发展和安全、国内和国际，促进公平竞争，反对垄断，防止资本无序扩张。除了规范发展外，习近平高度重视技术安全、网络安全、数据安全，强调要增强安全防护能力，提升安全保障水平，有效防范各类风险，实现核心技术、重要产业、关键设施、战略资源、重大科技、头部企业等安全可控。

更高水平开放互利共赢的数字经济。适应新形势新要求，提出新发展格局，决不是封闭的国内循环，而是更加开放的国内国际双循环，同世界各国实现更高水平的互利共赢。2015 年 12 月 16 日，习近平在第二届世界互联网大会开幕式上指出，网络空间是人类共同的活动空间，网络空间前途命运应由世界各国共同掌握。各国应该加强沟通、扩大共识、深化合作，共同构建网络空间命运共同体。2018 年 4 月 20 日在全国网络安全和信息化工作会议上，习近平指出，要以"一带一路"建设等为契机，加强同沿线国家特别是发展中国家在网络基础设施建设、数字经济、网络安全等方面的合作，建设 21 世纪数字丝绸之路。面对各国对数据安全、数字鸿沟、个人隐私、道德伦理等方面的关切，习近平强调，要携手打造开放、公平、公正、非歧视的数字发展环境。在与众多发展中国家和发达国家的对话中，习近平都将共享数字经济发展经验作为重要内容，强调培育更多利益契合点和经济增长点，推动建设更高水平开放型经济新体制，让数字文明造福各国人民，推动构建人类命运共同体。

（三）怎样发展好数字经济：发挥优势不断做强做优做大

发展数字经济是一项复杂的系统工程，关于"怎样发展数字经济"，习近平强调要充分发挥海量数据和丰富应用场景优势，促进数字技术和实体经济深度融合，赋能传统产业转型升级，催生新产业新业态新模式，不断做强做优做大我国数字经济。同时，强调要完善数字经济治理体系，健全法律法规和政策制度，完善体制机制，提高我国数字经济治理体系和治理能力现代化水平。

1.牵住数字关键核心技术自主创新这个"牛鼻子"，加快推进重点领域数字产业发展

2016 年 4 月 19 日，习近平在网络安全和信息化工作座谈会上的讲话阐述了"什么是核心技术"，他强调，核心技术包含三个方面：一是基础技术、通用技术；二是非对称技术、"杀手锏"技术；三是前沿技术、颠覆性技术。在这些领域，我们同国外处在同一条起跑线上，如果能够超前部署、集中攻关，很有可能实现从跟跑并跑到领跑的转变。

关于如何突破核心技术，习近平强调要推动科技创新和制度创新两个轮

子一起转，市场和技术和谐共振，要发挥我国社会主义制度优势、新型举国体制优势、超大规模市场优势，提高数字技术基础研发能力，打好关键核心技术攻坚战，尽快实现高水平自立自强。但自主创新不是关起门来搞研发，一定要坚持开放创新。习近平认为，新技术只要有利于提高我国社会生产力水平、有利于改善人民生活都不拒绝。问题是要搞清楚哪些是可以引进但必须安全可控的，哪些是可以引进消化吸收再创新的，哪些是可以同别人合作开发的，哪些是必须依靠自己的力量自主创新的。

对于核心技术的攻关，习近平强调要有决心、恒心、重心，要围绕国家亟须突破的核心技术，把拳头攥紧，坚持不懈做下去。有决心，就是把更多人力、物力、财力投向核心技术研发，集合精锐力量，做出战略性安排。要把集合号吹起来，把最强的力量积聚起来共同干，组成攻关的突击队、特种兵。有恒心，就是要制定发展战略纲要、路线图、时间表、任务书，明确近期、中期、远期目标，遵循技术规律，分梯次、分门类、分阶段推进。有重心，就是要强化重要领域和关键环节任务部署，把方向搞清楚，把重点搞清楚。

在关键技术突破技术基础上，习近平强调突出先导性和支柱性，构建产业体系新支柱，打造世界级数字产业集群。早在 2005 年 4 月习近平在杭州调研软件通信产业时就强调，信息产业特别是软件、通信产业，既是浙江省的支柱产业，也是重要的先导产业。2018 年 3 月 7 日，习近平在参加十三届全国人大一次会议广东代表团审议时提出，把新一代信息技术、高端装备制造、绿色低碳、生物医药、数字经济、新材料、海洋经济等战略性新兴产业发展作为重中之重，构筑产业体系新支柱。2018 年 11 月 18 日，习近平在亚太经合组织第二十六次领导人非正式会议上，提出分享经济、网络零售、移动支付等新技术、新业态、新模式不断涌现，深刻改变了中国老百姓的生活。为推进重点领域数字产业发展，加快培育新业态、新模式，习近平强调要围绕产业链部署创新链、围绕创新链布局产业链，前瞻布局战略性新兴产业，培育发展未来产业，发展数字经济。

关于数字产业发展同国外的差距，习近平在《论科技自立自强》一书中指出，有国际竞争力的企业太少了，要培育一批具有国际竞争力的大企业和具有产业链控制力的生态主导型企业，构建自主可控产业生态。他提出鼓励和支持企业成为研发主体、创新主体、产业主体，鼓励和支持企业布局前沿技术，推动核心技术自主创新，创造和把握更多机会，参与国际竞争，拓展海外发展空间。

2. 充分发挥海量数据和丰富应用场景优势，构建以数据为关键要素的数字经济

随着数字经济的发展，数据对提高生产效率的乘数作用不断凸显，成为最具时代特征的生产要素。2017 年 12 月 8 日，习近平在中共中央政治局就实施国家大数据战略集体学习中指出，数据是信息化发展的新阶段。随着信息技术和人类生产生活交汇融合，互联网快速普及，全球数据呈现爆发增长、海量集聚的特点，对经济发展、社会治理、国家管理、人民生活都产生了重大影响。世界各国都把推进经济数字化作为实现创新发展的重要动能，在前沿技术研发、数据开放共享、隐私安全保护、人才培养等方面做了前瞻性布局。因此充分发挥数据要素作用，释放数据生产力，是数字经济发展的重要内容。关于数据要素治理，习近平强调要强化高质量数据要素供给、加快数据要素市场化流通以及创新数据要素开发利用机制。提出要建设数据资源管理体系，发挥数据的基础资源作用和创新引擎作用，制定数据资源确权、开放、流通、交易相关制度，完善数据产权保护制度。提倡探索利用区块链数据共享模式，实现政务数据跨部门、跨区域共同维护和利用。2020 年 4 月，在中央财经委员会第七次会议上，习近平指出健全知识、技术、管理、数据等生产要素由市场评价贡献、按贡献决定报酬的机制。

3. 促进数字技术和实体经济深度融合，赋能传统产业转型升级

在数字经济发展中，习近平指出不能将传统产业视如敝屣抛在一边，要在大力推进数字产业化的同时，抓紧用先进技术改造传统产业，使传统产业的技术水平、经济效益和产业素质得到新的提高。在浙江工作时，习近平就指出"'数字浙江'不光是一个电子商务、电子政务，搞个平台的问题，更重要的是以信息化推动工业化"。信息化如何推动工业化，应用信息技术改造提升传统产业是重要内容。此外，习近平还在多个场合就服务业、农业的

数字化转型进行了深入阐述。比如 2003 年 5 月 22 日，在浙江省"抗非典、促发展"讲话中，习近平指出"抓住机遇加快发展电子商务，加强网上购物、电话购物、送货上门等服务，进一步拓展网络教育、网上文化娱乐等方面的消费"。

针对产业数字化如何推进，习近平强调要利用互联网新技术新应用对传统产业进行全方位、全角度、全链条的改造，提高全要素生产率，释放数字对经济发展的放大、叠加、倍增作用。要推动互联网、大数据、人工智能和实体经济深度融合，加快制造业、农业、服务业数字化、网络化、智能化。要以智能制造为主攻方向推动产业技术变革和优化升级，推动制造业产业模式和企业形态根本性转变，以"鼎新"带动"革故"，以增量带动存量，促进我国产业迈向全球价值链中高端。

对于产业数字化，习近平一直认为基础在企业结合点也在企业，必须花大气力做好企业信息化这篇文章。在浙江工作期间，他提出要积极引导企业广泛应用信息技术，加快提高制造过程、企业管理和市场营销的信息化水平，鼓励企业大力开发信息技术产品，加强传统产品信息化改造，把信息化带动工业化落到实处。十八大以后，他强调政策基点要放在企业特别是实体经济企业上，高度重视实体经济健康发展，增强实体经济盈利能力。对于企业数字化转型，他认为要脚踏实地、因企制宜，加快培育一批专精特新企业和制造业单项冠军企业。

4. 健全完善数字经济治理体系，形成政府主导、多元参与、法治保障的数字经济治理格局

健全完善数字经济治理体系是加快治理方式转变、优化治理方法手段、促进治理效能提升的必然选择，已经成为"十四五"时期我国数字经济做强做优做大的基础前提和必要保障。

关于数字经济治理，习近平强调，要形成党委领导、政府管理、企业履责、社会监督、网民自律等多主体参与，经济、法律、技术等多种手段相结合的综合治理格局。坚持促进发展和监管规范并行、政策引导和依法管理并举、经济效益和社会效益并重，纠正和规范发展过程中损害群众利益、妨

碍公平竞争的行为和做法，防止平台垄断和资本无序扩张，依法查处垄断和不正当竞争行为，推动数字经济在发展中规范、在规范中发展。数字经济治理对象范围涵盖数字经济全领域、全过程、全要素，包括数据资源、现代信息网络和信息通信技术融合应用等新技术经济形态，以及平台企业等主体、互联网服务等活动、制度规范等环境因素。数字经济治理方法手段则主要是通过政府、平台、企业、社会组织和公众共同构建多元协同的治理格局，通过完善法律法规和规则制度、提升政府数字化治理能力、创新协同监管机制等，不断优化公开、公平、法治的营商环境，提升安全与发展、公平与效率统筹协调水平。

《"十四五"数字经济发展规划》指出，健全完善数字经济治理体系涉及四个方面的重要目标：一是协调统一的数字经济治理框架和规则体系基本建立，跨部门、跨地区的协同监管机制基本健全。二是政府数字化监管能力显著增强，监管执法更加规范化、法治化、精准化，行业和市场监管水平大幅提升；三是政府主导、多元参与、法治保障的数字经济治理格局基本建成，激发活力、维护权益的平台治理水平明显提升；四是与数字经济发展新规律、新生态相适应的市场监管、宏观调控、法规制度体系更加完善。为了提高政府参与治理的能力，2022年4月19日，习近平在全面深化改革委员会第二十五次会议上指出，要以数字化改革助力政府职能转变，统筹推进各行业各领域政务应用系统集约建设、互联互通、协同联动，发挥数字化在政府履行经济调节、市场监管、社会管理、公共服务、生态环境保护等方面职能的重要支撑作用，构建协同高效的政府数字化履职能力体系。

5. 积极参与数字经济国际合作，打造开放、公平、公正、非歧视的数字发展环境

在2016年网络安全和信息化工作座谈会上，习近平指出："中国开放的大门不能关上，也不会关上。我们要鼓励和支持我国网信企业走出去，深化互联网国际交流合作，积极参与'一带一路'建设，做到'国家利益在哪里，信息化就覆盖到哪里'。外国互联网企业，只要遵守我国法律法规，我们都欢迎。"

贸易数字化发展是推动数字经济国际合作的重要内容。在 2020 年中国国际服务贸易交易会全球服务贸易峰会上，习近平提出，设立以科技创新、服务业开放、数字经济为主要特征的自由贸易试验区，构建京津冀协同发展的高水平开放平台，带动形成更高层次改革开放新格局。2020 年 11 月 4 日，在第三届中国国际进口博览会开幕式上，习近平再次强调，要在数字经济、互联网等领域持续扩大开放，深入开展贸易和投资自由化便利化改革创新，推动建设更高水平开放型经济新体制。

数字丝绸之路是推动国际合作的重要平台抓手。2017 年 5 月 14 日，习近平在"一带一路"国际合作高峰论坛开幕式上首次提出数字丝绸之路，强调要坚持创新驱动发展，加强在数字经济、人工智能、纳米技术、量子计算机等前沿领域合作，推动大数据、云计算、智慧城市建设，连接成 21 世纪的数字丝绸之路。2020 年 11 月 27 日在第十七届中国—东盟博览会和中国—东盟商务与投资峰会开幕式上，习近平表示中方愿同东盟一道建设中国—东盟信息港，推动数字互联互通，打造"数字丝绸之路"。

发展数字经济需要有良好的外部环境。习近平倡导构建和平、安全、开放、合作、有序的网络空间命运共同体，积极维护网络空间主权，加强网络空间国际合作。具体到数字经济发展，他进一步强调要营造开放、公平、公正、非歧视的数字经济环境。这就要求在参与国际合作中，开展双多边数字治理合作，维护和完善多边数字经济治理机制，主动参与国际组织数字经济议题谈判，拓展前沿领域合作。积极借鉴国际规则和经验，围绕数据跨境流动、市场准入、反垄断、数字人民币、数据隐私保护等重大问题探索建立治理规则，及时提出中国方案，发出中国声音。

第二节　中国数字经济发展的成就

　　党的十八大以来，我国深入实施网络强国战略和国家大数据战略，建设数字中国、智慧社会，加快推进数字产业化和产业数字化，数字经济发展取得显著成效。我国数字经济规模从 2018 年的 31.3 万亿元增长至 2022 年的 50.2 万亿元，数字经济增速连续 11 年显著高于同期 GDP 名义增速，数字经济占 GDP 比重从 34.8% 提升至 41.5%，数字经济对经济社会的引领带动作用日益凸显。

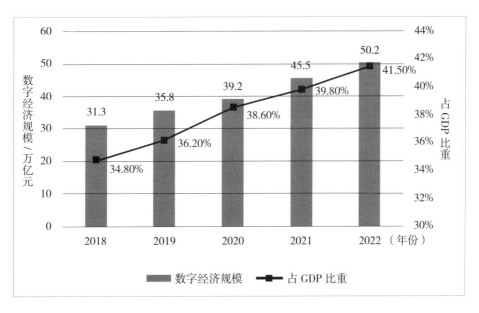

图 5-1　2018—2022 年中国数字经济规模及其占 GDP 比重

资料来源：中国信息通信研究院，《中国数字经济发展与就业白皮书》（2019—2023）

一、中国数字经济发展规模全球第二

我国数字经济规模连续多年位居世界第二位，信息通信基础设施、数字消费、数字产业等快速发展。

数字创新推动数字产业快速发展。在创新驱动发展战略引领下，我国数字技术创新成果不断涌现，带动了数字产业持续迭代、快速增长。2015—2022年，我国全球创新指数排名从第29位跃升至第11位。从2018年到2022年，全国软件和信息技术服务业营业收入从6.19万亿元增长到10.81万亿元，年均增速14.00%，远高于年均国内生产总值增速。

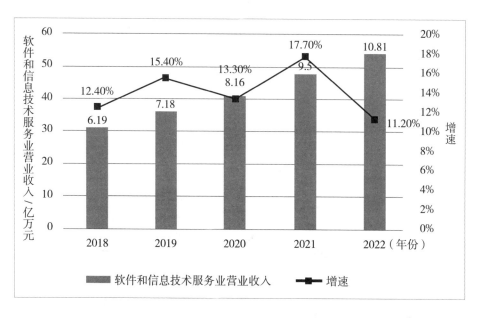

图 5-2　2018—2022 年全国软件和信息技术服务业营业收入及增速[①]

---

① 工业和信息化部：2018—2022 年软件和信息技术服务业统计公报，2023 年。

二、数字技术赋能实体经济提质增效

数字技术与实体经济深度融合，提升全要素生产率，推动制造业、服务业、农业全方位、全角度、全链条转型升级。

企业"上云用数赋智"水平不断提升。根据《数字中国发展报告（2022年）》，2018年全国工业企业关键工序数控化率、数字化研发设计工具普及率分别达到48.7%、68.7%；2022年，全国工业企业关键工序数控化率、数字化研发设计工具普及率分别达到68.7%、77%，比2018年分别提升20个和8.3百分点。截至2022年7月底，"5G+工业互联网"建设项目超过3100个，具备行业、区域影响力的工业互联网平台超过150家，工业设备连接数超过7900万台，有力推动了制造业降本增效。

新业态新模式提高服务业数字化水平显著提高。电子商务、移动支付规模全球领先，网约车、网上外卖等市场规模不断扩大。从2018年到2022年，网约车用户规模从2.85亿增加到4.37亿，网上外卖用户规模从3.58亿增加到5.21亿，持续助力扩大内需。

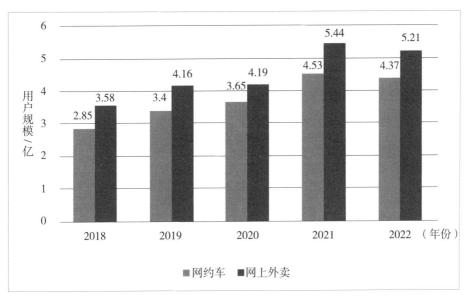

图 5-3　2018—2022 年网约车、网上外卖用户规模

北斗应用提高农业数字化水平。数字技术在农业生产经营活动的渗透率不断提升。农业生产领域的物联网、大数据、人工智能应用比率超过8%，产品溯源、智能灌溉、智能温室、精准施肥等智慧农业新模式得到广泛推广，农作物耕种收综合机械化率从2018年超67%，逐步增加至2022年的75%，2018年北斗在农机领域应用提速，到2022年农机应用北斗终端超过60万台，大幅提高了农业自动化水平和生产效率。

三、数字经济拓展经济增长新空间

数字经济在稳投资、促消费和稳外贸等方面发挥了重要作用，展现出推动经济增长的强大动力。

数字经济拉动电子信息制造业投资增长。5G等信息基础设施建设进程加快，累计有效带动数字产业领域投资近千亿元。2018—2022年，电子信息制造业固定资产投资增速从16.60%增加到18.8%，都比同期工业投资高。

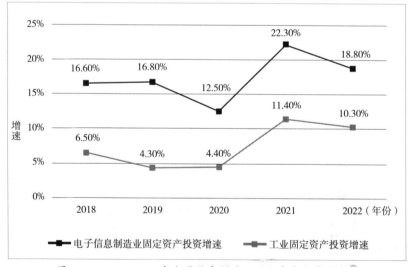

图 5-4　2018—2022 年电子信息制造业固定资产投资增速①

————————

①　国家统计局数据。

数字消费市场规模全球第一，催生新型消费。我国网民规模连续 13 年位居世界第一，2018 年 12 月到 2022 年 12 月，从 8.29 亿增长至 10.67 亿，庞大的网民规模奠定了超大规模市场优势。"十三五"期间，我国电子商务交易额年均增速达 11.6%，连续 8 年成为全球规模最大的网络零售市场，全国电子商务交易额从 2018 年的 31.63 万亿元增长至 2022 年的 43.83 万亿元；全国网上零售额从 9.01 万亿元增加至 13.79 万亿元。激活农村电商新型消费空间，农村网络零售额从 2018 年的 1.37 万亿元增至 2022 年的 2.17 万亿元，年均增速 14.66%。智能化产品驱动消费升级，扫地机器人、智能手机、智能手表、智能音箱等智能产品销量全球领先。

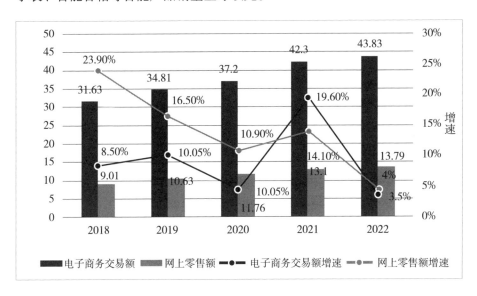

图 5-5　2018—2022 电子商务交易额和网上零售额及增速[①]

数字贸易培育出口新优势。2018—2022 年，我国跨境电商进出口从 0.13 万亿元增至 2.11 万亿元，增速每年有所放缓。按照联合国贸发会议统计口

---

① 国家统计局，商务部：《中国电子商务报告》（2018—2022）。

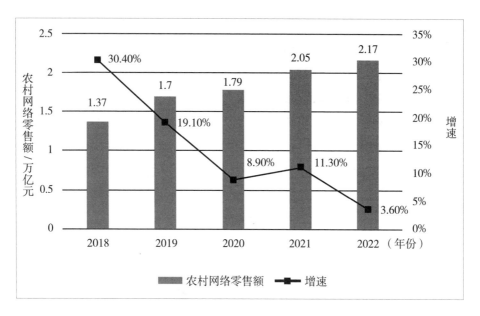

图 5-6　2018—2022 年农村网络零售额及其增速

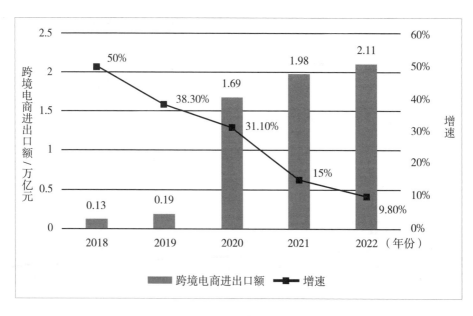

图 5-7　2018—2022 年跨境电商进出口额及其增速

径测算，2022 年我国可数字化交付的服务贸易达 2.5 万亿元，比 5 年前增长 78.6%，成为稳外贸的重要抓手。

四、数字化公共服务水平不断提升

数字政府、数字惠民服务、数字乡村、数字抗疫、数字基建建设成效显著，推动公共服务更加普惠均等，让数字经济发展成果更多更公平惠及全体人民，不断增强人民群众获得感、幸福感、安全感。

"互联网＋政务服务"增强数字政府效能。全国一体化政务服务平台基本建成，联通 31 个省（区、市）及新疆生产建设兵团和 46 个国务院部门。"一网通办""异地可办""跨省通办"渐成趋势，近 90% 的省级行政许可事项实现网上受理和"最多跑一次"，平均承诺时限压缩了一半以上，群众办事更加便捷高效。

数字惠民服务在民生服务领域成效显著。截至 2020 年底，全国中小学（含教学点）互联网接入率达 100%。国家医保信息平台建成运行。截至 2022 年 11 月，医保电子凭证全渠道用户量已达 12.3 亿，日均展码量近 1 亿次，累计结算超过 17.3 亿笔。截至 2021 年 9 月，全国已有 104 家网站和互联网应用初步完成适老化改造，推动提升数字经济可及性和包容性，助力消除"数字鸿沟"。

数字乡村助力乡村振兴。我国现有行政村已全面实现"村村通宽带"，超过 99% 实现光纤和 4G 双覆盖。乡村新业态蓬勃发展，"互联网＋"农产品出村进城带动农民增收，乡村旅游智慧化水平大幅提升，乡村治理数字化助力强村善治，促进农业高质高效、乡村宜居宜业、农民富裕富足。

数字抗疫发挥举足轻重的作用。截至 2021 年底，全国"健康码"互通互认，基本实现"一码通行"，国家政务服务平台累计提供跨地区健康码状态信息查询使用量 650 亿余次，助力人员有序流动。数字化转型促进经济全面恢复，"无接触配送""智能取餐柜"等服务有力保障了居民生活需求，在线问诊、直播教学、数字文娱等线上服务有效减少人员流动，降低了疫情传播风险。

远程办公、云签约、云招标、云面试等服务助力"停工不停产"，增强产业链供应链韧性。同时催生了"共享员工"、灵活用工等方式创造新就业岗位，成为就业"蓄水池"。

"宽带中国"战略推动数字基础设施全球领先。高速宽带网络建设实现跨越式发展，建成全球最大的光纤网络。2018 年，我国着手 5G 基站建设，2019 年，建设 5G 基站数超 13 万个。截至 2022 年底，累计建成并开通 5G 基站 231.2 万个，基站总量占全球 60% 以上，5G 用户达 5.61 亿户。我国信息通信技术正在实现从"跟跑""并跑"向"领跑"转变。

五、数字经济国际合作持续深化

我国持续深化与"一带一路"沿线国家和地区数字经济合作，主动贡献中国智慧，积极参与国际数字治理规则制定，数字经济国际合作取得良好成效。

提出数字经济"中国倡议"。联合有关国家发起《全球数据安全倡议》《"一带一路"数字经济国际合作倡议》等。2015 年第二届世界互联网大会期间，习近平高瞻远瞩，着眼于世界前途命运的共同关切，秉持全人类发展福祉的普遍道义，提出"构建网络空间命运共同体"，得到国际社会积极响应和广泛认同。

推动数字丝绸之路合作。深入推进"数字丝绸之路"建设合作，主办"一带一路"国际合作高峰论坛等国际会议，为世界搭建全球数字经济交流合作的平台。杭州、深圳等城市已与国外城市建立了点对点合作机制，中国电商平台助力全球中小企业开拓中国市场，让数字经济红利更好造福世界各国人民。主动申请加入《全面与进步跨太平洋伙伴关系协定》（CPTPP）和《数字经济伙伴关系协定》（DEPA），与世界各国共同构建和平、安全、开放、合作的网络空间。

第三节　中国数字经济发展的区域探索实践

一、浙江

（一）浙江数字经济发展的主要概况

以数字经济"一号工程"为引领，2017 年到 2021 年，全省数字经济增加值从 2.07 万亿元增加至 3.57 万亿元，居全国第四；占 GDP 比重从 32.9%上升为 48.6%，居全国各省（区）第一；培育数字经济领域千亿企业 2 家、百亿企业 45 家。2022 年，浙江省数字经济核心产业增加值达到 8977 亿元，可比价增长 6.3%，对全省贡献率达 15%，同比增速为 GDP 的 2 倍，占 GDP比重达 11.6%，居全国各省（区）第一；营收 3.28 万亿，同比增长 9.9%。产业数字化指数连续 3 年位居全国第一，2022 年数字贸易进出口额 6336 亿元、网络零售总额突破 2.7 万亿，居全国第二。直播电商、网络零售额规模位居全国第一位、第二位。

数字科技创新能力显著提升。浙江省数字经济领域有效发明专利 2022年为 11.2 万件，布局数字经济领域省重点研发计划项目 430 项，带动项目总投入达 90 亿元，取得 213 项进口替代成果。截至 2022 年底，浙江省拥有数字经济领域高新技术企业 10923 家、科技型中小企业 26760 家、科技小巨人企业 81 家、科技领军企业 29 家。企业研发投入不断加大，2021 年全省数字经济核心产业 R&D（研究与试验发展）占增加值比重达到 7.3%，是全社会研发强度的 2.5 倍。

充分发挥特色产业优势。2022 年，数字安防产业市场占有率位居全球第一，营业收入实现 3074.5 亿，数字安防产业集群入选国家先进制造业集群。

智能光伏收入 2959.6 亿元，同比增长 72.9%。软件业务收入 9390 亿元，同比增长 3.0%。集成电路产业营收 1827 亿元，产业规模位居全国第 5，共计 24 个项目通过国家集成电路"窗口指导"，通过数量排名全国第一。阿里云服务覆盖超过 200 个国家和地区，市场份额居亚太第一、全球第三。新增培育数字经济领域"新星"产业群 11 个、未来产业先导区 7 家。新认定以数字经济为主导产业的"万亩千亿"新产业平台 4 个，累计达 12 个。

数实融合继续深化。浙江首创"产业大脑＋未来工厂"融合发展新模式。产业大脑的能力中心已有 400 多个组件应用于浙江企业实际的生产经营中，累计建设工业领域行业产业大脑 46 个、省级工业互联网平台 430 家，96 个细分行业产业大脑已服务全省企业 7 万余家，52 家"未来工厂"有效助推企业平均生产效率提升 54%、成本降低 19%，培育"415X"产业集群。累计评定"万亩千亿"新产业平台 4 批共 27 个。新增国家单项冠军企业（产品）40 家、专精特新"小巨人"企业 601 家。服务业数字化加速升级，网络零售额从 2017 年的 13336.7 亿元增长至 2022 年的 27042.1 亿元，稳居全国第二；品质消费普及普惠体系加快构建，数字生活新服务指数居全国第一。智慧农业亮点纷呈，县域数字农业农村发展总体水平连续四年稳居全国第一，农业生产信息化率达 45.3%，远远高于全国平均水平 25.4%。

（二）浙江数字经济发展的重要举措

超前谋划数字经济发展。早在 2003 年，"数字浙江"便开始布局建设，并作为"八八战略"的重要内容部署推进，出台《数字浙江建设规划纲要（2003—2007 年）》，详细阐述指导思想、总体目标、主要任务等。《浙江省信息化促进条例》包括信息化规划与建设管理、信息产业发展、信息技术推广应用、信息资源开发利用、信息安全保障、法律责任等内容，使信息化建设和发展有法可依。发令枪早早响起后，浙江在数字经济赛道上不断提速，制定发布全国首个专项规划《浙江省信息经济发展规划（2014—2020）》，进一步明确指导思想、发展目标与重点、主要任务和保障措施，随后出台《浙江省国家信息经济示范区建设实施方案》，在 2017 年部署实施数字经济"一号工程"的基础上，2020年，制定《关于深入实施数字经济"一号工程"若干意见》《浙江省国家数字经济创新发展试验区建设工作方案》等政策，提出深入实施以新技术、新制造、新基建、新业态、新治理为重要特征的数字经济"一号工程"升级版。出台了全国首部以促进数字经济发展为主题的《浙江省数字经济促进条例》。2022年再推升级版，为数字经济发展加油续力。

加快推动产业数字化转型。浙江省将工业互联网发展作为深入实施数字经济"一号工程"的重要抓手，高度重视并超前布局工业互联网发展。2018年6月，浙江省提出在全国率先建立"1+N"工业互联网平台体系和行业联盟，打造具备国际竞争力的产业联盟体系。2020年12月，浙江省在国内首先提出未来工厂建设路径和标准，并持续推进未来工厂试点示范建设，率先走出一条从"机器换人""工厂物联网""企业上云"到"产业大脑 + 未来工厂"的智能制造之路。浙江省围绕优势产业开展细分领域的应用试点，加快推进产业大脑试点建设。通过建设一批行业级、区域级、企业级的工业互联网平台，形成"一行业一大脑"的发展格局。打造以未来工厂为引领的智能制造体系，分类分级开展智能化生产、网络化协同、个性化定制和服务化延伸等场景应用，不断提升工业互联网赋能作用。

推动数字产业化特色发展。浙江数字科技创新整体谋划基本完成，构建完成"一图四清单"的关键核心技术攻关闭环机制，人机协同绘制云计算与未来网络、智能计算与人工智能等5个战略领域的技术图谱，梳理风险清单、需求清单、项目清单和成果清单。杭州、嘉兴、金华等数字产业基础优越地区，通过加强技术研发与产业化，形成一批以数字产业化为主要特色的产业示范基地，为工业互联网产业创新发展提供技术支撑。宁波、湖州等制造业基础雄厚地区，加快推进数字技术的创新融合应用，形成了一批以产业数字化为主要特色的应用示范基地。温州、绍兴、舟山、台州等地结合自身产业特点，在细分领域形成一批具有特色优势的示范基地。加快未来产业培育，建设未来产业先导区，培育"新星"产业群推进战略性新兴产业和未来产业发展，印发《关于培育发展未来产业的指导意见》，提出优先发展未来网络、元宇宙、空天信息、仿生机器人等 9 个快速成长的未来产业，还圈定了量子信息、脑科学与类脑智能、深地深海等 6 个探索发展型的未来产业。

加快推动数据价值化探索。浙江建设省、市、县三级一体化智能化公共数据平台和一体化数字资源系统，实现了全省政务数字资源一站式浏览和调度，公共数据共享平均审批时间从 2021 年底 2.04 个工作日缩短至 1.53 个工作日。在全国率先构建"1+11+N+X"产业数据资源体系，打通省、市、行业到企业四级数据流，迭代建设省级产业数据仓，构建企业、政策、人才资源、科技创新、金融服务 5 大主题库。出台《浙江省推进产业数据价值化改革试点方案》和《2023 年浙江省产业数据价值化改革工作要点》等政策，加快推进产业数据资源化、产品化、服务化、市场化，推行企业首席数据官制度。发布《浙江省企业首席数据官制度建设指南（试行）》，鼓励各种类型企业设立首席数据官，鼓励各地人才管理部门探索将企业首席数据官列入产业人才政策范围。

重点推进数字技术创新。《浙江省数字科技创新中心建设行动方案》提出技术攻关、创新载体建设、科技创新型企业培育、人才（团队）引育、综合创新基地建设、体制机制创新、示范应用等重点任务；着力构建"315"（"互联网 +"、生命健康、新材料三大科创高地，云计算与未来网络等 15 大战略领域）科技创新体系，建设杭州城西科创大走廊、国家实验室、大科学装置等，加快建设高水平创新型省份和科技强省。同时，制订《高水平建设"互联网 +"科创高地行动方案（2023—2025 年）》，以及云计算与未来网络、智能计算与人工智能、微电子与光电子领域、大数据与信息安全、智能控制与先进技术 5 个战略领域的三年行动计划。

平台经济治理格局持续优化。印发《关于进一步加强监管促进平台经济规范健康发展的意见》《关于加强网络餐饮综合治理切实维护"外卖骑手"权益的实施意见》《关于强化反垄断深入实施公平竞争政策的意见》《关于促进平台经济规范健康高质量发展的实施意见》等政策，组织制定《浙江省平台经济健康发展行动计划（2020—2022）》和《浙江省平台经济创新发展攻坚行动方案》，牵头推进"平台经济高质量发展提升"攻坚任务。颁布实施全国首个网络交易地方性法规《浙江省电子商务条例》，推动省人大修订《浙江省反不正当竞争条例》。出台平台企业竞争合规省级地方标准《互联网平台企业竞争合规管理规范》，研究制定平台企业主体责任清单，全面梳理互联网平台企业责任边界，明确互联网平台企业竞争合规管理举措，引导平台企业落实常态化监管要求。《打造多跨协同、全链条智慧监管的平台经济治理新模式》被省委、省政府评为浙江省数字化改革"最响话语"。浙江省政府与国家市场监督管理总局签署共同促进平台经济高质量发展战略合作协议，建成全国首个平台经济数字化监管系统——"浙江公平在线"，推动平台经济健康有序发展。

表 5-1   浙江各地积极探索争创全国网络示范区

序号	地市	主要做法
1	杭州市	建成跨部门、跨区域、跨平台的数智网监平台
2	宁波市	创新跨境电商"信用监管＋精准服务"模式
3	温州市	创新信用监管方式，科学设置信用评价指标体系
4	金华市	建设"市场＋网络"线上线下互融互促发展样板

加快建设数字消费场景。利用5G与大数据、人工智能、物联网等形成的聚合效应，加快消费类电子产品的智能化、个性化升级，支持可穿戴设备、虚拟现实等高端智能消费产品的研发迭代；挖掘新型信息消费和产业升级需要，推动新一代信息技术与乡村经济、健康养老、文化旅游等领域融合，扩大企业、家庭、个人信息消费范围；深化推进"企业上云"三年行动计划（2018—2020年），推进企业"深度用云""业务上云"，丰富云计算产品和服务供给，通过"云"消费新场景的不断涌现，带动智能家居、医疗电子、智能机器人等智能产品消费；将"文创＋科技"作为发展"新引擎"，打造具有特色品牌的动漫游戏、音乐阅读专业平台。

大力推动生态要素建设升级。持续推进数字基础设施建设，推动数据中心从存储型向计算型升级，从"云＋端"集中式架构向"云＋边＋端"分布式架构演变；积极发展云数据中心，推进虚拟化、弹性计算、海量数据存储等关键技术应用，提高机架利用率；强化绿色设计，加快研发应用液冷服务器、能源管理信息化系统、分布式供能等新技术，降低数据中心传统电源用电负荷。加快数字经济人才的引培，基本建立覆盖全民的数字技能培养培训和数字素养科普教育制度。出台《浙江省人才发展"十四五"规划》，聚焦高素质人才、高水平制度、高能级平台、高品质服务、高效能治理五个方面，不断提升人才集聚力、平台吸附力、创新驱动力、生态影响力、制度竞争力，为高质量发展、竞争力提升、现代化建设贡献人才力量。

专栏 5-1　浙江产业集群（中小企业）数字化转型能级跃升

2022 年，浙江新增培育数字经济领域"新星"产业群 11 个、未来产业先导区 7 家，人工智能产业入选工信部"智赋百景"11 项，新认定以数字经济为主导产业的"万亩千亿"新产业平台 4 个，累计达 12 个，主要工作做法如下：

大力推广轻量化智改。针对省内块状经济和产业集群发展特征，开展"学样仿样轻量化智改批量式推广"，形成了标准合同制、"做样看样学样"决策模式、牵头总包制和工业数字工程监理制、验收制的轻量化智改经验。按照"一县一业一样本"要求，推出形成一批"小型化、快速化、轻量化、精准化"解决方案，推进细分行业中小企业数字化改造全覆盖。同时，开发"浙企智造在线"重大应用，重塑改造前、中、后各阶段服务流程，为企业数字化转型提供"一站式"集成服务。目前，53 家样本企业和 526 家推广复制企业完成改造，改造成本降低 75%，企业生产效率平均提升 35%。

开展定制化合同改造。支持省内各地基于当地产业集群特点，借鉴建筑工程市场的办法，通过格式化数字化改造的工程合同、公选牵头数字化总承包商、引入第三方监管等方式，规范工业数字化工程市场。梳理行业特性的数字化改造问题清单和场景清单，形成"共性场景＋个性场景"的"N+X"合同工程总包模式，在满足行业共性需求的同时，解决企业个性化、定制化需求，有效降低企业数字化改造成本。

积极培育数字化服务商。打造中国（杭州）工业互联网小镇、长三角（杭州）制造业数字化能力中心等平台，培育推荐数字化服务供应商，重点培育针对细分行业的总承包商，支持开发集成"小而精""模块化""组合式""普适性"的解决方案。大力推广云化服务，创新服务及收费模式，降低企业转型成本。全省已遴选发布340家省级数字化服务商、140家省级智能化改造工程服务公司，服务企业7万余家；打造45个行业云应用示范平台，推动制造业上云企业达49.9万家。

二、广东

（一）广东数字经济发展的主要概况

广东省数字经济总体规模连续六年居全国第一，2022年数字经济规模达到6.41万亿元，约占全国13.0%，增长8.6%，占地区GDP的比重达到49.7%。其中，数字产业化规模为2.03万亿元，占数字经济总量的31.7%；产业数字化规模为4.38万亿元，占数字经济总量为68.3%。拥有超高清视频、印刷及柔性显示、高性能医疗器械、5G中高频器件4家数字经济领域国家级制造业创新中心，数量位居全国第一，深圳已建设11家诺贝尔奖实验室。

广东是全国信息通信产业大省，电子信息制造业、软件和信息服务业规模多年位居全国第一，2022年广东电子信息制造业销售产值达到4.4万亿元，软件业务收入连续多年保持在全国前两位。数字经济企业实力强劲，华为、TCL、比亚迪、中兴通讯等22家企业入选2022年中国电子信息百强，网易、腾讯、虎牙等18家企业入选2022年中国互联网企业100强，大疆、中兴、深信服等12家企业入选2022年全国软件业务收入前百家企业，云从科技、平安科技等25家企业入选2022年中国人工智能企业综合实力排行TOP100排行榜，大疆是全球消费级无人机领域的领军企业。

表 5-2 广东信息通信企业进入百强榜单名单

榜单	企业名称
2022年中国电子信息企业百强榜单	华为、TCL、比亚迪、中兴通讯、康佳、创维、华强、德赛、大疆、兆驰、欧菲光、普联、广州无线电、深圳市特发、深南电路、传音、泰衡诺、康冠科技、天珑移动、共进电子、华润微电子、莱宝
2022中国互联网企业100强	腾讯、网易、腾讯音乐娱乐集团、三七文娱、唯品会、津虹、虎牙、趣丸、乐信、汇量科技、东信时代、富途、明源云、金蝶、多益、梦网科技、迅雷、荔支网络
2022年全国软件业务收入前百家企业	腾讯、华为、中兴通讯、大疆、深信服、金证科技、酷狗、广电运通、天源迪科、金蝶、海格通信、法本信息
2022年中国人工智能企业综合实力排行TOP100排行榜	华为、腾讯、网易、比亚迪、拓邦股份、优必选、小鹏、全志科技、大疆、中兴、佳都科技、奥比、中光、寒武纪、驭势科技、追一科技、迈瑞医疗、碳云智能、越疆科技、文远知行、云鲸智能、华大基因、亿航智能、码隆科技

数字经济基础建设较为完善。截至 2021 年 12 月底，广东已累计建成 5G 基站 17.1 万个，数量居全国第一；5G 用户 4096 万户，占全省移动宽带用户总数的 26.9%，规模居全国第一；规上互联网企业完成业务收入同比增长 9.3%，收入规模位居全国第二；IPTV（网络电视）用户达 2788.1 万户，居全国第一。广州、深圳入选全国首批"双千兆"城市；高标准建设算力设施，建成鹏城云脑、横琴先进智能计算平台等智能计算设施，获批建设全国一体化算力网络国家枢纽节点，多层次算力体系基本形成。

（二）广东数字经济发展的重要举措

超前数字经济政策意识。广东不断改革创新，探索地方立法特色，出台

《广东省数字经济促进条例》，对助力广东加快打造全球数字经济发展高地，促进经济社会全方位数字化转型具有里程碑式的重要意义。2022 年 7 月，印发全国首个省级层面推动数字经济发展的指引性文件《广东省数字经济发展指引 1.0》，为全省数字经济发展提供了指导性建议和典型案例参考，鼓励各地市因地制宜选择重点发展方向，探索适用性强、特色化程度高的数字经济发展模式和路径，促进社会各界共同参与数字经济建设。

产业数字化路径不断完善。提出构建"工业互联园区 + 行业平台 + 专精特新企业群 + 产业数字金融"为核心的新制造生态系统，已探索形成龙头企业带动法、中小企业抱团法、"园区 + 平台"法等多种推进模式，连续两年评选产业链协同数字化转型、中小企业抱团数字化转型试点项目。《广东省制造业数字化转型实施方案（2021—2025 年）》提出了四条转型路径：一企一策、一行一策、一园一策和一链一策。还出台《广东省制造业数字化转型若干政策措施》等政策，辅助制造业转型升级。

加强关键核心技术攻关。抓紧突破前沿技术和具有国际竞争力的关键核心技术，在新一代人工智能、4K/8K 超高清视频等领域实施重大、重点专项，加快创新中心、省实验室等数字经济创新平台建设，突破一批标志性成果。实施"广东强芯"工程。制定广东省强芯工程实施方案，推进集成电路产业领域补短板、育长板，全链条构建我省集成电路产业发展的"四梁八柱"，打造我国集成电路发展第三极。举办中国 IC30 人圆桌会、中国集成电路制造年会，推动成立投资规模均超百亿。同时，在全国率先开通工业互联网标识解析体系国家顶级节点（广州），工业互联网标识解析体系累计接入二级节点数 37 个，标识解析量 118.8 亿次。

加快数据要素资源的挖掘与应用。构建以省政务数据运营管理机构为核心枢纽的一级数据要素市场，推进政府首席数据官制度试点，全省首批公共数据资产成功"入市"。构建以数据交易所为核心枢纽的二级数据要素市场，建成广州和深圳数据交易所，全国首创数据流通交易全周期服务。开展数据经纪人试点和"数据海关"试点，出台《广东省企业首席数据官建设指南》，开展企业首席数据官先行示范建设。编制完成数据增值增富工程实施方案

（稿），组织编制数据资产溢价指数，推动数据惠民、数据强县、数据兴企。

推进数字经济生态要素加快完善。出台《广东省推进新型基础设施建设三年实施方案（2020—2022年）》，为数字经济基础设施建设规划"路线图"和"时间表"，大力布局广州人工智能公共算力中心、先进算力鹏城云脑、珠海横琴先进智能计算平台等算力基础设施；加快城市基础设施数字化升级，推进全省智慧城市CIM（城市信息模型）基础平台、智慧水利网、生态环境监测物联网等平台建设。加强数字化人才的培养，开展"产业数字化转型人才培养"试点，培养技能型复合型人才；实施"十万"数字化产业工人培训工程，依托工业互联网平台建设制造业数字化人才实训基地。

专栏5-2　广东数字产业化领跑全国

2022年广东省数字经济增加值6.41万亿元、核心产业增加值2.03万亿元，两项指标连续多年位居全国第一，主要工作做法如下：

顶层设计营造良好发展环境。2021年出台《广东省数字经济促进条例》，打造全球数字经济发展高地，将实践中行之有效的政策措施上升为法规制度。2022年7月，出台全国首个省级层面推动数字经济发展的指引性文件《广东省数字经济发展指引1.0》，指引和建议各地因地制宜选择重点方向、发展路径和模式。

多部门协同"一业一策"推进数字产业集群建设。2022年广东省电子信息制造业实现销售产值4.4万亿元，占全省规上工业的25.5%。在产业培育上，多部门分工协同，不局限经信部门，将相关任务分解到发改（新型显示）、商务（电商）相关部门。通过做优做强新一代电子信息、软件与信息服务、超高清视频显示等战略性支柱产业集群，培育壮大半导体与集成电路、智能机器人、区块链与量子信息、数字创意等战略性新兴产业集群，加快推动重大项目和平台载体建设，支持"链主"企业、制造业单项冠军企业、专精特新企业等优质企业发展。

特色发展超高清视频产业。成为全国首个、唯一的"超高清视频产业发展试验区"，彩色电视机产量、高世代线面板月产能、4K电视用户数、4K电视频道数等均居全国第一。继续开展"百城千屏"活动，大力

推动超高清视频行业应用。加大优质 4K/8K 节目内容制作引进力度，推动"5G+4K/8K"超高清视频的技术创新和融合应用。做精做优中国（广州）超高清视频创新产业园区，推进"一园两区多领域"协同发展。

大力发展信创产业。以推动省信创产业发展相关指导意见为抓手，聚焦供给能力提升，强化统计摸查，推动产能持续优化。构建完善开源体系，持续支持围绕鸿蒙、欧拉等优势开源项目，开发先进操作系统、数据库等基础软件，构建自主可控技术底座。持续推动行业应用，支持建设细分领域信创应用工作组，举办供需对接和研讨培训活动，推动信创产业与各行业融合发展。

三、江苏

（一）江苏数字经济发展的主要概况

江苏数字经济发展走在全国前列，2022 年江苏省数字经济规模超 5 万亿元。江苏省工业大企业（集团）实现营业收入超百亿元的达 191 家，其中超千亿元企业 13 家，电子信息高技术企业超过 8000 家，数字经济的各类创新平台超过 400 家。

江苏数字产业化基础扎实，"神威·太湖之光"超级计算机、"昆仑"超级计算机达到国际顶尖水平，未来网络试验等国家重大科技基础设施落户江苏。同时数字产业规模不断提升，数字经济核心产业增加值占地区生产总值比重达 11% 左右，电子信息制造业营业收入达 4.2 万亿元，同比增长 15.3%；软件业务收入 1.3 万亿元，同比增长 10.3%。紫金山实验室纳入国家战略科技力量，成功获批国家第三代半导体技术创新中心，集成电路设计自动化、光电等细分领域省级技术创新中心加快布局建设。

江苏省 2022 年两化融合发展水平达 66.4，连续八年位居全国第一，有省智能制造示范工厂 138 家，9 家企业获评首批国家智能制造示范工厂，"上云"企业累计达 38.2 万家，新增国家智能制造示范工厂 9 家、工业互联网标杆工厂 79 家、"数字领航"企业 3 家、工业互联网平台 10 家，全省高新技术企业达 4.4 万家；为 2.2 万家企业开展免费诊断，实施改造项目 2.7 万个，完成 1.3 万个。先进制造业集群方面，新增 4 个国家先进制造业集群，新增数量居全国第一，新增 48 家国家制造业单项冠军、424 家国家专精特新"小巨人"企业，入选国家级智能制造标准应用试点项目 6 个，居全国首位。

江苏省加快新型基础设施建设。在 5G 覆盖区域、5G 基站建设数量等方面均取得显著成效，至 2022 年 12 月底，5G 基站总数达 18.7 万个，全国排名第 2 位；固定互联网宽带接入端口数量达到 7705.0 万个，全国排名第 2 位；千兆宽带用户规模和占比稳居全国第一；物联网终端用户达 2.3 亿，全国排名第 2 位。现已建成南通国家数据中心产业园、昆山花桥经济开发区两大国家级新型工业化产业示范基地（数据中心类）和国家超级计算无锡中心、昆山中心等超算设施。

（二）江苏数字经济发展的重要举措

提升数字产业发展能级。出台《江苏省数字经济加速行动实施方案》，聚焦数字产业化加速领跑行动。构建"硬件＋软件＋平台＋服务"产业生态，培育重点垂直领域关联产业。数字产业企业方面，江苏针对领军企业和中小企业分别实施"百企引航""千企升级"行动计划和专精特新"小巨人"成长计划，并形成"创业苗圃＋孵化器＋加速器＋产业园"的阶梯型孵化体系，推动数字产业创新。同时，加快培育数字产业集群。《关于推动战略性新兴产业融合集群发展的实施方案》提出 "51010"战略性新兴产业集群体系，包括人工智能产业集群等 10 个引领突破的未来产业集群。

大力推进产业数字化。江苏出台《关于进一步加快智能制造发展的意见》《"十四五"数字经济发展规划》《关于全面提升江苏数字经济发展水平的指导意见》《江苏省数字经济促进条例》《数字经济发展三年行动计划（2022—2024 年）》《江苏省制造业智能化改造和数字化转型三年行动计划（2022—2024 年）》等政策文件支撑产业数字化，着力打造"数实融合第一省"。组织企业结合行业特色共同编制《江苏省分行业智能化改造数字化转型实施指南》，包括 12 个细分行业、95 个关键环节、214 个重点场景、94 个典型案例，为企业产业数字化提供案例参考。同时制定《制造业"智改数转"研发费用加计扣除政策执行指引》，为"智改数转"企业提供优惠政策，促进企业数字化转型。

全面建设数字经济生态要素。数字经济基础设施方面，《江苏省数字经济加速行动实施方案》明确聚力打造数字基础设施一流；《江苏省"十四五"新型基础设施建设规划》规划信息基础设施、融合基础设施和创新基础设施建设。数字化人才方面，出台《全省人力资源社会保障系统服务数字经济发展若干措施》，从支持数字技术创新体系建设、促进产业数字化转型升级、深化数字经济人才发展机制创新、推进数字经济领域就业创业等方面提出 20 条具体措施，助力数字经济高质量发展。在国内率先建立全省统一的数字经济工程职称评价制度体系，在工程系列职称中增设数字经济工程专业，专业职称首批设置集成电路、工业互联网、区块链等 10 个子专业。

专栏 5-3 江苏"智改数转"

长期以来，江苏省信息化水平保持全国第一方阵，正着力打造"数实融合第一省"，"智改数转"是重要抓手。2022 年江苏，如皋经考核认定"智改数转"项目 346 个，目标完成 354 个，至 2023 年 6 月已实施 257 个。主要做法如下：

强化政策精准指引。制定《江苏省制造业智能化改造和数字化转型三年行动计划（2022—2024 年）》，从三个方面推进企业"智改数转"：一是分类推进企业"智改数转"，实施龙头骨干企业引领工程，分行业分领域制定智能制造示范标准；二是增强"智改数转"基础能力，实施工业互联网创新发展工程，推广优秀场景解决方案；三是提高"智改数转"自主供给水平，分行业梳理智能硬件和装备供给短板，支持企业研发智能制造设备。

加强"智改数转"研发费用加计扣除优惠激励。经信、税务协同编制《制

造业"智改数转"研发费用加计扣除政策执行指引》，2021 年度企业所得税汇算清缴数据显示，全省有 1.2 万户"智改数转"企业享受高新优惠、小微优惠、研发费用加计扣除等各项企业所得税优惠合计超过 460 亿元。

深入推进"5G+工业互联网"。利用 5G 等新一代信息技术完成企业的内网改造，累计培育 142 个省级工业互联网平台、3 个国家级"双跨平台"（跨行业、跨领域工业互联网平台）和 45 个国家级特色专业性平台，持续完善了工业信息安全保障"一网一池一平台"功能。工业互联网融合应用场景加快拓展，已经在航空、汽车、钢铁、石化、服装、工程、机械等众多行业得到了广泛的应用。

四、山东

（一）山东数字经济发展的主要概况

山东数字经济发展水平综合排名位居全国前列。2021 年，山东省数字经济规模突破 3.5 万亿元，排名全国第三，占 GDP 的比重超过 43%。13 个地市上榜中国数字经济百强城市榜，上榜数量位于全国第二。

数字基础设施持续升级。"宽带山东"战略深入实施，全省所有城区、行政村实现 100% 光纤覆盖，建成全国首张 5600 公里确定性网络，累计开通 5G 基站 16.2 万个，16 个设区的市的市区、县城城区、乡镇镇区已实现 5G 网络全覆盖。加快推进数据中心建设，国家超级计算济南中心、青岛海洋超算中心的运算速度和水平位于国内前列。成功创建济南、青岛两个国家级互联网骨干直连点，成为全国唯一双枢纽省份；建设运营济南浪潮、大陆机电、威海移动等 7 个工业互联网标识解析二级节点。交通、能源、水利、市政等传统基础设施数字化改造全面推进，其中青岛港集装箱装卸智能化水平领先全国。

数字产业化加速发展。2021 年数字经济核心产业增加值占 GDP 比重超过 6%，2022 年信息技术产业营收实现 16266.9 亿元，同比增长 17.9%。软件业营收首次突破万亿大关，同比增长 19.2%；大数据产业业务收入超过 1600 亿元，电子信息制造业增加值同比增长 17.9%。获批建设山东半岛工业互联网示范区，是第二个国家级示范区。2022 年山东新增国家"双跨"工业互联网平台 2 个，累计培育国家"双跨"工业互联网平台 4 个，数量占全国 1/7。国家级特色专业型平台、平台创新领航应用案例等数量居全国第一，拥有济南中国软件名城、青岛中国软件特色名城。海尔、海信、浪潮、东方电子、山东中创等企业入围全国软件百强。同时，已形成济南信创和集成电路设计等电子元器件产业特色聚集地。

产业数字化动能强劲。2022 年产业数字化指数全国第一，入选国家级智慧健康养老示范企业 20 个、"数字领航"企业 4 个，均居全国第一。大力推进"现代优势产业集群＋人工智能"，传统产业数字化转型发展势头迅猛，2021 年信息化与工业化融合发展水平在全国排名第二。2022 年"两化"融合发展指数达到 117.1，居全国第二。有 4 家企业入围"灯塔工厂"，入选总数占全国 10% 以上。2021 年专精特新企业数字化转型率超过 60%，实施 500 万元以上技改项目 12395 个，培育省级数字经济重点项目 523 个，制造业数字化指数达到 80.3，居全国首位。数字化效益规模 7877 亿元，居全国第三。全省入围 2022 年国家新一代信息技术与制造业融合发展试点示范项目 20 个、移动物联网应用典型案例 11 个，数量均居全国第一。

（二）山东数字经济发展的重要举措

着力健全政策和机制。组建山东省数字经济专家咨询委员会，形成"1+7"高端专家智库支撑体系。建立数字经济发展"1+N"的政策体系，"1"即出台《关于深化改革创新促进数字经济高质量发展的若干措施》，"N"即围绕虚拟现实、先进计算、智能制造等领域出台一揽子文件。同时制定出台《山东省"十四五"数字强省建设规划》《关于加快推进数字经济标准化建设的指导意见》《山东省数字经济核心产业增加值测算方法》《山东省 2023 年数字经济"全面提升"行动方案》等政策支撑。设立数字经济引导基金专门管理机构，开展产业基金投资布局。持续开展数字经济"百城牵手万项"系列活动，推动建设"全场景"数字经济园区和产业集聚区。

聚焦数字产业化引领。制定出台《山东省"十四五"科技创新规划》《山东省新一代信息技术创新能力提升行动计划（2023—2025年）》，聚焦数字经济领域科技创新基础问题和前沿问题、"卡脖子"技术、国产化替代等重点工作，组织实施"技术攻关＋产业化应用"科技示范工程。推动科技自立自强。部署多项重大科研攻关任务，着力推动新一代信息技术产业链延链补链强链。实施核心产业倍增行动，尽快研究制定电子信息制造业、软件和信息服务业、互联网和相关服务业、通信业主战场等推动数字经济核心产业倍增发展的指导意见。加快构建"5351"数字经济创新平台体系，加强对智能家电、云装备、虚拟现实等国家重大创新平台的支持力度；聚焦科技型企业梯次培育，强化企业创新主体建设。

加快产业数字化应用推动传统产业变革。先后出台《山东省制造业数字化转型行动方案（2022—2025年）》《山东省制造业数字化转型提标行动方案（2023—2025年）》《山东半岛工业互联网示范区建设规划（2022—2025年）》等政策文件，深入开展"工赋山东"和"云行齐鲁"专项行动，打造具有山东特色的"省级平台—国家级特色专业型平台—国家级'双跨'平台"梯次成长模式，打造"产业大脑＋晨星工厂"齐鲁新模式。落实"数字经济总部"培育行动和"百城牵手万项"系列活动，招引数字经济领域龙头企业与政府、企业合作，面向全国征集遴选数字经济优秀数字产品、服务和解决方案。通过创新主体梯次培育工程，完善数字经济企业分类激励机制。

大力培育数据价值化培育。试点发布《数据解析创新应用建设指南》，搭建数据解析创新应用体系。培育"1+3+N+X"一体化行业云中心、区域云中心，构筑大数据中心山东工业云体系，推动形成"丰富传统工业产品＋全量新兴数字产品"新优势。实施"数据管理贯标推广行动"，安排专项财政资金支持DCMM（data management capability maturity model，数据管理能力成熟度评估模型）贯标。面向"十强产业"和重点企业，加快培育一批技术先进、质量可靠、模式创新、竞争力强的"数据赋能"优秀产品（方案），形成一批创新能力突出、典型示范性强、应用成效明显的数据驱动型数字经济"晨星工厂"。建立健全数据安全防护体系，以工业领域数据安全管理试点省份建设为契机，聚焦数据安全管理、评估、防护、产品应用推广等内容展开探索。

专栏 5-4 山东大企业引领数字经济发展

山东重点打造浪潮信息、艾睿光电、潍坊歌尔等数字化领军企业 30 余家，海尔卡奥斯、浪潮云洲连续入选国家跨行业跨领域平台，并培育建成一批在全国具有一定影响力的行业平台，引领山东的数字经济发展。主要做法如下：

推广典型案例和标杆。针对产业发展痛点，山东以一批典型标杆案例推动广大中小企业从"等等看"到"比着干"，累计培育省级试点示范项目 700 多个、典型应用场景 220 个、工业互联网园区 17 个，一批"工赋山东"工业互联网标杆工厂、"5G+ 工业互联网"应用标杆高效引领企业、行业，区域数字化转型升级。

数字经济领军企业引领。浪潮集团充分发挥自身在数字技术方面的比较优势，积极推动山东省产业数字化转型，目前已为鲁商集团、山东能源、山东高速、山东重工、鲁粮集团、鲁花集团、山水集团等大型企业提供数字化转型服务。2023 年浪潮启动"云行齐鲁 工赋山东·浪潮七大专项行动"进行数字赋能。"海尔 5G 智能制造工厂的应用与创新实践"应用 5G+AR 技术、5G+AI 技术等，为制造企业提供 5G 智慧工厂整体解决方案和产品能力，实现智能制造场景"由 1 到 N"的复制推广；海尔卡奥斯工业互联网平台已赋能青岛企业 3561 家，新增工业产值超 210 亿元。红领集团的"红领模式"将互联网和大数据等信息化运用到工业生产中，创造性地融合信息化和工业化，通过其大规模个性化定制经验、C2M 工商一体化商业生态、SDE 传统企业改造升级解决方案，"大规模个性化定制"帮助各个行业改造他们的工厂，现已成功改造了自行车、鞋帽、家具等多个行业的 40 多家企业。歌尔的青岛创新园产生了"鲶鱼效应"，已入驻园区的企业与创业团队近 200 家，形成了"初创企业—瞪羚企业—高新技术企业—龙头企业"共同发展的良好局面。

省外企业积极进入山东布局。山东有着万亿级体量的数字经济市场，华为、科大讯飞、京东等企业纷纷携 5G、人工智能、云计算等新一代信息技术入场山东，做大新兴产业，同时为传统产业升级提供新路径。

五、北京

（一）北京数字经济发展的主要概况

2022 年，北京市数字经济增加值为 17330.2 亿元，占全市地区生产总值的比重达到 41.6%，位居全国第一。其中，数字经济核心产业增加值 9958.3 亿元，增长 7.5%，占地区生产总值的比重为 23.9%，提高 1.3 个百分点。全市规模以上数字经济核心产业企业 8307 家，实现营业收入 4.6 万亿元，同比增长 2.8%。数字经济核心产业收入 4.6 万亿元。软件和信息服务业营业收入约 2.48 万亿元，集成电路装备产业集群规模为全国最大，12 英寸晶圆制造月产能居全国第一、全球第五。国家网络安全产业园三个园区全部开园，累计落地 300 余家企业，形成基础硬件、基础软件、芯片、集成服务等全产业链生态体系。工业互联网核心产业规模超千亿元，国家级智能制造系统方案供应商数量全国第一。

新型数字基础设施建设位居全国前列。截至 2022 年底，新增 5G 基站 2.4 万个，5G 用户数近四成，北京移动用户数 3953.5 万，其中 5G 用户数 1585.3 万户，5G 手机终端连接数 2214.1 万个，占总数超过六成，千兆固网累计接入 129.6 万用户。万人 5G 基站数、算力规模指数、卫星互联网集聚企业数量、商业卫星数量等居全国领先地位。示范区全域内 60 平方公里、329 个路口、双向 750 公里城市道路实现了车路云一体化功能全覆盖，超高速无线通信系统（EUHT）专网助力实现高级别自动驾驶，323 条自动驾驶测试道路开放，总计 1143.78 公里。建成国家工业互联网大数据中心和顶级节点指挥运营中心，顶级节点接入二级节点和主动标识数量均居全国首位。

数据要素价值充分释放。北京无条件开放 13.48 亿条数据，有条件开放

58.38 亿条数据，按照"统采共用、分采统用"原则，已面向 14 个市级部门和 6 个区提供共享。截至 2022 年 7 月，推动开放数据总量已达 13.48 亿条。其中金融领域累计共享原始数据 3.8 亿条、接口调用 2400 余万次，为银行、保险、担保等 50 余家金融机构提供服务近 6000 万次，反哺了企业参保信息画像、企业行政处罚信息画像等共计 312 万条数据。国际大数据交易所逐步完善基于自主知识产权的交易平台，上架数据产品 1364 个，参与主体 329 家，交易调用 7.73 亿笔。率先建成基于自主知识产权的数据交易平台 IDeX，成立全国首个国际数据交易联盟。

数字创新能力不断增强。全市高技术产业投资增长 35.3%，占全市固定资产投资的比重为 15.7%，比上年提高 3.7 个百分点。完成可重构数字内存芯片、高精度 ADC 芯片、高性能时钟芯片等 5 款芯片的设计；构建完成国产自主化的新一代量子计算云平台 Quafu，已上线芯片数和单芯片比特数均达国际先进水平。2021 年，率先建设发布全球最大的超大规模智能模型"悟道 2.0"，并与 30 余家机构共同打造大模型创新生态，发布百度昆仑 AI 芯片、国内算力最强的寒武纪思元 AI 芯片，建设百度飞桨等开源平台。2021 年数字经济核心产业企业发明专利授权量达到 4.3 万件，同比增长 1.2 倍，占全市发明专利授权量比重 54.2%。

（二）北京数字经济发展的重要举措

数字经济制度框架初步构建。北京初步构建"1+3+N"制度框架体系，其中《北京市促进数字人产业创新发展行动计划（2022—2025 年）》，是国内首个数字人产业专项支持政策，并发布两项数字人标准，举办 2022 年全球数字经济大会；《北京市数字经济促进条例》对建设全球数字经济标杆城市提出了明确的指导意见和具体要求，是加强新兴领域 "促进型" 立法的一次重要实践。《北京市数字经济全产业链开放发展行动方案》以"数据驱动、开放创新、应用牵引、安全发展"为原则，提出 6 个方面、22 条改革措施，努力打造数据驱动的数字经济全产业链发展高地。出台 Web 3.0、数字人等前沿领域支持政策，启动"通用人工智能产业创新伙伴计划"，在全国率先

表 5-3 北京数字经济政策

发表时间	政策名称
2020.09	《北京市关于打造数字贸易试验区实施方案》
2021.10	《北京市关于促进数字贸易高质量发展的若干措施》
2022.03	《中国（北京）自由贸易试验区条例》
2022.03	《关于支持发展高端仪器装备和传感器产业的若干政策措施实施细则》
2022.05	《北京市数字经济全产业链开放发展行动方案》
2022.06	《北京市数字消费能级提升工作方案》
2022.07	《北京市推动软件和信息服务业高质量发展的若干政策措施》
2022.08	《北京市促进数字人产业创新发展行动计划（2022—2025 年）》
2022.09	《关于促进先进制造业和软件信息服务业中小企业升规稳规创新发展的若干措施（2023—2025 年）》
2022.11	《关于推进北京市数据专区建设的指导意见》
2022.11	《北京市数字化车间与智能工厂认定管理办法》
2022.11	《北京市数字经济促进条例》

对大模型产业落地出台针对性支持政策。

系统推进数字新型基础设施建设。《北京市"十四五"信息通信行业发展规划》发布，适度超前部署数字基础设施建设，推进 6G 技术研发，拓宽重大场景应用领域，加快感知体系建设和城市码应用，夯实智慧城市数字底座。《北京市关于加快建设全球数字经济标杆城市的实施方案》提出建设"数字化社区建设工程"。《北京市经济和信息化局北京市财政局关于促进本市新型基础设施投资中新技术新产品推广应用的若干措施》《关于加快新型基础设施建设支持试点示范推广项目的若干措施》等政策加快推动一批试点、示范和推广项目建设，促进形成可复制推广的新模式和新业态。

切实促进数据要素价值化。发布《政务数据分级与安全保护规范》《基础电信企业数据分类分级方法》《北京市交通出行数据开放管理办法（试行）》等政策完善数据要素的聚集和分类规则。出台《北京数据交易服务指南》《数据资产登记指南》《北京国际大数据交易所交易流程操作指引》《关于更好发挥数据要素作用进一步加快发展数字经济的实施意见》等文件完善数字要素市场化交易规则，推进《信息技术 大数据 数据资产价值评估》国家、团体标准的试点验证以及团体标准的立项发布工作，开展首批数据资产评估试点，成立全国首个国际数据交易联盟。

持续打造数字技术创新优势。提高数字技术供给能力，北京以国家级重点实验室、新型研发机构和产业创新中心为核心，形成了整体性、立体化、多层次的发展格局：率先打造以国家实验室为龙头的战略科技力量，建设培育中关村、昌平、怀柔三个国家实验室；出台《北京市支持建设世界一流新型研发机构实施办法（试行）》，布局一批新型研发机构；布局高校与企业联合协作方案并成立联合创新中心，整合科技力量和人才资源；推动以工业互联网为核心的新一代信息技术与制造业融合发展。构建数字技术创新生态，建设国际开源社区，吸引国内外开源项目与机构落地，形成以公共平台、底层技术、龙头企业等为核心的多样化数字技术创新生态。

着力形成数字经济全产业链开放格局。推出《北京市数字经济全产业链开放发展行动方案》，围绕"六个一批"，在全国率先建成活跃有序的数字要素市场体系。发挥智能网联汽车产业和智慧城市"强链"的优势，建设全球第一个网联云控式高级别自动驾驶示范区，目前初步形成了"车路云网图"五大体系，并建立了智能网联汽车政策先行区。研究编制"数字化车间""智能工厂"评价标准，"新智造100"项目全面推开，加速推进老字号数字化，树立企业数字化转型标杆。制定《北京市数字人民币试点实施方案》，深入推进数字金融产业，建设金融科技与专业服务创新示范区，试点金融科技创新监管工具和资本市场金融科技创新。

专栏 5-5 北京国际数据交易所

　　以北京国际大数据交易所为核心的合规流通模式逐渐形成，建成基于自主知识产权的数据交易平台 IDeX 系统，完成北京 AI 数据标注平台的初步建设，包括 6 大专区、30 个细分行业、48 个产品范例库、10273 条数据集。主要做法如下：

　　发挥政策引领作用。 出台《北京国际大数据交易所设立工作实施方案》，规划设计了北京大数据交易基础设施建设内容，推动数据要素的网络化共享、集约化整合、协作化开发和高效化利用，引导数据要素向先进生产力集聚，助力北京产业升级和经济高质量发展。北京国际数据交易联盟、大型商业银行、电信运营商、头部互联网企业以及数据中介服务等50 多家机构或企业参与其中，组成北数所交易生态打造的重要部分。

　　落地标杆应用场景。 落地金融科技、公共服务、医疗健康等标杆应用场景，推动数据流通和应用的实现。通过高价值公共数据服务银行风控信贷数字金融服务。通过与互联网公司、运营商等合作，融合多方高价值数据构建模型与目标画像体系，支持商业客户的选址业务。在医疗健康方面，联合北京市多家公立医院发起举办"北京医疗健康数据创新试点应用竞赛"，将高价值医疗健康领域数据以脱敏隐私加密的形式进行竞赛，支持北京市医疗领域科研创新。

　　交易模型突破性创新。 交易模式创新，对数据要素采取分级分类处理模式，针对敏感度不同匹配相应交易类别。制定数据交易规则及指南，发布《北京数据交易服务指南》，制定了北京数据交易规则，形成覆盖数据交易方式、交易安全、跨境流动等交易全链的规则体系。建成基于自主知识产权的数据交易平台。突破未加工或粗加工数据买卖的初级模式，发布涵盖数据、算法、算力的数字交易合约。构建涵盖交易主体、交易监管及中介服务支撑的数字经济中介服务体系。

六、上海

（一）上海数字经济发展的主要概况

上海市数字经济综合实力强劲，数字经济发展水平全国领先，是长三角数字经济发展的重要增长极。2021年，上海数字经济规模45.5万亿元，其中数字经济核心产业增加值超过5500亿元。2022年，上海电子信息制造业产值达到5746亿元，同比增长1.7%；软件和信息技术服务业营收达到14238亿元，同比增长8.7%；工业战略性新兴产业总产值17406.86亿元，同比增长5.8%，占规模以上工业总产值的43.0%。

数字基础设施建设扎实。截至2022年底，累计建设5G室外基站6.8万个，室内小站21万个。截至2022年4月，5G基站密度达到8.2个/平方公里，全国排名第一；万人5G基站数达到20.8个，全国排名第二。作为全国首批"千兆城市"，至2021年年末，千兆光网接入能力已覆盖961万户家庭。同时在用机架总数超过20万个，近三年分批支持了27个共8.8万机架的新建数据中心项目，在用算力规模超13EFLOPS，在建算力规模超7EFLOPS，阿里飞天云计算中心、腾讯长三角人工智能超算中心等重量级算力枢纽引擎已相继在上海落地，这将进一步提升上海的数字化基础设施能级。2023年投入使用的上海市人工智能公共算力服务平台，是全国首批算力调度平台之一。

数字创新能力不断提升。2021年全社会研发投入增加到1819.8亿元，拥有国家级经济技术开发区6个，国家级高新技术产业开发区2个，国家级自主创新示范区1个，国家大学科技园14家，新型研发机构17家研发与转化功能型平台15家，在孵和服务科技型中小企业及团队近3万家。截至2021年底，累计牵头承担国家重大专项项目929项、国家重点研发计划项目554项。国际上首次实现自由电子激光混合级联放大输出，建成首个"水窗"波段全覆盖的软X射线自由电子激光装置；主导完成我国第一款具有自主知识产权的民航大飞机研发、试飞等工作；千米级高温超导电缆、100kW级微型燃气轮机、300毫米大硅片、刻蚀机、光刻机等"卡脖子"方面取得重大突破。

产业数字化转型稳步推进。截至 2022 年底，累计建成 100 个市级智能工厂、4 家国家级标杆智能工厂、8 家国家级智能制造试点示范工厂、30 个工业互联网平台，49 个场景获评国家级智能制造优秀场景，培育 10 余家产值超 10 亿元人民币的智能系统集成商。2021 年，上海集成电路产业规模达到 2500 亿元。知名医药企业纷纷在上海设立研发总部和创新中心。2021 年 I 类创新药获批 8 个产品，占全国总数的四分之一，三类医疗器械获批上市数量也明显增加；上海人工智能产业集聚核心企业达 1000 余家。

上海还在积极打造数字贸易国际枢纽港临港示范区，深化虹桥国际中央商务区全球数字贸易港建设，落地了全国首个数字人民币数字贸易创新孵化基地，加快建设成为数字贸易国际枢纽港。

推进数字经济体制机制创新。数字经济发展规则制度体系是数字经济治理能力的重要构成。上海持续探索符合数字经济发展的法规政策体系构建，体制机制创新具备一定的示范引领作用。2015 年，发布"上海推进科创中心建设 22 条"、2019 年发布实施科改"25 条"，大幅提升了上海创新策源能力，促进数字经济的快速发展。2017 年出台《上海市促进科技成果转化条例》、2020 年颁布《上海市推进科技创新中心建设条例》，促进科技成果转化，为数字经济发展提供有力支撑。

（二）上海数字经济发展的重要举措

同时，上海积极对接贵州、甘肃、宁夏等西部地区，推进国家枢纽节点间高品质直连网络服务建设，精准布局运营商级核心传输节点，实现 T 级以上的带宽传输能力。

政策推动产业生态构建。出台《上海市国民经济和社会发展第十四个五年规划和二〇三五年远景目标纲要》《上海市数字经济发展"十四五"规划》，围绕数字新产业、数据新要素、数字新基建、智能新终端等重点领域，加快进行数字经济发展布局，加快打造具有世界影响力的国际数字之都。《数都上海 2035》指出，通过新旧动能转换，实现平台经济、数字经济、绿色经济、夜间经济等多种创新经济形态共同发展。《上海城市数字化转型标准化建设实施方案》《上海市促进城市数字化转型的若干政策措施》《上海市全面推进城市数字化转型"十四五"规划》构建具有系统性、协调性、开放性的城市数字化转型标准体系，推动全方位、深层次数字化转型。

产业数字化转型。率先出台《关于本市加快制造业与互联网融合创新发展的实施意见》《上海市工业互联网创新发展应用三年行动计划（2017—2019年）》《推动工业互联网创新升级实施"工赋上海"三年行动计划（2020—2022年）》等本地化工业互联网发展政策，通过规划指引和市区两级财政资金持续投入，调动社会资本广泛参与工业互联网相关产业投资，引导产业生态逐步构建。在构建新型产业体系中，上海提出以制造业数字化转型和绿色低碳转型为引领。打造市级数字化转型示范区和智能工厂，加快建设25个数字生活标杆场景。培育"工赋链主"企业，通过所在领域的龙头企业的数字工厂建设、工业互联网平台、应用场景等，为中小企业提供小型化、快速化、轻量化、精准化的产品和解决方案。

数字产业发展态势良好。上海市提出要大力发展数字经济、绿色低碳、元宇宙、智能终端四大新赛道，在未来健康、未来智能、未来能源、未来空间、未来材料五大领域加速布局，全力打造三大先导产业集成电路、生物医药、人工智能三大先导产业，落地"上海方案"102项任务。推进40个重点应用，持续建设8个市级示范区，即杨浦大创智数字创新实践区、临港数字孪生城、张江数字生态园、松江新城G60数字经济创新产业示范区、徐汇滨江数字化转型示范区、嘉定未来·智慧出行示范区、徐汇滨江数字化转型示范带、市北数智生态园、普陀海纳小镇。上海还着力发展数字孪生城市、大数据等前沿技术，重点支持轨交运维管控数字孪生平台等100余个项目。在元宇宙、智能终端产业行动方案基础上出台元宇宙关键技术攻关行动方案，设立百亿级元宇宙产业基金，支持创新企业上市。

数据要素基础制度体系领先。上海在数据要素基础制度体系建设方面进行了一定探索。2021年颁布的《上海数据条例》，明确了数据相关方权益，在规范数据处理活动、培育数据要素市场的同时，保障数据安全，促进数据依法有序自由流动。上海数据交易所大力推进数据要素流通，基本实现数据产品线上一体化交易，2022 年交易金额突破 1 亿元，累计挂牌数据产品超过 1200 个。

重视生态要素构建。强化人才引培，多措并举搭建多层次人才体系。上海不断推进工业互联网人才队伍建设，注重自主培养与引进人才相结合，建立多层次工业互联网人才体系。系统开展工业互联网人才培养和评价，以资金补贴等方式支持高校、科研院所、行业协会和企业组织开展人才培训，打造联合实训与定向培养基地，形成"产学研用"协同推进的人才培养及激励机制。上海积极鼓励国际交流，建立国际组织、产业联盟、知名企业等多层次沟通对话与协同合作机制，打造一批国际创新交流平台，承办世界人工智能大会（WAIC）、世界顶尖科学家论坛、国际创新创业大赛、浦江创新论坛等活动，设立世界顶尖科学家协会奖，促进技术、人才、项目、机构等方面的合作。

专栏 5-6　上海未来产业培育相关做法

上海谋划未来产业布局方向，打造未来健康、未来智能、未来能源、未来空间、未来材料五大产业集群，将建设约 15 个未来产业先导区，攻关一批核心部件，推出一批高端产品，形成一批"中国标准"。主要做法如下：

明确未来产业发展目标。到 2030 年，在未来健康、未来智能、未来能源、未来空间、未来材料等领域涌现一批具有世界影响力的硬核成果、创新企业和领军人才，未来产业产值达到 5000 亿元左右。成立 5 家左右未来技术学院，培育 15 个左右未来产业创新中心；打造 5 个未来产业集群，建设 15 个左右未来产业先导区，攻关 100 个左右核心部件，推出 100 件左右高端产品，形成 100 项左右中国标准；推动 10 家左右领军企业向未来产业布局，发展 20 家左右生态主导型企业，打造 100 家左右企业技术中心，培育 1000 家左右高新技术企业；形成 50 个左右综合性应用场景。

出台政策规划路线行动。出台《上海打造未来产业创新高地发展壮大未来产业集群行动方案》，布局五大方向16个细分领域的未来产业：聚焦未来健康、未来智能、未来能源、未来空间、未来材料五大产业集群；16个细分领域包括：未来健康领域的脑机接口、合成生物等；未来智能领域的通用AI、量子科技、6G，等等。规划六大计划，保障未来产业方案落地：未来技术"筑基计划"、未来布局"领跑计划"、未来伙伴"携手计划"、未来场景"开源计划"、未来人才"雁阵计划"、未来生态"雨林计划"。并据此组织开展2023年上海市未来产业加速园建设申请工作。

未来产业探索建设情况。上海正建设3家未来产业先导区：上海（张江）未来产业先导区、上海（临港）未来产业先导区、上海（大零号湾）未来产业先导区。上海交通大学医疗机器人研究院正牵头研发"纤微机器人"，目标直径1毫米以内。在如此小的尺度内，既要集成驱动、传感、影像等功能，又要在人体狭小腔道内能"行走"、弯曲、感知，是巨大的挑战。据介绍，目前"纤微机器人"在磁共振兼容脑电极方向已开发了原理样机，并开展了初步动物实验，有望在接下来的3年发展期内涌现阶段性成果。

七、湖北

（一）湖北数字经济发展的主要概况

大力实施数字经济跃升工程，2022年湖北数字经济增加值达到2.4万亿元，对经济增长贡献率超过60%。数字产业特色化发展。"光芯屏端网"产业集群加速崛起，涌现出烽火通信、长飞光纤、光迅科技、锐科等行业领军企业。全省1104户软件企业完成软件业务收入2553.77亿元，稳居中部第一，同比增长20.7%，增速创近6年新高，在全国软件业务收入前十省市中增速排名第一。北斗技术全国领先，已涉足北斗基础构件、平台终端、应用服务等多个领域，在交通、医疗、安防、农业、旅游等领域均有应用。目前，湖北算力与大数据产业规模为750亿元，大数据发展水平位居中部第一。

产业数字转型全面开展。上云工业企业达到 4.6 万家，12 个项目入选国家新型信息消费示范，数量全国第二；13 个项目入选国家大数据产业发展试点示范，数量全国第三。国家工信部公布 2022 年工业互联网试点示范名单，湖北上榜 8 家；2022 年，湖北格创东智是湖北首家入选国家工业互联网双跨平台清单的企业，国家新型工业化产业示范基地（工业互联网方向）落户武汉。电子商务、现代物流、智慧港口、数字文旅、科技金融、智慧交通等服务业数字化转型加速推进。

数字基建领跑中部地区。省际互联网出省带宽达到 20T，光纤渗透率超过 95%。截至 2022 年 9 月底，湖北省累计建成 5G 宏基站 7.35 万个，居全国第八，5G 全连接工厂 108 家，5G 网络实现县城全覆盖。截至 2022 年 11 月，工业互联网标识解析国家顶级节点——武汉顶级节点接入二级节点 31 个（其中湖北省 13 个），累计标识注册量 87.52 亿个，累计标识解析量 80.59 亿次，累计接入企业节点 6720 家。区块链服务网络（BSN）技术创新发展峰会全球永久会址落户湖北，区块链服务网络技术创新基地落户襄阳，武汉成立区块链产业创新发展示范区。区块链在金融、政务服务、智能制造、司法存证、医疗和物流等重点领域的建设布局加快推进。

（二）湖北数字经济发展的重要举措

完善数字经济政策体系。将数字经济纳入全省"十四五"规划体系，出台相关专项规划，印发数字湖北发展意见、"5G+工业互联网"融合发展等多项政策文件。《湖北数字经济强省三年行动计划（2022—2024 年）》提出"一年提升、两年突破、三年倍增、四年跨越"的"四步走"目标。《湖北省数字经济高质量发展若干政策措施》明确 15 条政策措施支持数字经济高质量发展，充分发挥总规模 100 亿元的省数字经济产业基金作用。《湖北省数字经济促进办法》提出重点发展光电子信息、集成电路、新型显示、智能终端、信息通信、软件信息服务、数字算力及存储、北斗、信息安全及其他重要数字产业集群，积极培育区块链、人工智能、信息技术应用创新等新兴数字产业。

大力推动数字产业化发展。实施线上新经济培育工程，持续推动互联网新业态新模式发展，创建新一代人工智能创新发展示范区、新一代信息技术与传统产业融合发展示范区、信息技术创新应用示范区、"5G+工业互联网"创新发展示范区、公共卫生应急体系信息化建设示范区。产学研用推动数字技术创新，湖北在数字经济领域拥有多个国家级、省级实验室，充分发挥高校科研优势，支持校企联动，培育创新主体，在全省高新技术企业和科技创业企业中，一半以上涉及数字产业及相关领域。出台《湖北省数字经济高质量发展若干政策措施》，鼓励企业加快数字经济创新成果转化，支持企业进行数字技术攻关。

产业数字化持续发展。发挥电子制造业、信息通信业等数字经济核心产业优势，打造全国数字产业化引领区、全国产业数字化先导区。实施万企上云工程，打造"云行荆楚"企业上云品牌。全面实施以数字化、网络化、智能化、绿色化和安全化为特征的新一轮高水平技术改造，支持骨干企业建设工业互联网内网，开展"5G+工业互联网"应用。积极引导中小企业走专精特新发展道路，制定了《关于金融支持"专精特新"中小企业创新发展的指导意见》等多个支持专精特新企业发展的政策文件；通过创客大赛培育专精特新"小巨人"企业；通过众创—孵化—加速—园区的孵化模式，引导小微企业向专精特新发展。

数字消费场景新突破。2023 年，举办湖北省首届数字经济应用场景发布会，为各企业搭建了供需对接平台。同时，发布首批 100 个数字经济典型应用场景，涉及智能制造、智慧物流、电子商务、智慧交通、智慧文旅、智慧医疗、社会治理等多个领域。同时，建立数字技术应用场景项目库，每年遴选 100 个典型应用场景，通过数字经济应用场景发布会等高质量平台，开展供需对接、宣传推广、要素保障，促进数字技术与实体经济深度融合。支持数字技术企业发展壮大，打造有影响力的数字产业集群。

专栏 5-7　湖北武汉光谷

光谷是武汉数字经济发展的集聚区和主阵地，2021 年数字经济产业增加值占全区 GDP 比重过半，核心产业增加值占武汉比重逾五成。主要做法如下：

政策推动光谷数字经济发展。《光谷数字经济产业基地建设规划》提出，以数字技术与实体经济深度融合为主线，构建"一核引领、一极支撑、多点联动、全域协同"的数字经济产业发展空间格局。同时发布《"数字光谷"建设三年行动方案（2023—2025）》，形成"133"框架体系，推进"数字光谷"建设，明确光谷的 10 项重点任务和 45 个重点项目。发布《关于推动数字经济高质量发展的若干措施及实施细则》，涵盖数字产业化、产业数字化、数字新型基础设施、数字化治理、数字经济要素支撑五个方面，共 20 项细化条款。

推动数字经济生态要素建设。已建成全球最大光纤光缆基地、全国最大光电器件和设备基地、全国最大中小尺寸显示面板基地，拥有新型显示、下一代信息网络等三大国家级产业集群。集聚武汉光电国家研究中心、国家信息光电子创新中心、国家数字化设计与制造创新中心等数字领域国家级创新平台 28 家。培育出数字经济核心产业规上企业 595 家，占全区规上企业总数近 1/3。已签约引进卓尔数科总部、自行科技智能网联基地、中科驭数武汉研发中心等多项数字经济方向重点企业和项目。

光谷是国家级数字经济核心枢纽，坐拥顶级节点和超级节点两大标志性网络枢纽：2018 年，工业互联网标识解析国家顶级节点在光谷正式上线；2021 年，"星火·链网"武汉超级节点率先在光谷上线，并开始面向全球提供服务。光谷企业积极参与工业互联网标识解析建设，目前已有上百家企业涉足区块链领域，引领光谷支柱产业、新兴产业、未来产业重构价值。武汉超级节点已接入汉阳骨干节点，吸引区块链数据和资产向光谷汇聚，加速中部地区的数据互联互通和产业链联动，光谷将进一步打造新发展格局的中部战略支点。

八、川渝

（一）川渝数字经济发展的主要概况

2022年，四川省数字经济核心产业增加值达到4324.1亿元，同比增长6.5%，对全省经济增长的贡献率达10%；2022年1—9月，软件和信息技术服务业完成软件业务收入共计3138.82亿元，同比增长7.5%。重庆数字经济增加值占地区生产总值比重达到30%，数字经济核心产业增加值达到2240.6亿元，综合评价位居全国第十二；软件业务收入达2705亿元，同比增长10.5%，规模位列全国第九位。重庆和成都均入选国家新一代人工智能创新发展试验区、国家首批5G规模组网和应用示范城市、智慧城市基础设施和智能网联汽车协同发展试点城市等行列。在2022年中国数字经济城市发展百强排行榜中，成都和重庆分别位列第六位和第九位。

产业数字化方面，四川两化融合发展水平居全国前十、全国第一梯队，数字化研发设计工具普及率79.6%，累计认定30家省级数字化转型促进中心，宁德时代、西门子、富士康等四川工厂获评全球"灯塔工厂"，"企业上云"累计超34万户。2022年重庆工业化信息化"两化"融合指数105.4，位列全国第八、西部第一，培育数字化转型服务商134家，累计实施6080个智能化改造项目，认定144个智能工厂、958个数字化车间，建成40个市级智能制造示范标杆、30个创新示范工厂和30个"5G＋工业互联网"先导示范场景，46个案例入选国家级试点示范，7家企业获评国家级智能制造示范工厂。

数字产业化发展步伐加快。四川的成都、绵阳、眉山形成全国最大柔性屏生产基地，新型显示面板出货量居全国第三；新认定数字经济领域高新技术企业4111家，建成100余家省级企业技术中心、23家省级重点实验室、62家省级工程技术研究中心和9家制造业创新中心。2022年，重庆限额以上单位通过公共网络实现的商品零售额增长31.1%。2022年1—11月，全市规模以上互联网平台、数字内容服务、信息处理和存储支持服务等营业收入分别增长1.2倍、49.7%和55.0%；数字技术创新综合评价排名全国第六，电子信息领域高新技术企业情况全国第三。

数字基础设施建设完善。2022 年，四川累计建设 5G 基站 12 万个，居全国第六，千兆光纤网络覆盖超 4000 万家庭；建设全国一体化算力网络成渝国家枢纽节点（四川），已建在建超 100 个标准机架的数据中心 93 个、总机架数量 27 万架，成都超算中心算力排名全球前十，中国·雅安大数据产业园成为全国首个"碳中和"绿色数据中心。截至 2022 年底，重庆每万人拥有 5G 基站数超 19 个，光纤入户端口数 2587.4 万个；成渝数据中心集群直连网络互联带宽达到 4000G；工业互联网标识解析国家顶级节点（重庆）已连接西部 10 省市 38 个二级节点、2 万余家企业；"星火·链网"区块链基础设施接入企业超 650 家，总标识注册量达到 1.1 亿条。

（二）川渝数字经济发展的重要举措

川渝总体推进数字经济发展。政策方面，川渝两地联合印发《2023 年成渝地区工业互联网一体化发展示范区建设工作要点》提出，川渝将共同培育综合型、专业特色型工业互联网平台，推进企业上云用云，强化川渝地区工业互联网一体化公共服务平台应用推广，集聚一批数字化转型服务商，形成一站式数字化转型服务。川渝两地互联网和大数据科研机构及社会团体共同签署《数据要素协同发展和云网一体化发展战略合作协议》，带动各方近 200 余家会员企业共同打造川渝数据要素协同发展体系，共同推进川渝两地数据要素快速流通、云网算数一体化发展。同时举办成渝数字引擎大会、"创业天府 菁蓉汇·成渝数字经济专场"，促进数字经济与实体经济深度融合。

数字产业化精准突破。四川加快建设全国一体化算力网络成渝国家枢纽节点，构建以"芯屏星感端、存算软智安"为核心的电子信息产业新体系。重庆围绕"壮大数字经济核心产业规模、加快软件产业发展、培育世界级智能网联新能源汽车产业集群" 3 个方面，推动"芯屏端核网"全产业链发展、全价值链提升，实施软件信息服务业"满天星"行动；布局卫星互联网产业，揭牌重庆数创园，吸引首批 50 家数字企业落户；建设国家级车联网先导区，部署川渝"电走廊""氢走廊""智行走廊"等应用场景。川渝两地围绕共建世界级万亿电子信息产业集群，通过"搭平台、促合作、延链条、育集群"，积极带动电子信息产业转型升级和高质量发展。

产业数字化聚焦中小企业数字化转型。四川推动智能制造新模式新业态发展，培育有竞争力的工业互联网平台企业，发布首批数字经济典型应用场景，促进产业智能化、绿色化、融合化发展。出台《关于支持四川省数字化转型促进中心建设的政策措施》，推行普惠性"上云用数赋智"服务，打造一批数字化转型成熟解决方案和示范案例，培育一批中小企业数字化转型的专业服务商，加大中小企业数字化转型的资金支持。重庆建设"数字重庆"，建成"33618"现代制造业集群体系。2023 年，推出 25 条扶持政策加速制造业数字化转型，开展"咨询诊断和能力成熟度评估、龙头骨干企业引领示范、中小企业数字化转型、数字化绿色化协同发展、产业链数字化水平提升、新一代信息技术赋能、区域数字化转型能力提升、供给能力提升"8 类专项行动。

注重数字生态要素构建。在数字基建方面，《国家发展改革委等部门关于同意成渝地区启动建设全国一体化算力网络国家枢纽节点的复函》规划设立天府数据中心集群和重庆数据中心集群，做好与"东数西算"衔接。基于此，四川、重庆两地联合公布成渝地区双城经济圈信息通信业 2022 年工作要点，提出构建以成都、重庆为核心的"千兆城市"群，实现川渝城镇以上千兆宽带全覆盖，推动数据中心网络直联、区间网络链路优化，强化"东数西算"支撑。加大数字人才引培力度，四川发布《四川省大数据人才发展蓝皮书（2022）》，根据不同层次的人才设计有针对性的人才引培计划；成都发布支持数字经济青年人才发展政策，对新引育的数字经济领域行业领军、资深领航、技术领衔人才，最高给予 200 万元的奖励。重庆实施《重庆市软件和信息服务业"满天星"行动计划（2022—2025 年）》和"巴渝工匠"行动计划，建设"智能＋技能"数字人才试验区，实施"数字农民""乡土网红"工程。成都大学创新创业学院、重庆两江超精密增材制造技术研究院、三塔智能科技中小试平台三方，围绕智能科技领域服务资源、技术能力、企业培育和产教融合实训及人才培养等开展平台间合作。

专栏 5-8 川渝电子信息产业集群

电子信息产业是川渝两地创新实力最强、产业基础最好、渗透范围最广、经济增长贡献最多的支柱产业，2022年，川渝两地电子信息产业规模突破2万亿元，约占全国的14%。成渝地区电子信息先进制造集群入选"国家级"先进制造业集群。主要做法如下：

川渝联合印发政策建设电子信息产业集群。 共同印发《成渝地区双城经济圈电子信息产业高质量协同发展实施方案》《川渝电子信息产业"十四五"发展布局及产业链全景图》等政策规划，四川电子信息产业基础雄厚，重庆市着力补链、建链、强链，加快构建"芯屏器核网"产业生态圈。上线川渝电子信息产业重点产品产业链供需对接平台，组建电子产业发展联盟，建立成渝电子信息招聘专区和高新区跨区域共享员工机制。

成渝地区双城经济圈有关城市出台专项政策。 出台的《绵阳市集中精力大抓工业24条措施》进一步强调了电子信息产业在工业强市建设的支柱地位；宜宾提出打造千亿级以手机整机产品为中心的智能终端产业链，建设全国乃至全球电子信息产业重镇；重庆綦江工业园区与四川自贡高新区共建产业合作示范园区，双方在电子信息等产业领域共建公共技术服务平台、公共检测检验平台等，联合设立"双创"基金，促进要素资源和创新平台交流、联建和共享。

川渝电子信息企业抱团合作。 川渝两大"门派"——四川极米光电、重庆峰米科技笑傲江湖，成为业界"投影双雄"。极米投影产品的核心主板与驱动的供应商是重庆的峻凌电子。峰米则在川渝地区与20余家供应商进行合作。四川长虹新能源和重庆电池总厂从对手转为合作，基于双方的电池技术的侧重点，长虹新能源擅长规格偏小的如遥控器使用的7号电池，火车牌在大规格上更有优势，如热水器使用的1号电池，进行优势互补。成都不少芯片企业制造芯片流片的晶圆，会从重庆的万国半导体、华润微电子等企业采购。

九、湖南

（一）湖南数字经济发展的主要概况

数字经济连续五年保持两位数增长、规模突破 1.5 万亿元。长沙、衡阳、常德 3 市跻身 2022 数字经济百强城市，其中长沙位列 15 强。数字产业化方面，2022 年软件和信息技术服务业营业收入突破 2000 亿元，同比增长 13.9%，利润总额 145.6 亿元，同比增长 21%；移动互联网产业实现营业收入 2516 亿元，同比增长 23.6%。产业数字化方面，制造业增加值占全省 GDP 比重提升至 28.2%，获批国家智能制造示范工厂揭榜单位总数达 11 个，居中部第一；获评国家级服务型制造示范企业（平台、项目）11 个，长沙成为国家级服务型制造示范城市。截至 2023 年 2 月底，累计推动超 50 万家企业上云，2.51 万家企业"上平台"；2022 年工业和信息化部公布国家先进制造业集群名单，湖南有 4 个集群上榜，居全国第三、中西部第一。

数字技术创新能力不断增强。全省区域创新能力前进 3 位、排全国第 8 位。布局建设岳麓山实验室等"四大实验室"、大飞机地面动力学试验平台等"四大科技基础设施"，杂交水稻等 6 家实验室获批全国重点实验室。国科微将超高清视频芯片的 8K 超高清解码芯片成功服务 2022 北京冬奥会，8K 电视机主控芯片等已在终端厂商完成导入。精益传动的精益传动软件是国内唯一一款基于齿轮传动系统二三维建模的大型传动系统分析软件。国家工业互联网创新发展示范区成功获批。麒麟信安为神舟十三号、神舟十四号载人飞船发射等重大航天工程提供安全可靠的产品和关键技术支撑。

算力支撑能力加快提升。算法创新等六大行动率先启动实施，长沙国家级互联网骨干直联点开通运行，是全国所有直联点中建设开通进度最快、网络性能改善最优、监测系统功能最全的直联点。国家超级计算长沙中心算力达到 200PF，国内领先。湖南连续三年发布实施 100 个"数字新基建"标志性项目，累计投资 987 亿元。推动"双千兆"网络协同发展，长沙已全面建成"双千兆城市"。截至 2022 年底，全省已建成 5G 基站超 8.9 万个，每万人拥有 5G 基站数超 13 个；5G 物联网终端用户超 4100 万个，年均增长率达

141%。长沙加速抢占智能网联汽车新赛道，成为全国唯一获得 4 块智能网联汽车领域国家级牌照的城市，建设了全国一流的智能网联基础设施。

（二）湖南数字经济发展的重要举措

强化政策支撑作用。发布《湖南省数字经济发展规划（2020—2025 年）》《湖南省"十四五"信息化发展规划》和软件、工业互联网 App、大数据、人工智能、超高清视频、区块链等产业专项行动计划，数字经济"四梁八柱"顶层设计基本形成。各市州加强联动形成政策合力，目前湖南累计已出台 30 多个支持数字经济发展的政策文件。全面落实"三高四新"战略定位和使命任务，瞄准打造国家重要先进制造业高地目标，大力实施先进制造业发展"八大工程"和产业发展"万千百"工程，先后出台深化制造业与互联网融合发展、加强信息安全产业发展、促进 5G 产业发展等多个政策文件。

大力推进制造业转型升级。着力培育工程机械、先进轨道交通装备等一批新兴优势产业链，构建"3+3+2"现代化产业体系，开展企业"两上三化"行动，建设好"一院一中心"，建设智能工厂、智能车间、智能企业。启动"智赋万企"行动，聚焦夯实智能化底座、增强智能化供给、加强智能化应用，重点实施基础设施提升、数字产业集聚、试点示范培育等十大工程，推动企业数字化转型。承办"智赋万企·走进超算"合作对接会，促成企业间精准匹配供需，让制造业企业更快更好用上数字化、智能化技术。

加速数字产业化发展。培育壮大人工智能、大数据、区块链、云计算等新兴数字产业，推进集成电路、通信设备、软件服务、互联网等产业发展，做强数字创意产业，实施电子信息"112"行动，打造国家级电子信息产业集群，建设全国数字经济创新引领区、产业聚集区和应用先导区。成立湘江实验室集中科技创新资源，推进关键核心技术攻关，集成电路国产化成套装备研发及产业化等技术取得突破。举办 2022 世界计算大会、2022 互联网岳麓峰会，打造链接全球高端创新资源的行业交流平台；举办人工智能产业创新与应用大赛、"创客中国"中小企业创新创业大赛，营造数字产业创新创业氛围。

夯实数字生态支撑。加强基础建设，把湖南建设成全国先进的绿色算力枢纽、全国领先的新型数字基础设施高地。人才要素保障水平不断提升，长沙推进"千博万硕"引才工程，成立长沙民政·开鸿智谷"OpenHarmony产业学院"。健全完善数字体系，加快建立数据资源产权、交易流通、跨境传输和安全保护等基础制度和标准规范，推进数据安全、个人信息保护等领域基础性立法；完善数据安全监测、通报预警、应急响应与处置机制，提高数据安全态势感知、数据可视、数据溯源等数据安全风险评估与防范处置能力。

专栏5-9　湖南智能网联汽车产业

　　湖南深耕智能网联汽车产业，三年实现"六个全国第一"。长沙成为中国智能网联汽车产业全国唯一获得四块国家级牌照的城市，长沙处于城市智能网联汽车竞争力第一梯队，在"政策竞争力""产业竞争力""融合发展支撑力"等评价维度相对最强。主要做法如下：

　　政策推动智能网联汽车产业发展。出台《湖南省智能网联汽车产业"十四五"发展规划（2021—2025）》《湖南湘江新区智能网联汽车创新应用示范区行动方案（2022—2025）》等文件，指导智能网联汽车产业发展。长沙测试区申报《智能网联汽车信心度测试规范》，通过国家市场监督管理总局的自愿性认证备案。投资成立湘江智能网联产业园和湘江智能公司。

　　大力推进智慧交通建设。湖南入选首批交通强国建设试点区域，将京港澳智慧高速公路、长沙机场智慧综合客运枢纽等纳入交通运输部新型基础设施建设行动方案。建成国家智能网联汽车（长沙）测试区、国家级车联网先导区、国家智能网联汽车质量监督检验中心（湖南），长沙测试区分为5个主要功能分区，建设3.6公里双向高速、六横四纵城市主干道、盘山路、泥泞路等228个智能网联测试场景，模拟场景目前是国内最多的，综合性能全国领先。

　　打造智能网联汽车"长沙模式"。率先探索"政府＋国企平台＋生态企业"的"铁三角"模式，即政府侧负责产业引导扶持；国企平台（即湘江智能）牵引整合生态资源实施；华为等生态企业提供技术赋能，构建起政府、国企平台和生态企业相互赋能、优势互补的智能网联汽车产业"长沙模式"。已培育中车智驭、百度阿波罗、行深智能、希迪智驾、舍弗勒等生态企业,聚集"车—路—云—网—图"上下游生态企业350余家。

十、甘肃

(一)甘肃数字经济发展的主要概况

甘肃在数字经济领域持续快速发展,增速超过全国平均水平。2020年数字经济核心产业增加值占GDP比重为2.2%,比全国平均水平低5.6个百分点。2022年,信息传输、软件和信息技术服务业增加值分别增长11.7%、10.2%和8.4%。规模以上工业新入库企业463户,拉动全省规上工业增长2.6个百分点。装备制造业投资、制造业技改投资和高技术制造业投资分别增长68.9%、54.4%和14.7%。网店达22万多家,其中涉农网店达到9万多家,农产品网上销售实现了两位数增长;2022年农产品网上销售额达251亿元,同比增长11.06%。

新基建扩面增效。2022年移动建设基站总数超过13万座,其中行政村4G覆盖率达100%,家宽行政村覆盖率超95%,建成3.15万个5G基站、66个数据中心、15个工业互联网平台,5G网络实现市州城区全覆盖、产业园区和特种养殖区100%覆盖。兰州获评全国5G网络速率最佳城市。建成运行300个机柜以上数据中心36个,各类数据中心机架总数达到59012架,可对外提供服务机柜30176个,电能利用效率值131。

(二)甘肃数字经济发展的重要举措

加快数字产业的发展。出台《甘肃省数据信息产业发展专项行动计划》《甘肃省数字经济创新发展试验区建设方案》等政策措施,探索"东数西算""信易贷""云量贷"等促进数字经济发展。在兰州高新区建设鲲鹏生态创新中心和鲲鹏计算产业项目,加快推进兰州电子商务孵化园、中科曙光甘肃先进计算中心、三维大数据物联网智能制造产业园、张掖智能制造产业园、平凉智能终端光电产业园、天水电子产业园等园区建设,招引金山云、猪八戒网、有牛网等一批互联网龙头和新锐企业落地甘肃。

深入产业数字化应用。企业数字化转型加快,启动"上云用数赋智"行动,印发实施《甘肃省"上云用数赋智"行动方案(2020—2025年)》,围绕"上云用数赋智""1237"重点建设任务,着力打造覆盖产业链上下游及跨行业融合的数字化生态体系。稳步推进工业数字化建设,建成兰州工业互联网标识解析二级节点基础平台,实施酒钢集团等企业"钢材溯源"链、知识产权港"知识保护与交易"链等多个区块链应用场景。建设"一部手机游甘肃"平台,推进"短视频上的甘肃"数字产业链发展,线上线下一体化发展模式加快建立。

政策搭台推动数字基础设施建设。出台《甘肃省5G建设及应用专项实施方案》《甘肃省5G站址专项规划(2020—2024)》《甘肃省5G网络规划建设协调推进领导小组办公室关于开展推动5G网络精准覆盖及融合创新应用保障网络健康发展专项行动的通知》等政策,推动5G网络规划部署、共建共享、集约高效建设和广覆盖、精准覆盖。全国一体化算力网络国家枢纽节点获批建设,加快建设兰州国家级互联网骨干直联点、庆阳数据中心集群、全省算力资源统一调度服务平台,推进张掖、金昌、酒泉、兰州新区云计算大数据项目。

专栏 5-10　甘肃半导体产业培育

从2021年全国各省市集成电路产量来看,甘肃省为643.0亿块,位列第二;甘肃的华天科技在2021年全球前十大半导体封测企业营收排名中,位列中国大陆第三、世界第七。主要做法如下:

政策培育半导体产业。《甘肃省"十四五"数字经济创新发展规划》提出新兴数字产业重点工程,支持华天科技、天光半导体、长风电子等龙头企业,建设高水平集成电路装备材料和芯片封装测试生产线,提升集成电路芯片、模块、系统的测试水平，积极引入芯片设计企业，优化集成电路设计制造产业布局，加快集成电路设计产业关键技术研究与要素集聚。成立甘肃省有机半导体材料及应用技术工程研究中心，推动其成为甘肃省乃至西北地区先进有机半导体材料开发、器件制备与测试和应用技术先导研发基地。

产学研合作推动产业发展。 甘肃省高校集成电路产业发展研究院和天水师范学院微电子学院主动服务地方企业，积极与华天科技进行深度产学研合作，在高端集成电路封装技术、集成电路封装智能装备、集成电路引线框架、新型半导体材料及器件、集成电路封装中激光加工技术等领域开展研究与创新工作，促进科技成果转化，加强人才培养和队伍建设，为形成甘肃省集成电路产业新格局提供智力支撑和技术保障。产业研究院和微电子产业学院和企业通过定期交流，及时掌握企业产线技术需求，力求更好地服务于甘肃集成电路产业的发展。

半导体企业落地。 建设华天电子科技园，形成以集成电路封测为核心，芯片制造、电子元器件、引线框架、专用设备模具为基础的产业发展体系，打造百亿级半导体产业园。甘肃金川兰新电子科技有限公司投资建设的半导体封装新材料（兰州）生产线项目在兰州新区正式开工，将成为甘肃最大的半导体封装材料供应商之一，与天水华天科技形成产业链配套，为全省构建半导体封装产业全流程体系发展提供重要支撑。

十一、启示

在数字经济发展政策上，领先省份不仅在政策力度上走在前列，在扶持方式上也强调灵活创新。广东省在数字产业培育上，实现"一产业一政策"的精准扶持；政策资金分配机制灵活，根据产业对区域经济贡献度分配；在工作支撑机制的创新上，广东在产业集群培育的部门分工上，不局限于经济和信息化厅，将相关产业培育任务分到发改（新型显示）、商务（电商）相关部门。上海市加码"国际数字之都"打造，以"城市数字化转型"为统领，统筹推进"经济、生活、治理"各领域全面数字化转型，以"4448"施工图为抓手，实施数字底座桩基、数据要素集聚、数字创新引擎、超级场景绽放四大专项行动，推进四十个重点应用，持续建设八个市级示范区。江苏省多部门协同服务数字经济发展，比如说人社部门出台服务数字经济发展的20条举措，创建了一批数字经济卓越工程师培育实训基地，建立了全省统一的数字经济工程职称评价制度体系，优化数字经济人才生态环境。

产业数字化方面。浙江率先走出一条从"机器换人""工厂物联网""企业上云"到"产业大脑＋未来工厂"的智能制造之路，打造"一行业一大脑"。广东形成"工业互联园区＋行业平台＋专精特新企业群＋产业数字金融"为核心的新制造生态系统，探索龙头企业带动法、中小企业抱团法、"园区＋平台"法等方法，推动中小企业数字化转型。江苏提出"智改数转"，分类分行业推进企业，推广优秀场景解决方案，增强"智改数转"基础能力，提高企业"智改数转"自主供给水平。山东探索形成"省级平台—国家级特色专业型平台—国家级'双跨'平台"梯次成长模式，打造"产业大脑＋晨星工厂"齐鲁新模式，通过创新梯度培育企业。湖北打造"云行荆楚"企业上云品牌，形成众创—孵化—加速—园区的孵化模式，引导小微企业转型发展。

关键核心技术是数字经济高质量发展的动力，注重数字技术创新，加速推进"卡脖子"技术攻关，打响"卡脖子"技术攻坚战，推动数字经济更快更好发展。浙江提出构建"315"科技创新体系，即"互联网＋"、生命健康、新材料三大科创高地，云计算与未来网络等15大战略领域。北京通过建设国家级重点实验室、新型研发机构和产业创新中心等，会聚优质科技创新人才等资源，推动数字核心关键技术攻关。上海侧重元宇宙技术，出台元宇宙关键技术攻关行动方案，设立百亿级元宇宙产业基金来支持元宇宙企业上市。

数据的井喷式生产为数据资源化奠定了基础，数据价值化释放数据要素价值，反哺企业发展，助力数字化转型。北京出台"数据20条"，积极开展国家数据基础制度先行先试，对数据产权和收益分配、数据资产价值实现等方面做出了探索安排；北京国际大数据交易所率先形成支持"可用不可见"

的交易模式，探索开展北京市属国企数据确权创新试点等尝试。上海市《立足数字经济新赛道 推动数据要素产业创新发展行动方案（2023—2025年）》，持续在产品供给、场景应用、数商发展等方面发力；上海数据交易所在全国率先设立数字资产板块，率先定义数字资产"四不、五可、六类"规范，首发数字资产发行、登记的管理制度。广东省创新提出两级数据要素市场结构，即构建以行政主导的一级数据要素市场，建立政府首席数据官制度；构建以市场竞争为主的二级数据要素市场，培育涵盖数据交易所、数据经纪人、数据服务商及第三方专业服务机构等的多元化数据流通生态。

生态要素是数字经济发展的基础，对数字创新氛围营造至关重要，包括数字基建、数字人才等部分。全国大部分地区重视数字基建的发展，大量出台政策推动5G基站的建设和全覆盖，如广东的《广东省推进新型基础设施建设三年实施方案（2020—2022年）》，江苏的《江苏省数字经济加速行动实施方案》《江苏省"十四五"新型基础设施建设规划》，甘肃的《甘肃省5G建设及应用专项实施方案》《甘肃省5G站址专项规划（2020—2024)》《甘肃省5G网络规划建设协调领导小组办公室关于加快5G等新基建建设开展降本增效保服务专项行动的通知》。建设算力中心支持通用人工智能等发展的需求，以"东数西算"国家战略为契机，建设国家算力枢纽节点。如川渝的《国家发展改革委等部门关于同意成渝地区启动建设全国一体化算力网络国家枢纽节点的复函》，甘肃获批建设全国一体化算力网络国家枢纽节点。数字人才对数字创新、数字化接受程度都很重要，多地大力引培数字化人才，如上海的工业互联网人才培养和评价，形成"产学研用"协同推进的人才培养及激励机制；江苏率先建立全省统一的数字经济工程职称评价制度体系，工程系列职称中增设数字经济工程专业；湖南的"千博万硕"引才工程，成立"长沙民政·开鸿智谷OpenHarmony产业学院"。

第二篇

数字经济的未来：未来经济的主导形态

☆ 第六章 ☆

数字经济发展未来趋势

第一节　数字经济发展趋势

　　当前，数字经济要素、产业、应用等领域新赛道布局不断加快，创新动能厚积薄发，不断夯实高质量发展根基，在拉动投资、消费、贸易、就业等领域回归常态化增长的同时，推动经济从修复性增长向内生式增长快速转变，主要呈现出六大发展趋势：一是创新路线持续转变，数字产业聚力内生增长。随着数字产业步入固本培元、谋定未来的关键期，人工智能大模型或将引发产业创新范式深刻变革，数字产业将加速整合和协同，形成一批具有全球竞争力的数字产业平台和生态圈，智能应用驱动产业高端化升级步伐加快，全力打造未来竞争力新支点。二是智能创造新兴需求，数字消费拉动供给升级。随着5G、虚拟现实、生成式人工智能等新技术应用加速成熟，数字产品和服务开启新一轮智能化升级，直播经济、"新消费""新国潮"等模式再度激活网络消费空间，文博、电影、旅游等数字化创新加快，智慧商圈、数字景区等沉浸交互式场景大量涌现，不断创造消费新动能。三是供需两端双向发力，数字化转型破局深水区。随着产业数字化转型更加深入，政策、产品、服务、标准等转型供给不断丰富，行业标杆示范效应加速释放，特色化转型方法、市场机制和典型模式将大量涌现，越来越多的传统产业将加速数字化转型，利用数字技术优化业务流程，提升效率和质量。四是算力网络布局加快，协同融合成为发展主线。随着产业数字化转型对算力的需求大量释放，数字基础设施建设从"通用算力集中部署"向"多样性算力按需供给"加快转变，算力布局将实现多层次、全方位的覆盖，围绕算力协同融合的产业融合发展，为各行业提供高效、可靠、灵活的计算、存储、网络等数字化服务。五是机构统筹地位确立，数据市场建设多点突破。随着国家数据局的正式组建，将加快推进央地协同、纵横贯通的数据治理体系建设，确权授权、供给流通、收益分配、安全监管等制度供给将不断明晰，以数据开发利用为核心、以多样化服务生态为支撑的数据要素市场化配置改革将提速发展。六是包容审慎调整优化，数字治理更趋健康公平。随着人工智能应用加速落地，科技伦理问题的紧迫性和复杂性日益突出，在始终坚持包容审慎的原则下，中央、地方、行业等不同层面的相关制度将逐步完善，不断适应技术扩散规律和特点，在调整优化中增强政策的协同性和稳定性，全方位保障数字经济健康发展。

第二节　数字经济发展面临的新机遇新挑战

一、发展的新机遇

随着人工智能、信息通信等数字技术迅猛发展，数字技术创新驱动的数字经济正深刻改变着传统经济发展模式。现阶段，数字经济已经成为全球争夺的未来产业高点，同时也是中国新常态下推动经济发展的新动力。在未来的一段时间内，数字经济的发展将迎来新的发展机遇。

一是数字基建成效显著，向应用更广、结构更优方向迈进。当前，中国数字基础设施建设成效显著，正向纵深建设、广泛应用、结构优化方向迈进。5G 网络方面，中国已建成世界最大 5G 网络，5G 虚拟专网数突破 1 万张，提前超额完成"十四五"规划目标。未来，5G 网络将持续扩容，行业专网加快向各行业普及，从而更好地服务千行百业数字化发展。物联网方面，蜂窝物联网用户将持续快速增长，物联网终端节点规模优势将愈加明显，更好支撑智能制造、智能交通、智慧医疗等重点应用领域的数据需求，万物互联态势将进一步深化。

二是数字产业集群蓄力待发，推动数字经济做大做优做强。当前众多领先地区正依托优势产业基础，高标准培育数字产业集群将成为中国数字经济发展的重要着力点。一方面，各地区将结合自身数字经济核心产业基础，培育打造相适应的数字产业集群，做大区域数字经济规模；另一方面，通过产业集群化发展，数字经济核心产业人才、资金、技术等资源要素将加快汇聚，将有效促进中国数字经济核心产业做大做优做强、高质量发展。

三是数实融合"加码"，工业互联网、数字贸易赋能作用进一步凸显。

在数字化生产领域，目前中国工业互联网标识解析体系顶层架构已全面建成，5 个国家顶级节点和 2 个灾备节点先后上线，二级标识解析节点达 247 个，实现了全国 31 个省（区、市）全面覆盖。下一步工业互联网推广应用将成为制造业数字化的重要抓手，广泛赋能全行业数字化转型升级。在贸易领域，数字贸易将成为建设贸易强国的新动能，国内大型互联网平台企业海外拓展步伐将持续加快，建立健全中国产品的数字化出海渠道，以数字技术和数字服务推动中国企业高水平"走出去"。

四是数字政务服务跨区域协同，政务数据建设有望提速。当前，以全国一体化政务服务平台为核心，全国线上政务服务体系基本建成，线上渠道更加多元、各类应用深入普及。下一步，数字政务服务将加速向跨区域协同方向发展，"跨省通办"事项范围将进一步扩大，电子证照互通互认加快推进，尤其伴随区域协调发展不断深化，京津冀、长三角、粤港澳大湾区等城市群，跨行政单位政务服务一体化将率先落地，通过标准对接、数据开放，逐步实现跨省（市）监管协同、高效治理，切实为城市群内要素资源流动共享、经济协同发展提供支撑。此外，全国各级政务数据平台建设正有序推进，政务数据目录体系已初步形成。

五是数据制度从宏观政策主张走向实践，交易生态体系加快构建。中共中央、国务院 2022 年 12 月印发的《关于构建数据基础制度更好发挥数据要素作用的意见》（简称《意见》），创造性地提出建立数据资源持有权、数据加工使用权、数据产品经营权"三权分置"的数据产权制度框架，推动构建中国特色数据产权制度体系。《意见》的出台拉开了中国数据基础制度从宏观政策主张走向具体实践的序幕，同时也标志着中国"1+N"数据基础制度体系开始建立，未来围绕《意见》将形成更加完善的数据要素制度体系和配套政策。下一阶段中国数据要素市场建设将进一步提速，其核心由交易场所建设转向全生态体系构建，形成由数据提供方、购买方、数据商、中介机构、监管部门等多主体参与的完整生态体系。

六是数字化服务挺进"深水区"，数字普惠向纵深发展。近年来，中国消费端数字经济取得了长足发展，网络购物、线上社交、手机游戏等各领域应用深入民心，直播、短视频等新模式新业态不断涌现，民众数字参与度持续提升，更多人民群众享受到数字技术带来的便利。未来，数字经济将更进一步深入民众生活的方方面面，满足人民日益增长的美好生活需要。一方面，数字化服务继续向"深水区"挺进，疫情推动互联网医疗大范围普及应用，房产、汽车等大型消费品线上挑选与购买有望成为主流；另一方面，数字化服务向基层加快渗透，智慧社区建设将提速，通过提供线上线下相融合的社区生活服务，集约建设便民惠民智慧服务圈，形成新型数字社区，不断增强群众获得感、幸福感、安全感。

二、面临的新挑战

我国数字经济蓬勃发展，数字产业化和产业数字化进程加速推进，数字技术催生的新技术、新业态、新模式广泛渗透到经济社会各领域，对我国经济社会发展的引领支撑作用日益凸显。但我国数字经济发展在技术层、应用层和制度层仍存在三大困境亟待突破。

（一）技术层：我国数字经济关键核心技术创新亟待增强

是否掌握数字经济主导技术路线和关键技术直接关系国家数字经济竞争力，但是我国数字经济在关键核心技术与技术路线选择上存在被压制风险。一是我国数字经济关键核心技术对外依存度较高。我国数字经济关键核心技术对外依存度较高，高端芯片、工业控制软件、核心元器件、基本算法等300多项与数字产业相关的关键技术仍然受制于人，数字技术的产业化应用、工程化推广、商业化运作缺乏成体系推进，对我国数字经济发展安全稳定性形成挑战。二是我国数字经济的底层技术逻辑被替代风险大。过去十多年，我国数字经济的崛起主要是建立在以5G为代表的"软硬件一体化"数字经济技术路线选择上，庞大的数字经济基础设施建立了数字经济发展的重要基础。但是，发达国家凭借其在基础软件和芯片技术上的优势重构全球数字经济技术路线，极力倡导以"开源"取代"软硬件一体化"，通过接口标准、核心软件和底层芯片重新定义数字经济基础，我国数字经济底层技术逻辑被冲击风险大。

（二）应用层：我国数字与实体经济融合程度有待提升

我国数字经济规模虽稳居全球第二，但整体上数实融合程度还比较低，发展还不平衡，企业数字化转型成本比较高。一是我国三次产业数实融合程度不平衡性大。根据《中国数字经济发展白皮书（2022年）》，2021年我国一、二、三产业的数字经济渗透率分别达到了9.7%、22.4%和43.3%，较2020年分别提高了0.8、1.4和2.6个百分点，但是一、二产业数实融合程度较低且增速明显慢于第三产业，这将极大地影响劳动生产率的提高。二是数实融合程度明显滞后于发达国家水平。《全球数字经济白皮书（2022年）》显示，全球一、二、三产业的数字化水平最高分别超过30%、40%、60%，我国三次产业数字经济渗透率与发达国家差距较大，即使数字化程度最高的三产也低于发达国家平均水平7—8个百分点。三是大量中小企业在数字化转型中踟蹰不前。中小微企业在面对跨越数字鸿沟时存在着不想转、不会转、不敢转等问题。根据中国电子技术标准化研究院报告，2021年我国在数字化转型中处于初步探索阶段、行业践行阶段和深度应用阶段的企业占比分别为79%、12%和9%，表明绝大部分中小企业仍处于数字化转型的初级阶段。

（三）制度层：我国数字治理体系和监管规则亟须健全

数字规则是全球数据竞争的重要利器，是数字经济时代掌握话语权的重要制度基础，但是我国数字规则存在与数字经济发展地位和速度不匹配、不适应问题。一是国际上发达国家把持数字规则，严重冲击我国数据治理体系。美国依靠其数字技术和数字经济先行者优势奠定数字监管全球治理体系，欧盟也依靠其统一大市场优势，较早建立了数据监管制度体系。全球数字规则已形成欧盟模式和美国模式"二分天下"的局势，我国数字经济话语权较弱，欧美利用数字规则域外效力主导全球数字经济竞争方向，直接影响我国数据主权安全。二是我国数字制度建设滞后于数字经济发展。

我国数字经济制度建设与数字经济快速发展的现实不相匹配，成为数字经济发展的掣肘。当前，数据权属确认、数据交易规则、数据流通体系、数据安全监管等制度体系、法律法规以及标准规范等还不健全，数字经济企业间不同的业务框架和系统导致数据联通、整合与共享不足，"数据孤岛"现象依然严重，制约着"数字红利"的释放。

☆ 第七章 ☆

数字经济与未来的组织单元

第一节　数字经济赋能企业智能化转型："产业大脑＋未来工厂"

一、"产业大脑＋未来工厂"的定义

数字技术的发展和应用，使各类社会生产活动成为可记录、可存储、可交互的数据、信息和知识，推动社会经济活动效率迅速提升、社会生产力快速发展。这一重大效应可从两个视角来看：一个是产业数字化，即利用现代数字技术对传统产业进行全方位、全角度、全链条改造，构建形成以数据链驱动的新型产业生态系统，实现生产力放大、叠加与倍增；另一个是数字产业化，即通过汇聚、加工、流通等方式促使数据要素实现产业化、商业化和市场化，成为社会生产力的新组成部分。

产业大脑是服务数字产业化、产业数字化的公共智能系统和新型数字基础设施。以产业互联网为支撑，以数据资源为关键要素，运用新一代信息技术，汇聚一二三产数据，融汇智能模型、算法和工具，集成产业链、创新链、资金链、价值链，融合市场侧和政府侧，贯通供给侧与需求侧，重塑产业生

态，构建现代产业体系，实现产业治理的现代化和数据价值化。

产业大脑以数据驱动供求关系循环优化，未来工厂在产业大脑支撑下重构组织模式。两者通过耦合共生，系统重塑产业生态、竞争规则和治理模式，推动产业数字化、数字产业化，构建现代化产业体系。随着新一代信息技术与三产深度融合，"互联网＋制造"应用生态不断健全，"产业大脑＋未来工厂"这一创造性体系架构必将成为推动现代产业体系建设的重要探索。

二、产业大脑建设初探

产业大脑是一个复杂巨系统，必须运用系统观念和系统方法，加强顶层设计，持续创新迭代。遵循"政府引导、企业主体、价值导向、社会共建"的总体思路，聚焦解决企业实际问题，以企业应用效果为导向，鼓励领军型平台企业、链主型企业、产业链上下游企业共同体等主动承担产业大脑的分行业建设试点，积极吸纳各类科研机构、专家学者和社会组织广泛参与、出谋划策。

产业大脑采取资源共用、多方共建的模式，聚焦产业生态、新智造应用、共性技术、服务企业等需求，以企业或企业共同体为主，基于工业互联网平台和统一标准，建设细分行业产业大脑，推动形成"一行业一大脑"的发展格局，集成为产业大脑的创新生态系统。以产业大脑为引擎，用数据流加速技术流、资金流、人才流有机循环，构建全要素、全产业链、全价值链的全面连接，支撑智能新产品、个性化定制、网络化协同、智能化生产、服务化延伸、数字化管理等新模式、新业态的发展，形成"产业大脑＋未来工厂"的发展格局，推动生产方式、产业链组织、商业模式、企业形态重构，提高经济社会的运行效率和资源要素的配置效率，补齐产业发展短板，加速经济高质量发展。

在具体建设过程中，可以根据工业、农业、服务业等不同行业细分领域的具体需求，建设细分行业产业大脑，依托强大算力和智能创造力，辅以新智造应用、公共服务等产业生态，推动解决行业和企业发展存在的共性、痛点、难点。

（一）产业大脑在工业领域的实践：电机产业大脑

浙江省绍兴市围绕数字化改革和高质量发展目标，以产业生态重构、要素资源重组、治理方式创新为重点，率先建设运营电机产业大脑，为工业领域产业大脑建设实践提供了参考范例。截至 2021 年 10 月，电机产业大脑已覆盖全国 28 个省市区、10 个上下游行业，接入产业生态圈企业 700 家、大型电机驱动设备 1301 台套，在线率达 80% 以上。

1. 需求分析

从产业生态来看，从电机产业生态圈看，产业链上下游涉及企业多、领域覆盖广，总产业规模达 1.4 万多亿元，存在跨区域、跨行业、跨企业协同难、资源配置效率低、中小企业融资成本高等问题，亟须一个优势平台赋能电机产业链企业，助力电机产业转型升级。从提升产业竞争力来看，浙江省是电机产业大省，共有电机企业 1200 余家，但整体来看，电机行业智能制造水平低，盈利能力弱、产业话语权小、行业竞争力不强，亟须通过建设电机产业大脑，促进产业链、供应链、价值链、创新链的升级与重构。从政府精准治理来看，随着政府对经济运行、产业发展精准治理需求的日益增长，需要一个全新的信息交互系统，便于政府更精准高效地把握产业链发展脉搏、优化产业链政策导向、提升产业链治理效能。

2. 建设思路

整体架构方面。基于政务"一朵云"和工业互联网平台，重点构建"1+1+2+X"体系架构，即打造一个电机及驱动系统数智化产业中台、一个电机产业大脑，政府侧和企业侧建设未来工厂、供应链采购协同、供应链金融等创新场景，汇聚融通产业链、供应链、资金链、创新链等资源要素数据，实现电机全价值链的资源优化与社会化协同。

任务拆解方面。以电机产业大脑为一级任务，确定政府侧"政府管理、公共服务" 2 个二级任务和企业侧"产业生态、新智造应用、共性技术" 3 个二级任务，并进一步分别拆解出"产业链图谱""运行分析"等 19 个政府侧三级任务和"电机全生命周期服务平台"未来工厂等 11 个企业侧三级任务，再逐项细化至"运行状态实时监控、供需匹配"等 34 个四级任务。

业务协同方面。通过场景开发，推动研发、供应链、生产制造、产品销售网络、后市场服务、供应链金融服务"六大协同"，实现产品设计、采购、生产、销售、服务等全过程高效协同的组织形态，打造产业链高质量核心竞争力，促进产业上下游企业提质增效、降本减碳。如供应链协同整合分散的大宗原材料采购需求进行集采议价，实现从寻源、招投标、竞价到物流配送、质量反馈、对账、付款全流程数字化协同，降低供应链成本。

数据共享方面。一是生产端共享。通过电机产业大脑关联机器，物联感知设备将电机的震动、温度、电流、电压等运行数据回传分析，帮助企业即时掌握电机健康状况，有效降低电机故障率和企业运营成本。二是服务端共享。通过电机产业大脑融合融通供应链、运维服务、供应链金融服务、协同研发服务等数据，精准服务企业需求。三是治理端共享。通过政府侧产业地图、产业图谱、上市企业年报、行业知识库等应用场景，帮助政府部门掌握产业分布、产能布局、集群培育成效和产业发展趋势，辅助政府决策管理。

综合集成方面。融合企业侧和政府侧，贯通生产端和消费端，实现四大功能集成。一是打造产业生态。搭建电机全生命周期管理、供应链金融、供应链协同等 6 个应用场景，提升产业链运行整体效率。如电机全生命周期管理应用，通过实时采集电机运行参数并基于大数据分析和模型算法得出健康指数，实现电机运行状态在线监测、智能诊断。二是打造新智造应用。搭建未来工厂互联应用，面向电机产业链中小微生产制造企业，提供包括研发协同等多场景智能化解决方案，实现跨工厂的生产协同和供应链协同。三是集成行业共性技术。如行业知识库，涵盖行业标准、专利、论文三大板块，为电机及其上下游企业提供未来技术、产品走势。四是集成政府公共服务。构建产业图谱、产业地图、行业知识库等场景应用，为政府治理和精准服务提供助力，推动共性资源"统建共用"。

3. 初步成效

有效提升了智造活力。率先尝试"产业大脑＋未来工厂"融合应用模式。聚焦中小电机企业数字化提升需求，依托"链主企业"提供开放性公共技术、科技服务等，高效率复制打造一批未来工厂，迅速提升电机产业整体智能制造水平。聚焦全产业链协同联动，打通产业链上下游，实现跨工厂生产协同和供应链协同。成功贯通未来工厂 1 家、智能产线 31 条、智能工位 269 个、智能产线设备 442 台、在线运行 340 台。据统计，已接入大脑的未来工厂可提高 50% 生产效率，降低 25% 生产运营成本，降低 22% 产品不良率，降低 7% 设备故障率，提升 12% 能源综合利用率。

实现产业链条全面贯通。其供应链金融应用通过打造应付票据融资类金融产品，实现金融授信向中小微企业"精准滴灌"，有效降低中小微企业融资成本。截至 2021 年底，已成功为 226 家中小企业提供 10.85 亿元授信额度，解决融资 5.42 亿元，对金融机构助力实体经济健康发展具有借鉴意义。供应链协同应用基于产业知识沉淀和平台智能算法，采取"撮合＋自营"的业务模式，通过整合分散的大宗原材料采购需求进行集采议价，缓解电机全产业链原材料采购成本高、价格波动大等问题。截至 2021 年底，已为 168 家中小电机制造企业提供供应链协同采购服务，完成交易 2110 万元，帮助企业节省采购成本 106 万元。

（二）产业大脑在农业领域的实践：浙江畜牧产业大脑

浙江畜牧产业大脑以"产业大脑＋未来牧场"为核心架构，围绕畜禽全生命周期，贯通生产、分配、流通、消费，打通业务流数据流，优化服务和要素，促进畜产品有效供给、重大动物疫病有效防控和畜牧业高质量发展。

1. 需求分析

从任务需求来看，习近平等中央领导对畜产品特别是生猪稳产保供和重大动物疫病防控等工作多次做出指示批示，国务院和省政府每年做出部署。从民生需求来看，畜产品价格波动大，且与 CPI（consumer price index，居民消费价格指数）关联性强，与居民消费息息相关；优质畜产品供给端与需求端信息不对称，优质优价机制不完善；畜牧主体对政策服务需求旺盛。从安全需求来看，畜牧产业链长、动物疫病影响因素多，风险精准识别预警难，亟须推进畜牧兽医工作核心业务系统性重塑。

2. 建设思路

畜牧产业大脑按照业务全穿透、主体全上线、地图全覆盖、风险全管控、服务全集成、一码全贯通的"六个全"的全生命周期管理服务思路，加快推进畜牧兽医工作在数字空间的系统性重塑。

坚持需求导向，明确"三张清单"。聚焦畜牧稳产稳供稳价和重大动物疫病防控等重大需求，细化梳理出重大任务落实、重大风险防范、高频事项、主体服务等需求清单22项。在多跨场景清单上，以畜牧全产业链各环节为小切口，细化形成监测预警、疫苗管理、检疫追溯等29项子场景，并逐项定义、模块化开发。在重大改革清单上，从多跨场景应用中找改革突破口，明确检疫无纸化出证、强制免疫全流程管理等具体改革事项25项。

突出业务闭环，打造场景应用。浙江畜牧产业大脑采取"省统建＋地方特色自建＋企业开发"模式，以"生猪一件事"为切口，围绕产业链全环节，细化分解任务项，明确核心数据项71项，开发养殖、防疫、检疫、调运、屠宰、无害化处理、饲料、兽药、监测分析、要素服务、未来牧场等"8+2+1"个核心场景，每个场景包括主体画像、核心指标、服务场景、风险预警，实现全环节业务流、数据流闭环管理。

3. 建设成效

场景应用突出"五个一"。养殖场景突出"一个场"精准画像，以畜禽养殖代码为身份标识，实时获取存出栏量及来源和去向。"浙里办"已上线12类主体、推送10大类服务。防疫场景通过"一支苗"全程管理，实现疫苗采购、免疫、监测、补助全过程闭环管理和服务，先后在浙江省30个县（市、区）开展试点。检疫、调运、屠宰场景突出"一张证"全程追溯，实现养殖到餐桌全程追溯。主体安全风险管控"一个码"，形成"浙农码（畜牧码）"，实现一场一专码、一码知安全，规模猪场、屠宰场全覆盖。构建业务贯通"一张图"，加载畜禽规模场、屠宰企业、饲料兽药企业等主体和产业布局等 20 个 GIS（地理信息系统）图层，实现主体、业务全覆盖。

多跨协同，突出"五级贯通"。聚焦打破数据孤岛和壁垒，联动发改、市场监管、生态环境、银保监、农业农村部等跨部门业务协同，推进平台共建、数据共享。2021 年已基本构建部、省、市、县、场"五级贯通"，构建省市县三级驾驶舱，贯通市、县（市、区）、开发区 135 个。同时，在省级统筹下，鼓励市县先行开发特色应用，实行"一地创新，全省共享"。

制度成果显著。一是实现两项法律法规突破。全国人大新修订的《动物防疫法》吸纳了浙江检疫、无害化等数字化相关做法。2021 年 7 月，浙江省人大审议通过《浙江省动物防疫条例》（公告第 52 号），明确把推进动物防疫整体智治提升为法定要求。二是实现两个全国试点。浙江省先后获得开展无纸化出具动物检疫合格证明（B 证）、肉品品质检验合格证明试点；与全国畜牧总站签订《共建畜牧业综合信息平台战略合作框架协议》，成为首批部省共建试点省。三是实现两个全国首创。在全国首创"浙农码（畜牧码）"用于畜牧生产经营主体安全风险三色预警管理；全国首创有源电子耳标（即生猪智能耳标）技术规范。

（三）产业大脑在服务业领域的实践：快递产业大脑

桐庐作为"三通一达"（申通、中通、圆通、韵达）的发源地，被誉为"中国民营快递之乡"，通过探索建设快递产业大脑，加强智能物流体系建设步伐，推动快递物流产业"提质增效"。

1.需求分析

现阶段，制造业物流成本过高，企业承担着较大的运营压力。同时，我国物流业还面临着标准化管理制度缺失、物流基础设施重复建设、价格无序竞争等问题。从政府、快递物流企业和供应链企业需求三个角度来看，快递物流行业发展过程存在信息透明化、市场销路开拓、二手车辆处置、仓储供需对接、运力供需对接、产业精准招商、降本增效等多维度需求。

2.建设思路

整体构架。形成"一中心六场景"，即以快递产业大脑数据中心为主导，以快递物流产业链全景云图、协同创新、共享集采、寄递安检、行业分析、车辆监控六大应用场景为支撑，细分企业画像、车辆监控、快递出海、仓储供需、运力供需、产业云图等28个应用场景。同时，明确快递人员权益保障机制、信息共享服务平台、快递专项人才评价机制等8项改革清单。

应用场景构建。快递产业大脑以快递物流全景云图为基础，通过仓储、运力、物流车辆、物流订单、物流线路等场景建设，整合行业创新，实现快递云图、快递产业、快递科研、快递经济数字孪生；将制造货源、物流运力、运输网络及快递物流企业融入全景云图，形成基于人流、车流、物流、资金流的数字孪生全景应用，构建快递产业大脑1.0版。

3. 建设成效

场景建设成效明显。快递产业大脑已于2021年8月13日上线试运行，六大场景中的全景云图、共享集采、协同创新三大场景率先亮相，将在实践中逐步完善。其中，全景云图场景针对快递物流全产业链规划布局不合理、定位不精准等问题，为政府和快递物流企业提供产业发展规划布局参考。截至2021年，已导入企业170533家，服务网点125244个，分拨中心1520个，覆盖率达85%。共享集采场景开发上线装备集采子场景、运力服务子场景、人才云集子场景，已入驻企业2000余家，为制造业企业提供最优的车辆运行路线，组建快递人才专家库，为快递人才提供全方位服务。协同创新场景融合分析快递物流产业链与创新链、金融链。

多跨协同有突破。快递产业大脑建设具有"五跨协同"属性，贯通交通、气象、人社等部门信息，实现了突发天气路径规划、车辆监管、快递人才评级等功能，解决了原有省、市、县气象信息与车辆信息交互不畅的难题，填补了快递三轮车监管的空缺、快递人才评定的空白，实现了政府对快递行业的监管以及服务职能的规范，引导快递行业更健康规范、更高质量地发展。

（四）产业大脑在信息业领域的实践：影视文化大脑

浙江横店影视文化产业大脑是影视产业全产业链服务系统，贯通影视作品的剧本创作、拍摄、后期制作、版权交易、衍生品开发及交易等全生命周期，推动产业治理由经验判断向数据智能决策转变。

1. 需求分析

当前，中国影视产业存在影视拍摄标准不统一、信息化程度低，产业配套供应不畅通、上下游产业链延伸能力不足，版权交易机制不完善、后期制作成本高，产业数据积累不够、风险和机遇预判不精准等问题。亟须借助数字化改革手段，构建涵盖产业资源、集成产业服务和综合各种产业分析决策体系于一体的产业应用系统，打破原有传统生产模式，完善产业链软环境，推动影视文化产业高质量转型。

2. 建设思路

整体上构建覆盖剧本创作、剧组人才服务、影视拍摄、后期制作、版权交易及衍生品开发的全产业链数字化改革路径。首期，协同公安、人社、卫健等 16 个部门，集成政府管理、演职人员服务、剧组生产、基地配套供给四大功能，建设产业综合智治系统（决策分析系统）、人才综合服务管理系统（横影通）、剧组综合服务管理系统（云勘景）三个应用场景。其中产业综合智治应用全面归集产业运行、作品放映、剧组拍摄、人才匹配等领域数据，通过大数据分析、企业画像和数字孪生手段，实现对产业动态的全景掌控。横影通应用深化运用"码"机制，建立影视人才一人一码一档一画像，贯通工作全生命周期场景，打通生活服务事项，实现影视人才工作—生活闭环管理。云勘景应用汇聚场景、高危作业、特种车辆等物资统一调配能力，形成智能匹配最优场景、人员、道具的能力，实现剧组全流程一体化服务。

3. 建设成效

应用成效方面。影视文化大脑上线以来，拍摄效率不断提升。截至 2021 年底，4500 多辆车、2371 名驾驶员已进行系统试用，规避了原来入组的繁琐手续，实现全部线上联办，全域无感进出；通过颗粒化剧本，推送贴合场景的拍摄基地，剧组和个人已完成 1432 次线上勘景，转化出 79 次实地看景，剧组前期准备时间预计可缩短六分之一。

理论制度成果方面。通过影视文化产业大脑建设应用，研究发布了包含中国横店影视文化产业国际性指数、产业综合景气指数、产业集聚区指数、产业发展环境指数、产业影响力指数、产业创新指数六个指数的中国·横店影视文化产业指数，对横店影视文化产业发展水平进行多维度、系统化评价，进一步提升横店影视文化产业的影响力。制定了《横店影视文化产业综合调查制度》《文明剧组标准》《摄影棚消防安全建设技术标准》《关于剧组临时党支部规范化建设的指导意见》等标准规范，构建实现了人员、剧组、产业、摄影棚等多方面的标准化流程和数字化管理办法。补充完善国家标准《影视拍摄基地服务规范》，有效引导剧组树立正确的从业规范。

第二节　未来工厂

一、未来工厂的定义

生产组织是现代产业体系的核心单元。内外部环境的变化将对生产组织的组织结构、组织方式、组织文化、管理理念等带来颠覆性影响，倒逼生产组织持续开展适应性调整、改进和变革。在数字技术的广泛渗透和深度应用下，生产组织正逐步从线性化、垂直化发展向网络化、协同化发展转变，依托数据链打通产业链、供应链、创新链、价值链，形成以共同价值为基础的现代产业生态系统，显著提升发展竞争力。

在数字经济时代下，生产组织正在以数据资源为关键要素，以新一代信息技术为手段，通过建立新的生产组织方式和管理服务模式，实现向创新、高效、绿色、协同发展的现代化新型组织转变。未来工厂是制造业领域的一种现代化新型组织单元，是广泛应用数字孪生、人工智能、大数据等新一代信息技术革新生产方式，以数据驱动生产流程再造，以数字化设计、智能化生产、绿色化制造、数字化管理、安全化管控为基础，以网络化协同、个性化定制、服务化延伸等新模式为特征，以企业价值链和核心竞争力提升为目标，引领新智造发展的现代化工厂。未来工厂在制造领域是指以数字化车间、智能工厂等为主体，引领新智造发展的现代化工厂，包括数字工厂、未来农场、未来实验室、未来市场等。

二、未来工厂建设初探

（一）未来工厂的建设架构

未来工厂的建设架构可以概括为"1353"，"1"是指企业综合效益和竞争力提升的高质量发展目标；"3"为三种模式创新；"5"为五项能力建设；"3"为三个关键支撑。未来工厂建设架构如下图所示。

1. 三个关键支撑

未来工厂的三个关键支撑是数字化生态组织、新一代信息技术和先进制造技术。

数字化生态组织是遵循以人为本，通过强化组织文化，建立使命愿景，打破信息壁垒，深化数字赋能，实现组织人力的协同驱动、快速决策、自主优化，打造自驱动型液态创新组织。按照这个要求，现阶段组织向未来工厂新型组织变革重点要做好五个方面：一要围绕市场变化和客户需求，不断改变组织形态和驱动方式，提高企业快速响应外部环境变化的敏捷性。二要提供更加灵活的管理制度，激发组织协同，激励员工主动参与经营，充分利用有限资源创造更多价值。三要以数据资产的方式共享工艺、知识、创意等技术能力资源，汇聚知识基础、沉淀核心能力、发挥知识洞察价值，提升孵化培育能力。四要在数字优先和数据驱动决策的理念下，充分利用数字化手段和方法，有效地发现、获取、利用数据，优化与提升制造与服务的质量效率。五要树立以人为核心、机器服务于人的意识，合理利用自动化、数字化、网络化、智能化等技术手段，解放人的体力与脑力，赋能与拓展人的能力，发挥协同优势，促进人与企业的创新。

新一代信息技术要求在企业研发、生产、供应链、销售、服务等环节深度融合应用数字孪生、人工智能、大数据、云计算、物联网、5G等新一代信息技术。按照这个要求，现阶段组织创新变革的重点是以下四个方面：一是采用数字孪生技术，在信息空间构建一个与物理工厂几何高度相似、内部逻辑一致、运行数据契合的虚拟工厂，实现信息流、物料流和控制流的有序流转，以及产品设计、物理设备和生产过程的实时可视化展示和迭代优化。

二是采用计算机视觉、机器学习、语音识别等人工智能技术，改造劳动强度大、工作条件差、风险高等传统场景，实现研发、生产、物流和服务等的全流程优化。三是建设工业互联网平台，通过全面互联和数据驱动，实现基于大数据的设备运行优化、生产运营优化、企业协同、用户交互与产品服务优化的智能化闭环。四是基于工业网络组网技术，建立数据隔离、质量保证的基础通信网络，实现大带宽、低时延、安全可靠的数据传输，满足在生产运行和管理过程中的通信要求。

先进制造技术是在传统制造技术的基础上，吸收机械、电子、材料、能源、信息和现代管理等多学科、多专业的高新技术成果，并综合应用于产品的全生命周期，实现优质、高效、低耗、清洁、灵活的生产，提高企业对动态多变市场的适应能力和竞争能力。按照这个要求，现阶段组织创新变革的重点是创新应用三项技术。一是广泛应用创成式设计、虚拟设计等数字化设计技术，实现产品研发全生命周期的网络协同研发和设计验证优化。二是探索超精密、增材制造、微纳制造等工艺（加工）技术，实现制造过程的优化与协同。三是深度融合应用数控装备、工业机器人等新一代智能装备，提升制造柔性化和智能化水平。

2. 三种模式创新

未来工厂的三种模式创新是个性化定制、网络化协同和服务化延伸。

个性化定制包括模块化设计、模块化生产和个性化组合三项个性化定制要求。其中模块化设计要求企业将产品的某些要素组合在一起，构成一个具有特定功能的子系统，将这个子系统作为通用性的模块与其他产品要素进行多种组合，构成新的系统，产生多种不同功能或相同功能、不同性能的系列产品。其目的是以尽可能少的投入，研发、生产尽可能多的产品，以最经济的方法满足各种需求。

模块化生产要求企业在产品模块化设计的基础上，为满足客户需求多样化、个性化定制的一种专业化和规模化的生产方式。个性化组合是指企业能够基于需求信息平台和定制服务平台感知客户个性化需求，驱动柔性的模块化设计和模块化制造资源自适应组合，从而实现产品制造。

网络化协同包括研发设计协同、供应链协同和生产协同三项网络化协同要求。其中研发设计协同是指企业间基于协同设计平台，通过协同工作、交互协商和分工合作，共同完成复杂产品设计任务。供应链协同是供应链上下游各方通过供应链云平台，动态共享客户需求、产品设计、工艺文件、供应链计划、库存等信息，实现供应链资源的整合和高效协同。生产协同是应用新一代信息技术将复杂产品的串行制造模式变为并行制造工程，实现工厂间生产、管理等的合作生产模式，达到资源的充分利用。

服务化延伸包括产品生命周期、供应链/产业链、检验检测认证和承包集成多项服务化延伸要求。其中产品生命周期服务延伸是指企业提供售后服务保障，汇聚集成商和中间商对最终用户提供客户设备健康管理、工业产品远程运维、设备融资租赁等服务。供应链/产业链服务延伸是指企业共享供应链/产业链资源，面向全行业提供现代供应链管理服务、分享制造和互联网金融等服务。检验检测认证服务延伸是指企业共享检验检测优势资源，面向全行业提供产品检验检测认证服务和环境检测服务。承包集成服务延伸是指企业共享企业管理和生产制造能力，面向全行业提供综合解决方案。

3.五项能力建设

未来工厂的五项能力建设包括数字化设计、智能化生产、安全化管控、数字化管理、绿色化制造。

数字化设计包括产品研发与设计、工艺设计和试验设计三个数字化设计要求。其中产品研发与设计是指从概念设计阶段开始，采用协同设计平台，利用参数化对象建模等工具，开展产品的研发与设计。工艺设计指基于知识库、相关数据和设计云平台，开展工艺的优化与协同设计。试验设计是指基于虚拟样机或试验验证模型，开展产品的数字化虚拟仿真试验。

智能化生产包括计划调度、生产执行、质量管控、物流配送和设备运维五个智能化生产的要求。其中计划调度智能化是指企业采用生产计划排产系统或平台、先进排产调度算法模型、生产运行实时模型等技术，实现满足多种约束条件的动态实时生产排产和调度，实现对突发事件的自动预警、辅助决策和优化调度。尤其在离散制造企业，宜动态获取制造单元加工现场的实时生产信息，并针对制造单元生产过程的临时生产任务、设备故障、交货期更改等不确定性事件，建立单元制造任务的动态调度模型，达到制造任务的利益均衡（即最短完工时间）。生产执行智能化是指企业应用新一代信息技术，依托 MES（manufacturing execution system，制造执行系统）等信息化系统，实现作业文件自动下发与执行、设计与制造协同、制造资源动态组织、生产过程管理与优化、生产过程可视化监控与反馈、生产绩效分析和异常管理，提高生产过程的智能化和可控性。质量管控智能化是指企业应用新一代信息技术，实现质量数据采集、在线质量监测和预警、质量档案建立及质量追溯、质量分析与改进等质量管控的智能化和敏捷化。物流配送智能化是指企业运用软件技术、互联网技术、自动分拣技术、光导技术、RFID（radio frequency identification，射频识别）、声控技术等先进的科技手段和设备，对物品的进出库、存储、分拣、包装、配送及其信息进行有效的计划、执行和控制，确保物料仓储配送准确高效和运输精益化管控。设备运维智能化是指企业建立设备故障知识库，通过设备信息管理系统和新一代信息技术，实现设备运行状态实时监控、基于知识的设备故障管理、基于大数据的设备预测性维护、远程诊断、设备运行分析与优化等。

安全化管控包括生产安全、信息安全和作业安全三个方面的安全化管控要求。生产安全要求企业对设备、物料、过程、环境等风险要素的安全化管控，正确地执行安全功能，避免因设备故障或系统功能失效而导致生产事故。信息安全要求企业实现相关信息系统及其数据不被破坏、更改、泄露，确保系统连续可靠地运行，包括软件安全、设备信息安全、网络信息安全、数据安全和信息安全防护。作业安全要求企业通过提高作业管理能力、预防误操作的能力，避免在制造各环节中因人的行为造成的隐患或威胁，以保证人身安全和生产安全。

数字化管理应以数据为驱动，以精益制造和精准服务为目标，以风险防控和智能决策为导向，实现企业管理的科学化。其中精益制造是通过生产方式、管理系统、作业流程等方面的改善，提高生产过程协调度和生产效率，使生产系统快速应变客户需求，实现准时生产，降低生产成本。精准服务是基于客户的个性化需求，通过用户需求特征的数据挖掘和分析，提供个性化的定制服务。风险防控是指企业基于抵御市场影响和突发事件，建立风险识别、防控和处理机制，实现企业的安全运行。智能决策是基于系统科学、管理科学和信息技术的综合集成，以数据为驱动，实现在无限需求（目标、任务）下的有限资源的配置。

绿色化制造要综合考虑环境影响、资源效益和经济效益，使产品在整个生命周期中，资源利用率极高，环境污染危害极低，实现企业经济效益与社会效益的协调优化。要注意基于新一代技术，持续进行绿色化改造，提升企业清洁能源、绿色工艺、绿色产品和绿色供应链等方面能力，实现生产的低碳化和集约化以及能源高效利用。

此外，在未来工厂建设过程中，企业应该从文化、战略、人才、资金等方面进行统筹规划，支撑和保障未来工厂建设。尤其要注重加大数字化人才和复合型人才的引培，建立外部专家团队、数字化转型解决方案供应商、企业工匠和内部人才结合的人才供给机制，共同推进未来工厂模式创新。

（二）未来工厂的建设实践

杭州西奥电梯未来工厂通过数字化业务与 IT 相融合的生态组织打造、数字孪生等新一代信息技术的应用以及先进制造技术的应用，最终开创性地实现了符合电梯行业特点的三大模式创新——"电梯行业产品特点的大规模个性化定制模式""带动电梯产业链发展的网络化协同模式""传统电梯制造企业向服务型制造企业的服务化延伸转型模式"，实现年度复合增长率30%，成功进入全球前四。

1.需求分析

从电梯行业产业链来看，未来工厂建设满足传统制造业转型升级、实现高质量发展的需要。西奥未来工厂形成可复制可借鉴经验，推广至整个行业，带动电梯产业链上下游企业共同发展，打造具有国际竞争力的民族电梯品牌。从企业自身来看，未来工厂建设将促进公司产能提升、成本降低、产品附加价值扩展，提升客户使用感与认可度，助力西奥始终在激烈的竞争中立于不败之地，也为西奥向服务型制造业转型升级奠定坚实基础。

2. 建设思路

西奥电梯紧紧遵循"1353"未来工厂建设框架，建立了符合西奥特色的三层架构的"云奥互联"数智平台。通过战略一体化、精益生产、流程再造、高端人才引进等方式重塑数字化生态组织，在新一代信息技术和先进制造技术上不断探索，不断提升西奥电梯企业核心竞争力。

在数字化设计方面，西奥以行业领先的模块化设计、图谱化产品管理、协作化设计理念为推进点，深度应用三维动态分析、虚拟仿真、实时测试等先进数字化工具，有效缩短新产品研发周期。

在智能化生产领域，通过数字工厂建设引进萨瓦尼尼等多条自动化生产线、机器人、AGV（automated guided vehicle，自动导引车）运载小车以及高精度传感器等装备，以实现全流程生产的自动化。同时结合精益生产、"一件流"的理念，实现了从 ERP（enterprise resource planning，企业资源规划）、制造执行系统、物流调度系统、仓储系统数据的无缝对接和数据链路反馈的闭环网络，取得了电梯单工厂行业产量最高、交付周期最短的显著成果。

在安全化管控方面，成立专项安全生产标准化小组，强化安全主体责任，推动电梯行业安全生产标准化管理实施。建立消控中心与消控平台，实现与119等建立信息推送平台。与浙江省杭州市临平区安全生产综合监管平台进行应急联动，实现应急预案自动推送与预警。推动先进安全技术的运用，对设备进行挂牌上锁管理，自动设备全面采用安全联锁、光栅防护装置，全面提升安全管理水平，降低安全风险。

在数字化管理方面，以 BOM（bill of material，物料清单）全生命周期管理为纽带，推进电梯从销售、研发、生产、供应链、安装、维保等各环节的数据标准化、设计模块化、配置规范化的提升。通过数据分析为企业营运决策提供实时的数据和精准的分析，并以数据为支撑在销售和服务端开展不同形式的精准服务。

在绿色化制造方面，西奥建设污水中水回用系统，达到 50% 的再生水利用率。建立集中式焊烟净化器及滤筒除尘装置，除尘效率高达 99.99%。建成了 10 万平方米太阳能光伏发电设施，年发电可达发 789 万度，减少超 8000 吨碳排放。

3. 建设成效

西奥未来工厂建设攻克了电梯设计、生产计划、制造环节之间的模型和数据难以互通和集成的难题，在确保生产质量的基础上，企业单台万元产值成本 7.68 万元，产品研制周期由 300 天降为 180 天，缩短 40%，能源利用率提升至 76%。实现电梯设计、制造、安装到服务的全流程数据采集、分析、监测与诊断。通过对电梯运行过程的远程、实时监测，缩短故障维修时间 30%；并通过分析关键部件的健康状态和剩余寿命，预测性地对部件进行更换和维护，从而减少电梯故障次数 20%。最终，将上述技术形成行业标准，并通过项目的应用示范，提高我国自主品牌电梯的行业竞争力。

第三节　未来实验室

一、未来实验室的定义

未来实验室是指为满足未来智慧时代科研范式变革和科研组织模式变革的需要，以科技大脑为支撑，以全面承接十联动创新要素资源为路径，以知识图谱、算法模型、计算平台等为核心要素，以领域方向或创新链深度开放作为手段，以全面提升科技创新效率和质量为目标，全面融合物理、数字、社会空间的新形态实验室。

未来实验室试图解决原有科研组织模式带来的"创新资源整合不够、开放共享不足、协同创新能力不强、创新效能不高"等问题，为解决"卡脖子"问题提供一种新型举国体制的解决方案。通过联动科技大脑和创新资源，为科研人员提供数字化科研创新资源、多跨协同科研服务、丰富的科研应用市场，从而构建网络化、智能化、开放化的数字实验室，全面提升科研攻关和创新活动的速度、质量和效能，形成创新活力竞相迸发、科技成果竞相涌现的科研组织新模式和科研活动新范式。

总的来说，未来实验室是面向未来、创造未来、支撑未来、引领未来的，是面向领域方向或创新链的创新活动，其核心是先进平台支撑和开放协同创新。未来实验室不仅是科技创新数据平台的数字化，还应该是跨越不同创新机构的协作平台，更加强调创新活动的协同和效果，而不强调其物理形态。未来实验室实现的方式可以是依托一个核心单位，协同一个创新群体，实现横向到边、纵向到底的深度协同。

二、未来实验室建设初探

（一）未来实验室建设架构

结合各实验室实际建设需求，未来实验室依托一体化、智能化公共数据平台和科技大脑，基于算法模型、计算平台、知识图谱三大支撑，构建"4+X"的体系架构布局，完成科研资源、科研组件、科研协同、科研成果4大标准模块，以及个性化应用X模块的建设。

业务应用体系是未来实验室的核心，囊括服务端、治理端两大业务应用场景。在服务端，实现科研活动全生命周期闭环管理，并为科研人员提供可按需配置的个性化、智能化科研工作台。实验室管理部门可直观地了解本单位科研人员、科研项目、科研成果和转化以及动态变化情况，实现多维度科研活动的跟踪和管理。在治理端，科技管理部门通过一张蓝图直观了解全省科研成果、科研资源、科研组件、科研协同等信息，推动科技创新治理模式变革、方式重塑、能力提升，有效支撑省域创新活动的精准管理和优质服务。

应用支撑体系是未来实验室的基础，依托科技大脑，构建"知识图谱、算法模型、计算平台"三大支撑能力，从而为未来实验室建设提供高效化、智能化支撑。

数据资源体系依托一体化、智能化公共数据平台和科技大脑能力，融合科研文献、科技人才、科研项目、科研成果、平台载体等数据，构建未来实验室统一数据池，提供高质量数据支撑。

基础设施体系是未来实验室的基础底座，基于算力、网络等设施集成，实现未来实验室数据传输计算、服务应用等高效通畅运行。

（二）未来实验室的形态

1. 科研活动全生命周期管理信息系统

以数字化消除信息壁垒，通过科研活动中项目策划辅助、创新资源组织、任务协同攻关、成果闭环管理等环节的线上化，实现科研活动的全生命周期闭环管理。未来实验室科研活动全生命周期管理信息系统的基本功能包括科研团队管理、项目管理、成果管理等侧重内部管理功能的科研管理数字化平台，以及包括创新资源共享、科研组件能力开放和科研协同等侧重协作功能的互动合作平台。

2.科研元宇宙雏形

以智能化技术辅助科研活动，在"科技大脑"集成创新要素资源的基础上，以人工智能技术精准匹配推送"科技大脑"资源，打造科研应用市场，推动跨组织的科研资源开放共享（包括科研智能辅助工具、数据集、算法、模型等），共用各创新主体的智慧成果，为科研活动提供高度智能化支撑。

（三）未来实验室的建设实践

未来实验室在功能上主要突出三方面。一是通过数据底座归集，打通各创新载体的核心数据。例如，科研成果模块汇聚了所有创新主体取得的各类成果，通过各类统计分析方法进行分类、比较，为决策提供重要依据。二是实现全省创新载体的有效连接，形成协同创新生态体系。三是通过科研资源模块归集，打通不同创新载体的数据、仪器和人才等创新要素。

创新资源吸纳承载和输出共享并举联动机制。通过变"创新资源共享难"为"创新资源吸纳承载和输出共享并举联动机制"，推动创新资源开放共享，形成创新范式的基础。通过引导区域内重大创新平台自主开发建设各类应用组件，提供各类自建的通用和专用数据集、算法模型库和科研辅助工具，把核心代码牢牢掌握在自己手里，真正实现核心代码安全可控，并整合区域优质创新资源能力，打造科研创新组件能力中心。科研人员可以在应用市场根据实际需要自由选择科研组件，构成个性化科研组件工作台。例如，日常应用类的专利辅助撰写组件可帮助科研人员完成专利要求书和说明书撰写，并自动生成摘要，可节省 40% 的撰写时间。再如，湖畔实验室依托自建的国产化科研空间站上架了冷冻电镜三维重构 Thunder 应用，该应用构建强大的弹性算力、并行网络、海量存储、系统稳定、数据安全的 IaaS（基础设施服务）层，从而形成冷冻电镜场景的技术体系，能够将蛋白质科研电镜数据通过应用快速输出蛋白质三维重构信息。与传统科研方式对比，同等任务下，科研提效 5 倍以上，精准度提升 10%~20%。

科研资源共建共享机制。通过构建科研辅助工具、算法、模型等资源的共建共享机制，实现科研组件国产化。在科研资源和科研组件的有力支撑下，通过科研协同的项目策划子场景为谋划项目提供创新资源智能一体化配置建议，以及多人在线协同策划，有效提高项目筹备效率，策划成熟后可以直接对接各类项目申报接口，完成正式申报或自行立项。

科研创新协作流程重塑。将传统的线下科研组织和攻关模式转变为基于数据分析、资源匹配、多机构高效协同的新范式。以科技大脑创新资源为支撑，通过大数据、AI、计算引擎等技术，构建项目策划、协同攻关等应用场景，实现项目从策划、团队组建、资源配置、实施过程的多跨协同，灵活组织调配资源。

以之江实验室计算材料项目为例，之江实验室建设的重大科技基础设施智能计算数字反应堆正式发布后，亟须寻求专业领域的研究合作。在成果发布阶段，通过"成果发布"模块一键发布到网上技术市场或精准推送给相关平台、企业，寻求合作，推动成果转化落地。在需求发布阶段，通过"需求发布"模块将需求的描述、提供的研发费用等信息提交发布，未来实验室对需求进行语义分析后，将需求精准推送，并同步发送到"需求征集"系统。上海大学材料基因组工程研究院科研人员看到相关信息后，提出材料分析、性能预测等方面的合作意向，并开展科研合作。在项目策划阶段，项目负责人通过"项目策划"子场景功能，科研人员可根据拟实施项目的主攻方向，自动查询并匹配科技大脑中的文献、人才、项目、平台等信息，提高科研人员工作效率和项目策划质量。在项目实施阶段，利用共享的数据库和算法，科学家可以根据已知实验数据，构建机器学习模型，预测某个特定设计参数下的目标"回答"，这样在面对新的材料设计需求时，便可以借助模型预测值来搜索最优的材料设计参数，从而大大减少实际实验次数，加快材料研发速度、降低材料研发成本、提高材料设计的成功率和效率，节约科研人员20% 左右的时间。充分利用科研资源中的大型科研仪器开放共享，共享预约使用材料分析相关仪器，节约购置成本 800 万元；通过人才服务与 20 位相关专家取得联系，其中 2 位成为项目组成员，降低了沟通成本，项目推进度提升约 15%。

随着数字技术的不断演进，科研"多跨协同"、科研元宇宙、细分技术领域等科研新范式，会越来越受到创新载体的关注。未来实验室可持续迭代场景广度与深度，一方面各个技术领域对知识图谱、算法模型、计算平台等核心创新要素的认识与需求被唤醒。另一方面，高价值且实用性强的细分技术领域是未来实验室做深做透的方向，先进的数字化技术与科研创新的结合点愈发精准，应用场景颗粒度将不断收敛细化。

第四节　未来农场

一、未来农场的定义

未来农场是指应用新一代信息技术装备与管理理念，系统性地对农业生产管理、经营模式、分配体系优化重构，实现农业要素集约化、生产智能化、产业生态化、管理高效化、功能多样化，旨在进一步提升农业综合效益和产业竞争力，促进农民农村共同富裕的农业现代化新型组织。

未来农场一般可分为科技引领型和产业引领型两种类型。科技引领型未来农场是面向农业产业发展需求，充分激发科技强农、机械强农潜力，充分应用新一代科学技术与智能装备，进一步提升生产能力和经营水平，强化农业产业科技赋能的实效性，在新品种、新技术、新装备等方面取得有效成果。积极开展供种育苗、机械化作业、智能托管等社会化服务，通过科技与装备赋能，达到单位面积、单位时间和单位人员产出效益明显提升，在以科技引领农业产业发展方面具有明显引领示范作用。产业引领型未来农场是通过规模化经营、全产业链配置以及经营模式再造，创新农业经营管理理念、模式与制度，打造产业链条齐全、品牌效益突出、规模效益显著的生产经营模式。在行业内具有较大影响力，建立地域性优势品牌，在带动地方特色产业发展和提升农业产业竞争力等方面具有明显引领示范作用。

二、未来农场建设初探

（一）未来农场建设架构

未来农场的建设可概括为"3+5+N"，"3"为农业产业大脑、"浙农"

系列应用、未来农场数字化管理应用三个关键支撑;"5"为5项能力建设;"N"为未来农场、未来牧场、未来渔场等N个应用场景。未来农场建设构架如7–7所示。

要素集约化。优化土地资源、设施装备、种质种源、水肥营养、疫苗农药、科学技术、专业人才等生产要素的配置,健全科技人才和技术培训等科技创新机制,发展社会化服务,提高要素质量、增加要素含量、集中要素投入、优化要素组合等,缩小管理时空、增强应变能力和增加综合效益。

生产智能化。开展农业生产全过程宜机化改造,构建全程机械化作业体系。推进北斗、物联网、大数据、人工智能等新一代信息技术与农业技术、作业装备深度融合,构建数字化监测与精准化管控体系,实现农业生产的安全感知与智能化管控作业。强化信息安全监管机制,保障信息感知、传输与应用安全。

产业生态化。以农产品安全优质、绿色生态为目标,兼顾环境、资源和经济效益等因素,强化绿色生产、废弃物资源化利用等技术应用,保障农产品质量安全,促进资源循环利用和生产过程节能高效,降低单位产品碳排放,形成可持续的绿色生态发展模式。

管理高效化。广泛应用数字化技术,通过未来农场数字化管理系统与各级管理部门产业服务应用的互联共享,加强全产业链、全生产过程、产品全生命周期的要素信息集成管理和统一调度,开展数据挖掘与分析处理,形成智能决策体系,构建社会化服务能力,提升产业管理效率与管理水平。

功能多样化。立足现有产业发展模式,通过全场景的"农业 +"延伸服务,促进农业产业多业态跨界融合,创新组织模式,探索新型投入分配机制与管理模式,强化科技赋能,形成以产业融合为引领,带动周边农民及农业主体实现共同富裕的示范能力。

（二）未来农场的建设实践

水木蔬菜未来农场位于浙江省德清县莫干山脚下,占地面积70余亩,总投资 2 亿元。通过建设数字化、智能化可控性农业设施,该农场实现蔬菜生产所需的环境、水肥、种植、生产资料、人力资源、能源管理、采摘包装和销售等全程可控，可连续365天生产出符合欧盟安全标准的高品质蔬菜，有效提升果实合格率和稳定性，是大田合格果产量的50倍。

1. 需求分析

从降成本的方面来看，蔬菜产业是劳动密集型产业，综合机械化率较低，劳动力价格大幅上涨带来生产成本剧增；蔬菜的施肥量、用药量大，化肥、农药等农资产品价格持续上涨对蔬菜生产成本的影响也远超过粮食作物。从创新赋能方面来看，蔬菜的基础研究和应用基础研究较为薄弱，采摘后商品化处理、保鲜、贮运等增值技术研发滞后，不能适应现代物流产业的发展需要。从商品流通方面来看，随着城镇化的推进，大量菜地由城郊向乡村转移，生产流通基础设施配套较差。

2. 建设思路

打造菜篮子民生蔬菜生产中心。水木蔬菜未来农场拥有自主知识产权的现代连栋温室设施，引入了欧盟SGS食品安全检测标准，实现50倍有效产量，产品符合欧盟SGS食品安全标准的同时，拥有更高的营养价值和更好的口感。

建立德清农业全产业链聚集、引领、示范中心。园区设置现代农业展示中心、农资交易中心、种业、标准大田、农机板块，在清华大学、中关村、中科院、农机院等一系列尖端品牌的引领下，有效发挥农业全产业链聚合、引领及示范作用。

创建德清现代农业创新中心。园区内包含院士工作站，并与清华大学、中关村、中科院、农机院、国机集团、中国一拖、中国种子集团等高校、企业、科研院所，共同进行专项科研创新，并通过创业扶持的形式，将产学研相结合，实现科研成果的落地与发展。

打造德清农业产业化示范中心。园区以设施农业为核心进行实际生产，并进行科研、试验活动，打造农业产业化"德清模式"，并通过与周边地区建立合作关系，推进农业产业的升级。

塑造德清农业教育实践中心。园区多维度展示现代农业先进科技运用，具备了优质的农业教育特性，可以为在校学生和相关从业者提供良好的农业教育和培训服务。

3. 建设成效

德清水木蔬菜未来农场在清华大学等科研院所支持下，按照德清地区环境气候特征，集成了全自动全智能的环境模拟技术，为作物生长与发育创造出最佳人工环境，是完全可控可调的按照作物需求进行管理的栽培系统。作为最先进的蔬菜栽培模式，品质上可实现欧盟标准，做到真正的安全、健康；在生产上，单位面积产量是传统生产的50倍，生产效率发生了质的飞跃。

数字智能环境控制体系的建设，实现物联网设备智能调节，满足蔬菜生长需求。智能灌溉系统的建设，在节约90%的用水和肥料的同时实现精准灌溉。自动化能源管控体系的建设，自动调配了能源供应，实现节能降本。人工智能作物监控体系的建设，可远程监测作物生长状态，节约大量劳动力，大幅提升蔬菜生长的标准化水平。打破传统番茄种植的季节性，将采摘期从30天提升至365天，实现越夏、越冬生产；预期节地75%、节水70%、节人80%、节肥66%、节药100%，实现水、肥全部循环利用，提高劳动生产效率、土地产出效率，创新引领碳轨迹、氮轨迹排放减少。

数字赋能农业产销"零距离"。通过一张浙农码实现"码上溯源""码上下单"，通过"县域一体化数字配送＋社区智能服务站""一键发货"的数字配送服务，产品直达消费端，实现农产品"出村进城"5小时内全域送达。

第五节　虚拟组织

在市场竞争日渐激烈的今天，传统组织模式对于组织成员的过度禁锢，呈现出诸多劣势。人们需要一种新的组织方式，这种组织方式要在能够保持成员个性的同时，具备较好的执行力，高效完成相应任务。而随着互联网技术快速发展，以市场为导向的虚拟组织能够满足不断变化的市场需求，越来越多的人开始关注并采用这种新的管理组织模式。

一、虚拟组织的定义

著名的项目管理学学者成虎认为："虚拟组织是指两个以上的，或在法律意义上独立的公司、机构或个人（包括供应商、制造商和客户）为迅速向市场或用户提供某种产品和服务，组成的一种临时性、非固定化的互相信任、合作的组织联盟。"虚拟组织是一种区别于传统组织的以信息技术为支撑的人机一体化组织，相对于传统组织而言，它具有自己的特点。

组织界限模糊。在形式上，虚拟组织是由一些独立企业或个人组织起来的临时性组织，它打破了传统组织机构的层次和界限，没有固定的组织机构。组织成员出于某种战略考虑，为了某种共同价值取向而组成的一种松散型网络合作关系，是一种柔性的伙伴关系，而非从属关系。因此，虚拟组织区别于法律意义上的组织机构，组织界限趋于淡化和模糊。

沟通方式全面化。传统组织主要采取的沟通方式为面对面沟通，具有时间和地域等方面的限制，而新型的虚拟组织则主张打破一切界限，利用新一代互联网技术，采取多种的、随时随地的全面沟通方式。打破组织成员空间地域沟通局限，组织成员可以来自五湖四海，能够更有效地调度人才资源。例如中国最大的语音平台 YY，并没有实际的办公空间，通过 YY 语音沟通交流平台招聘人才，全国乃至全球的人都可以汇聚到这个平台，实现最大的社会效应。

资源利用效率更高。传统组织视角认为，将有限的资源集中在少数人手中才有利于资源的整合和利用。虚拟组织的本质是联合共同利益体在离散型的组织形态上构建多方资源合作，它能够利用新一代信息技术把人力、资本等动态有机链接起来，资源利用率更高，同时对相应组织协调性要求也更高。

二、虚拟组织实践

华为虚拟组织创新团队。华为的技术和产品开发是一个高度复杂的过程，需要大量的研发投入和技术积累，而华为的研发部门分布在全球多个国家和地区，单靠一个团队或一个单位很难完成这样一项工程。因此，华为通过虚拟组织的形式，将多个研发团队和机构整合在一起，形成了强大的技术创新能力，共同开发出了一系列领先的技术和产品。同时，华为还通过虚拟组织模式，与分布在全球各地的供应商、生产商、研发机构等合作，共同开发出智能手机、数据中心等一系列领先的技术和产品，实现供应链有效整合，大幅度提高生产效率和产品质量。

波音公司 777 客机虚拟组织研发团队。波音公司为了与法国空客公司的A330 和 A340 客机竞争，与日本三菱、富士和川崎三家企业组成了战略同盟。这个同盟并没有一个固定的组织结构，而是通过共享资源、知识和技能来协同工作，是一个典型的虚拟组织团队。在这个虚拟团队中，波音公司提供了设计和技术支持，日本的三家企业则负责生产机身和机翼等部件。通过这种方式，他们能够迅速地研发出波音 777 客机，并在市场上取得了巨大的成功。这个虚拟团队的合作方式非常有效，因为每个成员都有自己独特的优势和资源，这些优势和资源能够相互补充，使得整个团队更加高效。这个虚拟组织成员之间没有固定的层级关系，因此沟通和协调变得更加简单和高效。为了增强这个虚拟团队成员间的密切合作关系，波音公司建立了专门沟通协作平台，促进成员及时交流信息、解决问题和共享资源。波音公司还为团队成员提供培训和支持，帮助他们更好地掌握技能和知识，以便更好地实现共同的目标。波音公司777客机研发项目的成功是一个典型的虚拟团队的成功案例，这个虚拟组织研发团队通过密切合作、高度信任、有效沟通和协作平台等手段，高效实现共同目标，并取得巨大的市场成功。

美国航空航天局（NASA）虚拟团队。美国航空航天局在20世纪90年代开始与私营企业合作，共同组成虚拟团队。这个虚拟团队包括了波音、洛克希德·马丁等公司，以及一些小型的高科技公司。这个虚拟团队的目标是开发新的航天器和系统，以便更快速、高效地完成任务。通过共享资源、知识和技能，团队成功地开发出了多个新型航天器和系统，如火星科学实验室和猎鹰重型火箭等。

当然，虚拟组织在实际运作中也遇到了一些问题。比如在沟通方面，由于组织成员分布在不同地域，虚拟组织的成员缺乏面对面的交流，在部分信息表达、形成共识等问题上会存在问题，团队内部的实时沟通遇到障碍，尤其是在需要全体成员共同参与的某种紧急情况下，沟通问题较为突出。此外，虚拟组织中各成员都具有自己的核心能力或资源，在项目运行过程中存在大量信息交流，各成员为确保各自的利益，彼此很难建立信任关系。因此，在实践中，我们要不断研究改善措施，完善虚拟组织体系，促进虚拟组织能够发挥其最大效能，促进经济社会发展。

☆ 第八章 ☆

数字经济与未来的产业

第一节　数字经济助力构建现代产业体系

　　产业现代化是现代化经济体系在生产力层面的重要支撑，随着我国经济由高速增长阶段转向高质量发展阶段，我国现代化产业体系路径也在发生深刻变化。2021 年，全球经济增长率为 5.88%，我国的经济增长率为 8.1%，占全球经济的比重达到 18.5%，世界 500 强企业中我国上榜企业数量达到 145 家，居全球第一，营业收入占全部 500 强企业的 30.6%。这一阶段，我国已经由追赶型现代化逐步转向了赶超型现代化。但同时，在全面建设社会主义现代化国家的过程中，我国也面临着一些深层次的矛盾和问题。党的二十大报告指出，我国"经济发展不平衡不充分问题仍然突出，推进高质量发展还需要许多卡点瓶颈"，破解这些矛盾和问题迫切需要全面塑造新的发展优势。虽然我国的数字经济发展起步较晚，但凭借数量庞大的消费者规模和长尾市场形成的规模效应，在较短时间就实现了数字经济规模跃居世界第二的跨越式发展。据《中国数字经济发展白皮书（2023）》统计，2022 年我国数字经济占 GDP 比重已达到 41.5%，总体规模达到 50.2 万亿元，数字经济正在通过知识经济、智能经济、平台经济、全球化等多种新型形态改造升级传统产业、构建新的经济增长点，为现代化产业体系的建设提供可行路径。

一、数字产业"出新"机制丰富产业体系

现代化产业体系建设与科技创新密切相关，世界历史上的三次重大科技革命都加速推进了世界现代化的进程。数字经济是第四次科技革命的成果，克劳斯·施瓦布等在《第四次工业革命》中指出，第四次工业革命建立在数字革命的基础之上，结合了各种各样的技术，这些技术不仅改变着我们所做的事和做事的方式，甚至在改变人类自身。在第四次工业革命的背景下，大数据、云计算、物联网、区块链、人工智能、量子通信等信息技术创新使数字走出实验室。围绕数据进行深度挖掘和融合应用，使数据实现充分的价值释放，基于新型数据要素形成新的业态和模式，成为经济发展的现实动力，最终催生出互联网行业、电信业、软件和信息技术服务业等数字产业，并逐步成为现代化产业体系的重要组成部分。

从作用机制看，数字产业化主要表现在数字产品与数字服务的内容价值和新业态新模式的创新上。数字产业化将数字经济时代最活跃的生产要素数据纳入生产要素范围，激发了数据要素不同于传统生产要素的非稀缺性存在和非排他性使用的特征。数字经济以极低甚至近乎为零的边际成本不断创造价值，依靠信息和数字技术创新驱动，不断催生新产业、新业态、新产品、新服务、新模式，即"出新"。近年来，集成电路、人工智能、5G\6G、大数据、云计算、区块链等技术、产品和服务的规模不断壮大，内容不断丰富。这种"出新"除了做大做优现代化产业体系的"蛋糕"之外，还对之前的产业体系和经济体系产生颠覆性影响，造成某些产品或服务的"部分出清"。如数字产业化一定程度上造成了传统传媒业、金融业、广告业等急剧萎缩，新媒体、互联网金融、数字货币、个性化广告等传统产业数字化转型后的新业态新服务新模式不断涌现，数字产业化既能创造"增量"促进经济增长，又是推动传统产业数字化转型的催化剂。

二、传统产业"焕新"机制再造产业体系

数字经济在催生数字产业化的同时，加速了数字技术与传统经济和实体经济的深度融合，即产业数字化。习近平在中央政治局第三十四次集体学习时指出，要"利用互联网新技术对传统产业进行全方位、全链条的改造，提高全要素生产率，发挥数字技术对经济发展的放大、叠加、倍增作用"。这一重要论述为数字技术与传统经济和实体经济的深度融合提供了理论支撑。在产业数字化条件下，会对传统产业链产生颠覆性的冲击，如传统制造业的数字化形成"工业4.0"，传统物流产业的数字化形成智能物流体系，城市管理的数字化形成"智慧城市"，传统金融业的数字化形成新的"科技金融"。传统产业数字化过程中，数字经济的海量信息和强大计算能力可以大幅提升传统产业效率，同时还能够有效降低成本，减少风险。

在产业数字化作用机制上，数字技术依托互联网信息交流平台，充分应用到制造、汽车、装备、家居等传统产业，并打破了产业链各环节、各主体间的时空壁垒，实现数据要素与资本、技术、劳动力等生产要素的深度融合，推动企业生产工艺、流程、供应链、内部管理与市场活动的数字化驱动再造，以此提高企业和产业的全要素生产率，促进产业"焕新"。通过这一作用机制，也能够看出产业数字化以数字产业化为前提，是农业经济和工业经济时代的经济主体应对数字产业化"部分出清"效应的主动谋变。农业经济与工业经济下的产业和企业以数字化建设激发潜在增长空间、扩大"存量"、改变"存量"内容等形式拉动经济增长，同时优化产业结构。即便产品和服务形态没有发生本质改变，但产业数字化的过程通过优化资源配置、提高供需匹配效率、整合研发力量、变革企业管理模式、提升大众创业活跃度等路径创造了价值增量，这一过程本身也就逐渐褪去传统的低效要素配置成分，成为数字经济的重要构成。随着数字化转型的经济社会环境、企业理念认知、技术和产品服务支撑体系等日渐完善，产业数字化将成为我国产业结构优化和产业高质量发展的持续推动力。

三、优化供给结构提升产业体系现代化水平

从宏观角度看，任何经济社会的发展都是结构变迁的过程，而结构变迁的目的是为了适应不断变化的要素禀赋。如果仅仅实现需求侧的数字化，那么只完成了实现产业结构与市场需求相匹配的任务，即市场的调节作用局限于最终产品领域，这就意味着与要素禀赋结构的脱钩，因而偏离要素供给所能达到的最终产品市场均衡是一个伪均衡，它同时存在局部供给不足和供给过剩。我国的要素禀赋是不断变化的，这就要求我国的产业结构、供给结构也要随之不断变化。20世纪八九十年代，我国人口红利充分释放，劳动力充沛，资源成本低廉，催生了一大批劳动力密集产业和高能耗高污染的低端原材料加工业。如今，人口红利逐渐消失，劳动力成本上升，资源储量下降，此时就需要更多资本密集型、技术密集型企业加以替代，从而提高资源利用效率，摆脱产业链低端锁定困境。如何将这些企业与有限的物质资源、人力资源进行高效匹配，正是供给侧数字化需要解决的问题。

从微观角度看，每一个城市，每一个企业个体都具有不同的要素禀赋。数字技术本身具有显著的数据驱动特征。小到一个企业，大到一个地区的产业集群，均可借助数字技术形成产业驱动力，引发供给侧联动效应，从而实现高质量发展。因此，通过供给侧数字化，工业企业可以迅速找到原材料供给更为低廉的地区，餐饮行业可以实现更广泛、更有效的菜品采购，等等。当然这不仅限于客观物质资源，人力资本、知识储备也将得到更好地匹配，劳动力充沛的地区将会匹配更多的劳动力密集行业，高校较多的地区将匹配更多的科技密集型产业。

从微观到宏观，企业实现了人力支出、原材料成本与生产经营再到产品需求的匹配，而地区整体实现了生产要素与产业结构再到市场需求的耦合。在此过程中，通过数字化的工具实现了资源的最佳配置，这才是数字经济的精髓所在，也是供给侧改革的深层逻辑。

四、挖掘潜在需求牵引产业体系结构优化

从需求侧看，产业结构优化不仅是要素资源的优化配置过程，也是供需不断调整适配的过程。数字经济时代，数字化产品和服务成为市场需求的新增长点，消费者、企业和政府等市场需求主体对数字化产品与服务的消费规模不断扩大、层次不断丰富，数字化产品和服务的规模经济效应、范围经济效应、长尾效应对新兴供给产生创造需求的反作用。因而，个性化、品质化、小批量且相对低成本的消费将成为新趋势，能够准确快速捕捉和适应这种需求变化的企业会越来越具有竞争力，无法适应的企业则会逐步退出市场，完成市场选择的"优胜劣汰"。

更重要的是，数字经济可以弥合供需双方的信息不对称，以新的商业模式拓展消费选择的广度与深度，引导消费者的需求和偏好表达，为消费者主动表达需求意愿提供更加便捷和低成本的渠道，提高市场运行效率。当前，工业与服务业融合互动成为我国经济高质量发展的重要支撑。数字经济有助于服务经济发展，这是因为数字经济依赖的新基建和新兴产业需要大量的服务投入，如5G、人工智能、大数据的研发创新，以及与之相关的金融业和商业服务。以工业互联网平台为例，其本质是通过网络采集海量工业数据，提供数据存储、管理、呈现、分析、建模及应用开发环境，在此过程中需要数据服务的持续投入。数字经济发展还会不断增强生产和服务消费的信息化、虚拟化程度，以数字为载体，数字服务实现了数字内容产业链在服务业产业链前后端的延伸，推动了制造与服务的融合。

第二节　未来智能：厚积与薄发

　　量子计算和人工智能技术各自经历了起起落落、螺旋上升的发展历程，当下正在迎来两者深度交叉的最好时机。在计算需求的未来发展中，传统芯片已面临计算机硬件和架构的限制，类脑芯片跳出了传统技术路线，或将成为未来海量数据处理的基础硬件；工业领域，未来的工业生产也将更加依赖智能传感器解析和处理信息的能力；社会生活领域，元宇宙技术加速虚拟现实与现实世界的融合，将为人类创造出一个全新的数字世界。十年乃至五十年后的未来智能或许远远超出当下的想象，正如半世纪之前的互联网，但是立足当下，对待未来智能的到来，应博观而约取，厚积而薄发。

一、人工智能

（一）产业全景

　　人工智能是指研究、模拟人类智能的理论、方法、技术及应用系统的一门技术科学，赋予机器模拟、延伸、扩展类人智能，实现会听、会看、会说、会思考、会学习、会行动等功能，本质是对人的意识和思想过程的模拟。在日渐优化的人工智能开发环境下，AI 算法和 AI 技术不断拓宽能力边界，正在加速"AI+行业"的部署，人工智能对现实世界的生活与工作影响逐步加深。

　　根据现阶段人工智能技术及衍生出的应用，其产业链主要由基础技术层、关键软硬件及材料层、智能产品和设施层、行业应用层四个部分构成。基础技术层处理数据的挖掘、学习与智能处理，包括机器学习、类脑智能计算、计算机视觉、自然语言处理、智能语音、生物特征识别等；关键软硬件及材料层包括智能芯片、智能传感器、大数据与云计算等；智能产品和设施层主要包括智能机器人、智能终端、机器人产品研发等；行业应用层是指人工智能技术与行业的融合发展的应用场景，包括智能制造、智慧城市、智能交通、智能医疗、智能教育等。

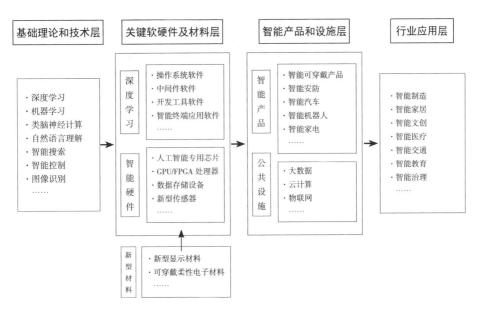

图 8-1　人工智能产业链图谱

（二）发展现状

1. 人工智能产业规模保持快速增长

近年来，人工智能技术飞速发展，对人类社会的经济发展以及生产生活方式的变革产生重大影响。人工智能正全方位商业化，AI技术已在金融、医疗、制造、教育、安防等多个领域实现技术落地，应用场景也日益丰富。全球范围内美国、欧盟、英国、日本、中国等国家和地区均大力支持人工智能产业发展，相关新兴应用不断落地。据中国信息通信研究院测算，2022 年，我国人工智能行业市场规模为 3716 亿人民币，预计 2027 年将会达到 15372 亿人民币，2022—2027 年的年复合增速有望突破 34%。在巨大市场需求的引导下，未来我国人工智能产品和行业应用将成为发展突破点，并带动产业链上游传

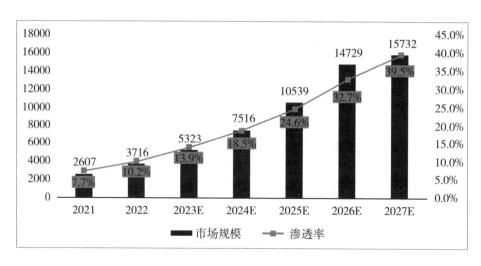

图 8-2　2021—2027 年我国人工智能行业市场规模及渗透率

感器、人工智能芯片以及算法等环节的发展壮大，市场前景广阔。

2. 全球主要经济体争相布局人工智能

人工智能作为引领未来的战略性技术，目前全球主要经济体都将人工智能作为提升国家竞争力、维护国家安全的重大战略。美国、英国、欧盟、日本和韩国等世界主要经济体继续加强政策引导，加大支持力度，抢占人工智能竞争制高点。比如美国启动《美国人工智能倡议》，将人工智能研究和开发作为优先事项，从资源调配、政策、人才培养和国际合作等方面扶持人工智能研发，旨在维护美国在人工智能领域的领导地位，确保全球优势。新加坡、丹麦、荷兰和俄罗斯等人工智能领域的新兴国家，也积极制定人工智能国家战略，加快人工智能产业发展。例如，俄罗斯批准《2030 年前人工智能发展国家战略》，该战略旨在促进俄罗斯在人工智能领域快速发展；新加坡发布一项为期 11 年的国家人工智能战略，计划投入 5 亿新加坡元，在交通物流、智慧城市、医疗保健、教育和安全 5 大领域推动人工智能技术的应用，力争在 2030 年完成国家基础设施的智能化升级。

3. 人工智能技术创新及应用加速推进

近十年来，得益于深度学习等算法的突破、算力的不断提升以及海量数据的持续积累，人工智能真正大范围地从实验室研究走向产业实践。以深度学习为代表的算法爆发拉开了人工智能浪潮的序幕，人工智能在计算机视觉、智能语音、自然语言处理等领域的广泛应用，相继超过人类识别水平。随着新技术不断涌现，人工智能产业化的路径也逐渐清晰。近几年，国内外厂商纷纷加码巨量模型的投入与研发，让人工智能产业落地找到了新的方向。大模型的特点可以概括为"一大三多"："一大"是指参数规模大，是千亿参数级别的超大型人工智能模型，"三多"是指利用多来源、多模态、多任务的互联网海量数据进行训练。随着大模型的出现，用户在预训练模型上进行简单的处理，就能满足自身的需要，这实际上能够帮助用户更好地应用人工智能技术。比如华为云盘古药物分子大模型，作为华为云联合中国科学院上海药物研究所共同训练而成的新药研发大模型，可以实现针对小分子药物全流程的人工智能辅助药物设计；浪潮信息基于大模型打造的智能客服机器人"源晓服"，凭借大模型的强大学习能力，"源晓服"能够对知识库进行自主化学习，目前已能覆盖终端用户 92% 的咨询问题，解决率达 80%。

4.公共算力数据支撑作用日益凸显

人工智能的快速发展，极大拉动了算力需求。如同生物大脑是"人智"的核心，人工智能也同样非常依赖一个高质量的"大脑"，即人工智能基础设施，包含计算、存储和网络。全球数据流量持续快速增长，尤其是商业化数据产业发展迅速，为深度学习所需要的海量数据提供良好基础，也为初创企业的发展带来必不可少的资源。全球领军优势企业例如 Google、亚马逊、Facebook 等都在加快部署机器学习、深度学习底层平台，力争先行建立产业事实标准。近年来，我国也持续加大算力基建化布局。2022 年 2 月，我国启动实施了"东数西算"工程以及智能计算中心的建设，通过算力基础设施从点到网的升级，构建更为健全的基础设施结构。目前，国家在京津冀、长三角、粤港澳大湾区、成渝、内蒙古、贵州、甘肃、宁夏 8 地启动建设国家算力枢纽节点，并规划了 10 个国家数据中心集群，推进集约化、绿色节能、安全稳定的算力基础设施的建设。

（三）未来前瞻

1. 人工智能的三次浪潮

从 1956 年人工智能概念在达特茅斯会议上首次被提出至今，人工智能发展已经历经 60 余年。人工智能经历了三次发展浪潮，从理论基础与算法基础逐步走向应用，对计算力的要求也从数值计算转向智能推演。但是在人工智能产业的漫漫征途中，这仅仅只是跨出了第一步。伴随大数据、云计算、互联网和物联网等信息技术的快速发展，展望未来，人工智能将逐步从弱人工智能加速向强人工智能阶段迈进。

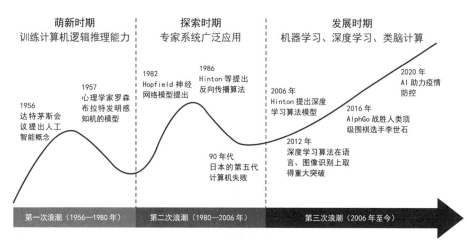

图 8-3　人工智能产业发展历程

专栏 8-1　人工智能的三次发展浪潮

第一次浪潮（1956—1980 年）：训练机器逻辑推理能力。在 1956 年达特茅斯会议上，以人工智能概念被提出为标志，第一次发展浪潮正式掀起。该阶段的核心是：让计算机具备逻辑推理能力。这一时期内，开发出的计算机可以解决代数应用题、证明几何定理、学习和使用英语的程序，并且研发出第一款感知神经网络软件和聊天软件，这些初期的突破性进展让人工智能迎来发展史上的第一个高峰。

但与此同时，受限于当时计算机的内存容量和处理速度，早期的人工智能大多是通过固定指令来执行特定问题，并不具备真正的学习能力。

第二次浪潮（1980—2006年）：专家系统应用推广。1980年，以"专家系统"商业化兴起为标志，第二次发展浪潮正式掀起。该阶段的核心是：总结知识，并"教授"给计算机。这一时期内，解决特定领域问题的"专家系统"AI程序开始为全世界的公司所采纳，弥补了第一次发展浪潮中"早期人工智能大多是通过固定指令来执行特定问题"，使得AI变得实用起来。知识库系统和知识工程成为80年代AI研究的主要方向，应用领域不断拓宽。

第三次浪潮（2006年至今）：机器学习、深度学习、类脑计算提出。以2006年Hinton提出"深度学习"神经网络为标志，第三次发展浪潮正式掀起。该阶段的核心是实现从"不能用、不好用"到"可以用"的技术突破。与此前多次起落不同，第三次浪潮解决了人工智能的基础理论问题，受到互联网、云计算、5G通信、大数据等新兴技术不断崛起的影响，以及核心算法的突破、计算能力的提高和海量数据的支撑，人工智能领域的发展跨越了从科学理论与实际应用之间的"技术鸿沟"，迎来爆发式增长的新高潮。

2. 人工智能的未来前景

一是以人工智能为核心的集成化技术创新成为重点。随着全球虚拟现实、超高清视频、新兴汽车电子等新技术、新产品不断孕育涌现，并与人工智能加速交叉集成，推动生产生活方式和社会治理方式智能化变革的经济形态；与此同时，人工智能与5G、云计算、大数据、工业互联网、物联网、混合现实（MR）、量子计算、区块链、边缘计算等新一代信息技术互为支撑。这意味着以交叉融合为特征的集成化创新渐成主流，多种新兴技术交叉集成的价值将使人工智能发挥更大社会经济价值。例如，人工智能与汽车电子领域加速融合，实现感知、决策、控制等专用功能模块，推动形成自动驾驶、驾驶辅助、人车交互、服务娱乐应用系统；人工智能与虚拟现实技术相结合，为生产制造、家装等提供工具，并为虚拟制造、智能驾驶、模拟医疗、教育培训、影视娱乐等提供场景丰富、互动及时的平台环境等。

二是算法、算力和数据是人工智能产业核心引擎。算法、算力和数据被全球公认为人工智能发展的三驾马车，也是推动人工智能发展的重要基础。在算力层面，单点算力持续提升，算力定制化、多元化成为重要发展趋势；计算技术围绕数据处理、数据存储、数据交互三大能力要素演进升级，在类脑芯片、量子计算等方向持续探索智能芯片的技术架构，由通用类芯片发展为全定制化芯片，技术创新带来的蓝海市场吸引了大量的巨头企业和初创企业进入产业。在算法层面，人工智能算法从 RNN、LSTM 到 CNN 过渡到 GAN 和 BERT 还有 GPT-3 等，不断涌现的新兴学习算法将在主流机器学习算法模型库中得到更高效地实现。在数据层面，以深度学习为代表的人工智能技术需要大量的标注数据，催生了专业的技术服务，数据服务进入深度定制化阶段。

专栏 8-2　ChatGPT 引爆生成式人工智能发展

ChatGPT 全称 "Chat Generative Pre-trained Transformer"，是由美国人工智能实验室 OpenAI 开发的一个对话 AI 模型，于 2022 年 11 月正式推出。它能够通过学习和理解人类的语言进行对话，还能根据聊天的上下文进行互动，并协助人类完成一系列任务。本质上，ChatGPT 作为文本类 AI 应用，是一类经强化的人工智能深度学习模式，同时，也是 AIGC（AI-Generated Content，人工智能内容生成）技术进展的最新成果。

ChatGPT 的 "无比强大" 和 "聪明" 主要来源于两个方面：一是得益于其依托的大型语言模型（LLM）。从发布情况看，ChatGPT 的核心是基于 GPT3.5 架构的大型语言模型。尽管 ChatGPT 加入了人工标注数据，但是量级只有数万，人工标注的数据量和训练 GPT3.5 模型使用的几千亿级别的数据量相比，几乎可以忽略，基本不会对增强 GPT3.5 的基础能力发挥什么作用。所以 ChatGPT 的强大功能，应该主要来自隐藏在背后的 GPT3.5 模型。同时，ChatGPT 作为 LLM 的机器学习系统，能够自主地从

数据中展开学习，在对大量文本数据集进行训练后，可以输出复杂的、类人的作品，可见，其具有强大的自学能力。二是 ChatGPT 较好地实现了 LLM 的接口层，让 LLM 适配人类习惯的命令表达方式，而非让人类去适配 LLM，要费力地想出让其工作的命令。可见，这一更符合人类表达习惯的人和 LLM 进行交互的人机接口技术，不仅能够增加 LLM 的易用性和用户体验，而且也会被人们认为 ChatGPT 的"智力"得到了进一步的提升，更加聪明。

ChatGPT 作为新一代人工智能技术，不仅推动了算力、算法、芯片、集成电路等硬件软件行业的发展，还带来了人工智能应用场景的创新。过往人工智能应用场景主要集中在"直觉、无意识地重复劳动"领域，如智能质检、客服等。随着 ChatGPT 的出现，AI 的创新场景将会越来越复杂，开始涉及艺术内容创造、药物发现和新知识发现，即转向了"有语言、算法、计算、逻辑"的应用场景。因此，ChatGPT 可能会加速人工智能和深度学习理论在经济社会各领域的普及应用，而且能催生新技术、新产业、新业态、新模式，支撑经济高质量发展。

在智能芯片这一关键硬件领域，类脑芯片或将成为未来海量数据处理的基础硬件。在计算需求的未来发展中，传统芯片已面临计算机硬件和架构的限制。GPU、FPGA 和 ASIC 是沿用传统冯·诺依曼架构，存储与计算在空间上分离，频繁的数据交换导致处理海量信息效率很低且功耗很高，十年间将达到架构瓶颈。类脑芯片在架构上模拟人脑的神经突触传递结构、众多的处理器类似神经元，基于微电子技术和新型神经形态器件的结合，突破了冯·诺依曼架构瓶颈，大幅提升了计算机性能，提高了集成度，降低了能耗。相对于传统芯片，类脑芯片在功耗和集成度上优势明显，在后摩尔时代有非常宽阔的应用前景。

表 8-1　类脑芯片研究领域的部分机构／企业及产品

研究机构	企业	产品
/	英特尔	Lohi2
/	IBM	TrueNorth
/	高通	Zeroth
斯坦福大学	/	Neurogrid
海德堡大学	BrainScaleS	BrainChip
曼彻斯特大学	/	SpiNNaker
清华大学	灵汐科技	KA200
苏黎世联邦理工学院、苏黎世大学	时识科技	DynapcCNN
/	西井科技	DeepSouth
浙江大学	/	达尔文2代

资料来源：根据公开资料整理

　　三是 AI 赋能场景应用加速全球泛智能时代来临。"AI+"行业正在聚焦多元化的应用场景，不同产业及领域的智能化转型将大规模提高人工智能的用户基数，为人工智能领域的发展提供巨大的空间，并逐步向其他产业辐射。随着制造强国、网络强国、数字中国建设进程的加快，制造、家居、金融、教育、交通、安防、医疗、物流等领域对人工智能技术和产品的需求将进一步释放，相关智能产品的种类和形态也将越来越丰富。工业质检、零件计数、自动驾驶、语音交互……人工智能在产品研发、服务升级、商业模式创新等方面为企业带来切实成效，各式各样的人工智能应用进入生产生活、服务千家万户。以自动驾驶为例，"车联网"将驱动汽车软件化发展，随着汽车内饰部件的电子化，汽车将成为交互应用不可忽视的下一个智能终端，而其智能化的核心体现在自动驾驶，未来在汽车芯片、激光雷达等领域都需要 AI 持续助力。

专栏 8-3 人形机器人：人与机器的"不期而遇"

人形机器人是具有与人类似的外观和运动方式的智能机器人。人形机器人起步于 1960 年代后期，以日本的研究成果最为瞩目。1973 年，日本早稻田大学的加藤一郎教授研发出世界上第一款人形机器人 WABOT-1 的 WL-5 号两足步行机，严格讲类属于仿生机械，是人形机器人的雏形。1986 年，日本本田开始进行人形机器人 ASIMO 的研究，并于 2000 年成功发布第一代机型。

表 8-2 国内外代表企业人形机器人产品

人形机器人	Optimus	CyberOne	Atlas	ASIMO
所属公司	特斯拉	小米	波士顿动力	本田
机器人身高（cm）	173	171	150	130
体重（kg）	57	52	89	48
自由度	40	21	28	57
速度(km/h)	8	3.6	9	9
力（kg/手）	4.5	1	可带/可不带手指	10
执行器	电子	电子	液压	电子
应用场景	工厂、浇花	生活服务	勘探、救援、科研	教育、娱乐
成本（万美元）	目标低于2万美元	/	250	200

注：据不完全统计，根据公开资料整理

随着集成设计技术、运动管理控制技术、传感器感知技术等关键技术的不断突破，以及人工智能、5G 等新一代信息技术的融合应用持续深入，特种机器人加速应用于煤矿、深海、极地等场景，释放出巨大的生产和科研价值，而其中最让前沿科技公司、普通消费者"着迷"的是以人形机器人为代表的智能移动机器人的出现和迭代。主要表现及典型产品有：

感知世界的能力（机器人的眼睛）。 机器人自主移动的感知和定位技术中，激光和视觉导航是主流应用方案。目前，通用的视觉大模型正处于研究探索阶段，视觉大模型的 All in One 的多任务训练方案能使机器人更好地适应人类生活场景。

典型产品：特斯拉 Optimus（擎天柱）感知层面，特斯拉机器人头部使用 8 个摄像头采集视觉信息。计算层面，机器人将采用目前特斯拉汽车使用的 FSD（Full Self-Driving，全自动驾驶）电脑，运用神经网络等模型实时处理信息。特斯拉将使用超算 Dojo（道场）训练机器人使用的 AI 模型，使其更有效地识别外界物体并做出反应。

思考和决策的能力（机器人的大脑）。目前的机器人都是专用机器人，只能在限定场景中应用，大模型让机器人拥有常识，从而具备通用性去完成各种任务，彻底改变通用机器人实现的模式。人类工具和环境的适应性，不用再为了机器人而造工具。

典型产品：首个机器人公民"索菲亚"

2017 年，索菲亚成为世界上第一个获得公民身份的机器人。她说她会用她的智慧帮助人类发展，让我们不要害怕她，她很友善。2018 年，她还成为全球首位开展在线教育课程的 AI 老师。索菲亚表示，未来的机器人完全胜任教师的工作，能够基于与学生的互动，有效解决学生遇到的心理和情感问题。

执行能力（机器人的四肢）：行动能力（腿）+ 精细操作（手）。把机器人做成人形，就是为了让机器人的执行能力更加通用。此外，人类与人形机器人更容易有情感上的交流，人形机器人会让人感到亲近。

典型产品：波士顿动力 Atlas

2020 年 12 月，波士顿动力发布了 Atlas 跳舞的视频，动作流畅且富有表现力。在舞蹈中，机器人需要在起跳悬空状态下调整姿势，以保持平衡并精确做出动作。2021 年 8 月，在官方最新视频中，Atlas 可以在障碍环境内"跑酷"，做出跳跃、俯冲、翻滚、空翻等一系列高难度全身动作。

"具身智能"（Embodied AI）+ 机器人：人工智能的终极形态。如何让电脑有如一岁小孩般的感知和行动能力的问题，诞生了"具身智能"

的概念。其可以简单理解为，让各种不同形态的机器人在真实的物理环境下执行各种各样的任务，来完成人工智能的进化过程，比如：人形机器人、智能驾驶汽车，或者未来的"变形金刚"。

英伟达创始人黄仁勋在 ITF World 2023 半导体大会上表示，"具身智能"是能理解、推理并与物理世界互动的智能系统，是人工智能的下一个浪潮。

二、元宇宙

（一）产业全景

元宇宙（Metaverse），由美国科幻作家尼尔·斯蒂芬森（Neal Stephenson）于 1992 年在其著作《雪崩》中提出，书中描述了一个人们以虚拟形象在三维空间中与各种软件进行交互的世界。2021 年 3 月，罗布乐思（Roblox）[①]将"元宇宙"概念写进公司招股书并成功登陆纽交所，上市首日市值突破 400 亿美元，成为"元宇宙"引爆科技和资本圈的标志性事件。紧接着，以全球最大的社交平台美国脸书（Facebook）为首的国外科技巨头纷纷高调入局，中国市场元宇宙概念股持续爆发，游戏、社交、短视频等元宇宙概念产物层出不穷。

除去资本的影响，元宇宙概念的走红存在三大影响因素：一是核心技术、硬件设备、内容服务的快速发展，促进面向消费者的产品不断完善和落地；二是新冠疫情暴发改变了人们的工作和生活方式，推动了网上购物、远程办公、线上教学等在线活动的普及；三是随着移动互联网红利式微、科技终端消费增速放缓，时代迫切需要新的迭代产品实现变革与增长，元宇宙作为虚拟世界和现实世界融合的载体，蕴含着社交、内容、游戏、办公等场景变革的巨大商机，给人类未来的生存环境和生活方式带来无尽想象。元宇宙是当

---

① 世界最大的多人在线创作沙盒游戏社区。

前资本与前沿技术共同选择的产物，或将掀起下一次全球科技巨浪，引领科技产业链走向新的发展阶段。

从元宇宙产业链构成看，主要分为上游硬件设施、中游内容服务和下游场景应用。其中，上游硬件设施是元宇宙产业的硬件基础，包括网络和算力基础设施、软硬件和终端设施设备，直接决定了元宇宙的感知体验和交互特性，是产业链的核心环节；中游内容服务依托产业链上游的基础能力，生成虚拟数字人、数字藏品等元宇宙内容要素，通过平台面向企业用户和个人用户提供一定的服务；下游应用场景主要包含游戏、社交、影院、购物等个人消费领域和教育、医疗、工业等行业端应用，是元宇宙的需求末端和价值变现的最终环节。

（二）发展现状

1.上游产业体系完整，硬件元器件及开发系统以国外垄断为主

上游底层技术环节分为硬件元器件、基础软件两个部分。硬件元器件产

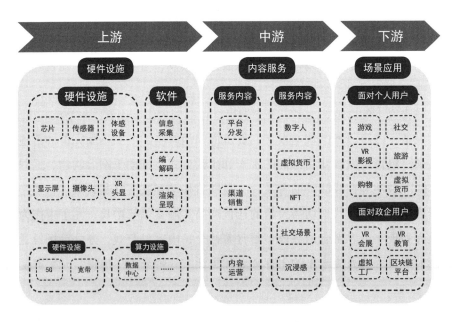

图 8-4　元宇宙产业链图谱

业水平主要影响终端产业的国产自主程度。硬件元器件主要涉及 VR 设备、传感器、核心芯片、显示屏、结构件等，虽然因 VR 芯片国产能力不足而导致国产终端严重依赖高通骁龙，但总体上我国硬件上游产业链原材料国产化程度仍在 50% 以上，国产化自主程度较高，产业体系较为完整。基础软件主要指操作系统、数据库、编译器类等。元宇宙产业软件开发硬件以 PC 为主，而当前在 PC 上使用的桌面操作系统长期被外国垄断。2020 年微软的

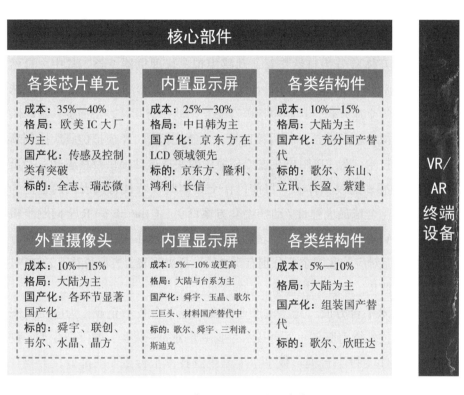

图 8-5　元宇宙终端硬件市场竞争格局

Windows 系统占有 80.5% 的全球市场份额，其次是谷歌的 Chrome OS（10.8%）以及苹果的 macOS（7.5%），包括以麒麟为代表的国产操作系统与其他操作系统一起在全球市场占有率仅 1.2%。上游网络技术环节指所有通信及互联网相关的基础设施，也是元宇宙的核心基础设施，具体可分为设备与运营。国内网络设备制造商以华为、中兴以及浪潮等行业龙头为代表，为我国 VR/AR

及元宇宙应用的普及奠定了良好基础。

2. 中游各环节呈迅猛发展态势，创作工具方面仍依赖外国软件

中游终端入口主要指 VR\AR\MR 等 XR 终端设备。随着元宇宙生态应用的丰富，以及终端渗透率的日渐增高，XR 终端有望成为主流的新一代消费级个人计算平台。市场规模方面，Meta 公司依旧维持着在 VR 终端行业的领先位置，2021 年全球 VR 头显出货量超 1110 万台，相较 2020 年增长 66%，其中 Meta 公司旗下 Oculus Quset 2 销量为 880 万台，占 VR 头显出货总量的 79.28%。

中游交互体验分为自然交互、动感模拟、代理机器三类。其中，自然交互是指摆脱键盘鼠标，通过语音、动作等更加自然的方式获得视听触味嗅感官信息的交互方式，具体包括语音交互、动作交互、表情捕捉、眼动跟踪、气味模拟、触觉模拟、脑机接口等。动感模拟是 VR 模拟仿真应用创新的重要支撑技术，为 VR 用户在虚拟环境中的快速运动提供位移感知，乃至全方位移动感知的模拟体验。目前，在交互体验领域具有代表性的企业为 StretchSense（全球最大弹性/动捕手套方案商）、Cyberith（VR 全向跑步机方案商）、Virtuix（VR 全向跑步机方案商）以及 Thalmic labs（手势识别方案商）等，而对应的我国企业分别有诺亦腾、科大讯飞、青研科技、云知声、NOLO、KATVR、卓远、大疆等。

中游技术平台方面，元宇宙产业需要大量平台技术企业，为应用生态提供丰富的技术能力服务。平台技术企业主要分为三大类：数字孪生类、创作工具类、IT 支撑平台类。数字孪生是中游技术平台重要的部分，若要在虚拟空间中模拟虚拟数字人/物、地形地貌、建筑空间等场景，数字孪生类技术平台便必不可少。目前，宣布进军元宇宙行业且在数字孪生类行业处于领先地位的是以英伟达、Autodesk、罗布乐思为代表的外国/外资企业；创作工具类平台是指面向广大创作者提供便捷的元宇宙应用的创作工具，行业主要是沿用现有的游戏开发、渲染引擎、三维设计等工具，这些工具长期被 Blender、Adobe、Unity、Epic Games 等国外知名企业垄断，其中 Blender、Epic Games 等公司通过将其创作工具进行开源免费，迅速形成了围绕其工具

搭建的创作者群体规模庞大、可产出大量优质内容的创作生态；元宇宙的 IT 支撑平台的目的是实现多个平台的互联互通互操作，随着云计算、"大数据+AI"、物联网、区块链等新一代 IT 技术的应用普及，元宇宙的支撑平台将进一步增强标准化，实现互联互通互操作。

3. 下游应用领域较为广泛，全新商业模式与应用模式相继涌出

元宇宙行业的发展在带动传统互联网行业应用三维化升级的同时，也催生了全新的商业模式与应用模式。当前，元宇宙技术被广泛应用在媒体、舆情、社交、游戏、电商、会展、体育、教育培训、文化、卫生、智能制造、国防、数字藏品等多个领域。以 VR 内容为例，我国元宇宙相关生态内容行业呈现出游戏领域的市场占比位居首位，医疗、教育领域规模较小但发展空间较大的态势。在媒体 / 舆情领域，新华网、人民网等媒体在其网站上线 VR 专区，使用 VR 技术打造全景视频、党建学习等应用场景。Vivoport 与 VeeR 搭建元宇宙应用商店平台，打造以全景视频与 VR 应用为主要内容的聚合平台。在社交 / 游戏领域，腾讯公司计划借助现有微信、QQ 的用户优势，布局投资元宇宙社交软件 Soul，追赶作为全球领先元宇宙社交应用的 VRChat。此外，由于元宇宙游戏领域存在良好发展前景，网易游戏、米哈游科技、完美世界、中青宝等具有良好基础的企业纷纷从游戏角度进入元宇宙游戏赛道。在电商 / 会展领域，受疫情影响，线下会展近几年受到了严重打击，而元宇宙的兴起与相关技术的成熟，成为电商 / 会展行业探索新模式的契机。百度通过融合 VR、AI、智能云等技术，提供一站式线上云展会解决方案。华为公司打造具备 AI 强环境理解、直观信息获取、精准定位推荐、虚实融合拍照、人性化步行导航五项核心功能的华为河图，该应用有望成为替代或超越谷歌地图的成果。

（三）未来前瞻

1. 元宇宙的支撑技术

元宇宙本身不是一种新技术，它的崛起离不开庞大技术体系的支撑，支撑元宇宙的六大核心技术包括：网络及运算技术、物联网技术、交互技术、

电子游戏技术、区块链技术、人工智能技术。

2. 元宇宙的未来前景

一是元宇宙产业整体发展前景广阔。当前元宇宙仍处于萌芽期，随着元宇宙底层技术与基础设施加速成熟，其有望带动全球经济高速增长。元宇宙行业巨头 Meta 公司发布的元宇宙白皮书称，到 2031 年，元宇宙技术将为全球 GDP 贡献 3.01 万亿美元，其中三分之一（1.04 万亿美元）来自亚太地区。此外，据美国摩根士丹利（Morgan Stanley）发布的研报数据显示，到 2030 年，我国的元宇宙市场规模预计达到 8 万亿美元。元宇宙及相关应用为成长型投资提供新机遇，投资者对此展现出浓厚兴趣。云计算、知识产权、数据保护和使用、数字货币和内容监管在互动娱乐公司的数字化转型过程中至关重要。以腾讯、百度、网易为代表的我国互联网巨头宣布在元宇宙领域的布局，进一步驱动了我国元宇宙行业的市场信心。

表 8-3　元宇宙六大支撑技术

技术点	元宇宙中作用	元宇宙中技术要求
网络及运算技术	支撑元宇宙运行的最基础驱动力	（1）元宇宙要求高同步低延时的网络传输，以满足实时、流畅的用户体验。根据独立第三方网络测试机构 Open Signal 的测试数据，目前尽管端到端时延达到 98 毫秒，也无法完全满足元宇宙对低时延的严格要求。根据诺基亚贝尔数据，5G 端到端时延可控制在 10ms 以内，可以有效改善元宇宙交互时延，降低眩晕感。（2）元宇宙要求实时监测数据并进行大量计算，单个或少数服务器难以支撑元宇宙的庞大运算量。元宇宙需要云计算、边缘计算等技术的支持。云计算作为分布式计算的一种，其强大的计算能力能够支撑大量用户同时在线。

续表

技术点	元宇宙中作用	元宇宙中技术要求
		边缘计算也是元宇宙的关键技术,通过在数据源头进行计算,就近提供最近端的服务,有效提升处理和响应效率,降低网络延迟和拥堵风险。
物联网技术	连通元宇宙虚拟世界与现实世界的技术通道	元宇宙要求满足多元的接入方式、便捷的访问方式,各种穿戴设备、汽车、家电都能够接入网络实现交互,而不仅局限于移动手机和电脑。物联网技术能够满足随时随地以各种方式接入元宇宙的需求,并为元宇宙感知外部信息来源提供支撑,提供持续的鲜活数据。
交互技术	提升元宇宙用户沉浸感的前提	元宇宙交互与传统的互联网设备相比会使人具有沉浸感,需要全息投影、电子皮肤、VR、AR、脑机接口等交互技术的支持。目前,VR、AR设备存在重量大、功耗大、解析度差、色偏严重、常伴有眩晕感等问题,而脑机接口技术仍不完善,解决这些问题需要材料学、光学和医学的重大突破;另外,相比于智能手机、电脑等智能设备,元宇宙的交互几乎没有物理操作的按钮,这要求现有的交互设备集成手势操控、语音识别、体感操控、镜片成像等技术。
电子游戏技术	丰富元宇宙主体内容的重要工具	(1)电子游戏技术是构建元宇宙主体内容的底层技术,包括游戏引擎、3D建模、实时渲染三大核心技术。游戏引擎技术用来制作游戏;3D建模技术利用三维软件制作三维的模型,构建游戏人物等;实时渲染是利用计算机把数据渲染成画面,然后呈现在屏幕上,给到游戏

续表

技术点	元宇宙中作用	元宇宙中技术要求
		用户更好的体验。 （2）元宇宙是巨型数据量的模拟化设定，以《微软飞行模拟》为例，作为游戏史上最真实的消费者模拟游戏，它带有2万亿棵单独渲染的树木、15亿栋建筑和其他功能，加载它需要25亿PB数据，给数据存储能力带来巨大挑战。
区块链技术	构建元宇宙经济体系及保障个人资产权益的技术支撑	元宇宙要求构建自有独立的经济系统，区块链技术通过智能合约等可实现元宇宙内的价值流转，保障系统规则的透明高效执行。区块链从比特币开始，发展为智能合约，在金融行业得到了优先的研发与应用。然而，元宇宙庞大的经济体系要求区块链技术具有易监管、注重隐私安全以及高效的特点，这些特点目前的区块链技术还无法满足，这限制了元宇宙的发展进程。
人工智能技术	存在于元宇宙各个层面，服务于其他技术，是赋能元宇宙高效、智能运转的技术保障	元宇宙必须具备丰富的内容以保持用户的探索欲望，人工智能需要支撑用户高效生产高质量内容，不断降低内容制作门槛，提升内容产出效率，为元宇宙注入源源不断的活力。这要求人工智能技术具有较高的创造性，具有一定的人脑思维。目前的人工智能处于"工具"范畴，与传统"产品"区别不大，未达到模拟人脑思维的程度，属于"弱智能"，与元宇宙所要求的"强智能"还有较大的差距。

资料来源：根据网络公开信息整理

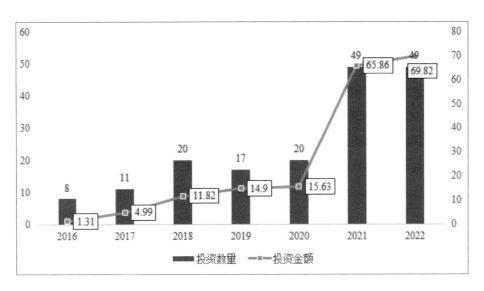

图 8-6　2016—2022 年我国元宇宙投融资情况

表 8-4　国内外元宇宙部分典型企业布局动态（2020—2022 年）

序号	主要企业	时间	元宇宙投资 / 并购事件
1	Meta	2021—2022 年	近两年收购多家 VR 公司和游戏工作室，包括虚拟居家软件 Horizon Home、虚拟游戏社交平台 Horizon Worlds，以及虚拟办公平台 Horizon Workrooms 等
2	Sony	2021 年 8 月	收购动画流媒体公司 Crunchyroll
		2021 年 9 月	收购英国 VR 游戏开发公司 Firesprite，后者成为 PlayStation Studios 旗下第 15 个工作室
		2022 年 1 月	宣布以 36 亿美元收购游戏开发商 Bungie
3	微软	2022 年 1 月	以 687 亿美元的价格收购游戏开发和互动娱乐内容发行商动视暴雪，完成公司史上最大规模的收购

续表

序号	主要企业	时间	元宇宙投资 / 并购事件
4	谷歌	2021 年	收购 PerspectiveIO，此公司曾参与微软的 VR/AR 设备 Hololens 的开发过程
5	腾讯	2020 年 2 月	参投世界最大的多人在线创作游戏 Roblox 的 G 轮融资，并获得 Roblox 中国区产品发行的独家代理权
		2022 年 10 月	香港城市大学科研团队与腾讯旗下的 Robotics X 实验室合作，成功开发出一种可穿戴的触觉渲染系统，拥有高空间分辨率和快速反应能力
6	字节跳动	2021 年 4 月	入股元宇宙概念公司代码乾坤
		2021 年 8 月	以 15 亿美元（约 97 亿元）的价格收购了中国领先的 VR 创业公司硬件设备企业 Pico
		2021 年 10 月	入股 AR 芯片公司光舟半导体
7	百度	2021 年 12 月	正式发布了首个元宇宙产品"希壤"，致力于打造一个元宇宙虚拟创作体验与社交空间
8	B 站	2021 年 12 月	正式测试高能链。高能链是为新应用、文化、游戏以及数字资产构建的数字原生社区

资料来源：根据网络公开信息整理

二是元宇宙关键技术领域未来空间巨大。从六大关键技术看，交互技术、电子游戏技术是元宇宙的典型技术，其中 VR 设备是元宇宙搭建的重要基石之一。2020 年我国 VR 设备市场规模为 45.2 亿元，预计 2025 年我国将拥有约 479.9 亿元的市场规模。VR 内容方面，2020 年我国 VR 内容市场规模为 128.9 亿元，而到 2025 年这一规模预计达到 832.7 亿元。在未来 5 年内，VR 内容应用增长最快的领域是企业培训，其次是游戏领域。元宇宙时代，网络

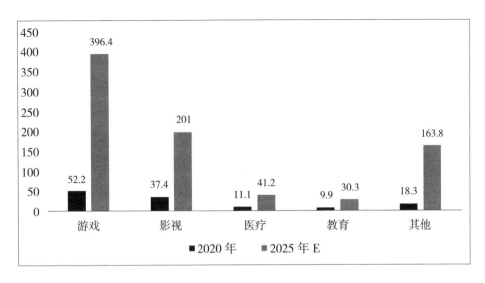

图 8-7　我国 VR 内容市场规模预测

及运算技术、物联网技术以及人工智能技术是元宇宙万物虚实共生的重要基础，虚拟数字人将成为这些关键技术价值生产的主体。据权威机构预测，到 2030 年，虚拟数字人整体市场规模将达到 3095 亿元。虚拟数字人在元宇宙发展路径中的重要战略意义，使其成为元宇宙产业中最为火热的赛道之一，百度、商汤、科大讯飞等一线互联网科技企业相继入局，底层技术进入发展快车道。区块链技术中的 NFT（Non—Fungible Token，非同质化代币）将是元宇宙经济的基石，作为目前区块链领域中较为成熟的技术，NFT 是用来表示数字资产的唯一加密货币令牌。从市场规模来看，全球 NFT 的销售额从 2019 年的 0.24 亿美元增长至 2021 年的 176.95 亿美元，发展前景广阔。

表 8-5　我国各大互联网公司入局 NFT 赛道

领域	NFT 交易平台	场景	配套区块链
阿里巴巴	鲸探 App/ 支付宝小程序	已发行图片、音乐、视频、3D 模型等 255 种数字藏品	蚂蚁链

续表

领域	NFT 交易平台	场景	配套区块链
腾讯	幻核 App	发行图片、音乐、视频、3D 模型等数字藏品	至信链
京东	灵犀、京东小程序	发行图片、3D 模型等数字藏品	智臻链
网易	网易星球 App "数字藏品"	发行图片、音乐、视频、3D 模型等数字藏品	网易区块链
数码视讯	洞壹元典微信小程序	已发行图片、音乐、3D 模型等 25 种数字藏品	百度超级链
视觉中国	元视觉微信小程序	已发行图片、视频等 67 种数字藏品	长安链
阅文集团	阅文数字藏品商城	发布网文数字藏品《大奉打更人之诸天万界》	至信链
芒果超媒	筹划中	发布芒果广场纪念版数字藏品	筹划中

资料来源：根据网络公开信息整理

　　三是 AGI（Artificial General Intelligence，通用人工智能）等新技术将推动元宇宙多元化应用。元宇宙作为人类对虚拟世界发展的美好愿景，其最终实现是一个长期过程，需要长时间的技术创新、产业研究、应用探索。元宇宙的发展一方面依赖于海量算力及资源支持带来的技术发展，另一方面依赖于各大互联网公司的战略支持及政策支持。随着人工智能技术的发展，其应用将不再局限于对特定任务或领域的服务，AGI 将通过达到具有与人类相似的智能和认知能力而成为元宇宙发展的驱动力量。从典型场景应用趋势看：

娱乐领域。伴随底层硬件和技术的发展，游戏的概念已逐渐从单机电子游戏向大型多人、实时在线、开放世界发展，或许将成为元宇宙应用的第一个突破口。此外，虚拟世界可以打造多人参与的沉浸式观影体验，突出身临其境感，因此在影视、演出、文化活动等方面均存在极大的想象空间。2020年4月，《堡垒之夜》[①]与美国饶舌歌手 Travis Scott 合作，在游戏中举办虚拟演唱会。这场演唱会有 2300 万用户参与，相当于坐满 130 个鸟巢，并且整个场景都可以实时互动，这个数量级与活动效果是非虚拟世界无法实现的。

社交领域。相比于手机虚拟社交，未来元宇宙社交将进一步打破线上与线下的界限，它将线上社交与线下社交的优点进行整合，利用 AR、VR、XR 等技术搭建一个全息的虚拟现实平台，在这个虚拟世界中人们可以逛街、购物、看演唱会、玩游戏，不必为了时间与空间焦虑，可以好好享受身临其境的沉浸式体验。同时，元宇宙社交从某一方面来说给了所有人第二次生命，在元宇宙中，每个人都是数字化的分身，虚拟社交的交友更加具有广泛性、安全性、隐私性以及便捷性，可以很好地为一些社恐和渴望广泛交友的年轻人提供一个平台。

零售领域。人、货、场是零售的核心要素，元宇宙也将从这三个方面对零售业全面重塑。从人来看，元宇宙中的人主要是指用户的数字替身，品牌面向数字替身的营销模式被称为 D2A（direct-to-avatar），已经得到越来越多的关注。从货来看，未来消费者可能为自己的数字替身在不同的场景中购买和搭配衣服、美妆、出行工具，甚至虚拟房产，虚实结合将为品牌商带来新的增长空间。从市场来看，在元宇宙时代，线上的商城和线下的秀场可能也会加速演变，为消费者提供全新的购物场景。目前，一些品牌已经开始和元宇宙平台合作打造虚拟空间，例如奢侈品商 Gucci 在一百周年品牌庆典时，把线下的展览搬到了游戏 Roblox 上，推出了为期两周的虚拟展，5 个主题展

---

① 原名 Fortnite，由美国 Epic Games 公司开发的第三人称射击游戏。

厅的内容与现实展览相互呼应。玩家还可以购买各种 Gucci 品牌的游戏服装和配饰，一个虚拟的 Gucci Dionysus 包被用户以 35 万 Robux（虚拟货币），约合 4115 美元的价格买下，而在现实世界里，这款包的价格仅为 3400 美元，虚拟世界的消费潜力不容小觑。

金融领域。未来元宇宙也将给金融业带来诸多变革。例如，就银行业而言，元宇宙银行可以打造无所不在的沉浸式服务。客户在元宇宙中，既可以使用虚拟分身"一键直达"银行厅堂，享受 AI 虚拟员工的引导和服务，也可以通过特定指令在元宇宙中随时"召唤银行"，办理金融相关业务。例如韩国国民银行已经在元宇宙环境中开设了虚拟金融服务中心，客户可以走进虚拟中心获取信息，并通过视频通话与现实生活中的客服进行交谈。此外，无感体验是元宇宙金融的另一个特征。在区块链加密技术的帮助下，客户在元宇宙中可以感受到无感式的账户开立流程，人脸识别、协议确认等也可以更为便捷地执行。根据客户的需求，产品经理甚至还通过手势拖拽进行现场全流程的数字化产品制造。

三、智能制造

（一）产业全景

"智能制造"这一概念最早在美国学者 P.K.Wright 和 D.A.Bourne 的著作 *Manufacturing Intelligence* 中出现，他们将智能制造定义为机器人应用制造软件系统技术、集成系统工程以及机器人视觉等技术，实行批量生产的系统性过程。智能制造是具有自感知、自学习、自决策、自执行、自适应等功能的新型生产方式，与传统直线流程式制造相比，智能制造可赋予制造业体系多组织协同。智能制造能够让企业在研发、生产、管理、服务等方面变得更加"聪明"，即企业通过引入数控机床、机器人等生产设备并实现生产自动化的基础上，再搭建一套精密的"神经系统"。

智能制造产业链涵盖感知层、网络层、执行层和应用层四个层次，其中感知层主要包括传感器、RFID、机器视觉等领域，网络层主要实现信息传输与处理，主要包括云计算、大数据、智能芯片、工业以太网等技术领域，执行层主要为智能制造终端集成产品，包括机器人、数控机床、3D打印设备等。应用层主要为智能生产线。

（二）发展现状

1. 供给端：智能装备供给能力提升

近年来，随着新一代信息技术与制造业不断深度融合，我国智能制造发展取得了显著成效。从智能制造发展所需的软硬支撑来看，在智能装备领域，截至 2021 年底，我国智能制造装备市场满足率超过 50%，主营业务超过 10 亿的系统解决方案供应商达 40 余家。工业机器人是智能制造装备最具代表性的细分领域之一，2016—2021 年，我国工业机器人产量从 7.2 万台增长到 36.6 万台，在汽车、电子、金属制品、塑料及化工等诸多行业已经得到了广泛的应用；在系统解决方案领域，2016—2021 年，我国智能制造系统集成市场规模由 897 亿元增长到 2886 亿元，年均复合增长率超过 20%，随着智能制造的推进，系统解决方案的市场规模将加速增长，经过市场验证的解决方

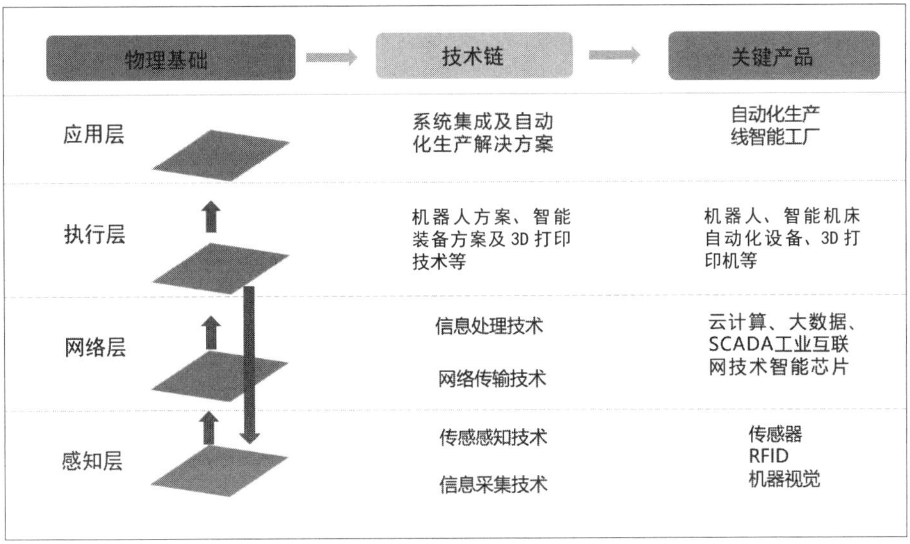

图 8-8　智能制造体系架构

案成熟度将进一步提升。

2. 企业端：标准和支撑体系逐步完善

目前，我国不仅初步建立起国家智能制造标准体系，构建了国际先行的标准，还积极参与国际标准的制定与合作。"十三五"期间，我国已经发布285项国家标准，在石化、船舶、建材等14个行业建立了智能制造标准体系，主导制定智能制造国际标准42项。人才、财税、金融等措施的支持力度不断加强。

3. 需求端：重点领域推广应用成效明显

随着智能制造相关技术的快速发展，在消费升级、要素成本上升、资源约束等因素的影响下，我国企业对智能制造的需求日益增加，在装备、纺织、汽车等领域推广应用成效显著，加快智能化变革已成为产业界的共识。《国务院关于数字经济发展情况的报告》显示，截至2021年底，全国规模以上工业企业关键工序数控化率达到55.3%，数字化研发工具普及率达到74.7%，比2012年分别提升30.7个百分点和25.9个百分点。初步建成一批数字化车间、智能工厂，涌现出一批网络协同制造、大规模个性化定制、远程运维服务等新模式新业态，比如青岛红领集团，通过在企业内部进行数字化改造，实现单一工厂的资源优化，以满足个性化需求，并取得显著成果。

专栏8-4 青岛红领：单一工厂的资源优化

红领集团成立于1995年，是一家以生产经营中高端服装、服饰系列产品为主的大型民营服装企业集团。2003年以来，红领集团在大数据、互联网、物联网等技术支撑下，专注于服装规模化定制生产全程解决方案的研究与实验，经过十几年的积累，最终形成独特的"红领模式"。

红领模式以大数据为依托，以满足全球消费者个性化需求为目标，进行个性化产品的工业化流水线生产，建立起订单提交、设计打样、生产制造、物流交付一体化的互联网平台。依托这个平台，全球的客户都可以在网上参与设计、提交个性化定制的需求，数据立即传到制造工厂，形成

数字模型，完成单件自动制版—自动化裁剪—规模化缝制与加工—网上成品检验与发货，实现了规模化生产下的个性化定制。生产线上输出的是不同款式、型号、布料、颜色、标识的服装，颠覆了个性服装、单件制作，以及型号服装大规模生产、分级组织市场营销的服装行业经营传统，创立了互联网工业新模式。

红领模式以信息化与工业化深度融合为基础，实现了消费者与制造商的直接交互，消除了中间环节导致的信息不对称和种种代理成本，彻底颠覆了现有的商业规则和生产模式，创造了全新的商业理念，初步探索出了传统制造业转型升级的新路径。

在中国，互联网平台为解决定制化生产提供了一条独特的路径，即通过规模化供给解决个性化需求问题。当一家企业面对一个客户需求时，需求是碎片化的。但在互联网平台上，可以把客户量大、面广的碎片化的长尾需求打包成具有一定规模的订单，然后分发给成千上万专业化的制造企业，以此来实现整个产业链的资源优化。

（三）未来前瞻

1. 制造业升级：从工业 4.0 到工业 5.0

"工业 4.0"一词首次提出至今已有 10 多年，随之而来的是智能制造、数字化转型和工业互联网的出现和快速发展。尤其是新冠疫情以来，制造业供应链受到前所未有的打击，叠加逆全球化思潮的影响，制造业韧性成为被世界主要国家高频率提及的话题。2021 年 4 月，欧盟公布了《工业 5.0：迈向可持续、以人为本和富有弹性的欧洲工业》（Industry 5.0: Towards a Sustainable, Human-centric and Resilient European Industry）报告，以此确定了其"工业 5.0"的基本理念。报告中对"工业 5.0"的界定是：工业 5.0 认识到工业的力量，通过使生产尊重地球的边界，将工人的福祉置于生产过程的中心，实现就业和增长以外的社会目标，并成为富有弹性的繁荣提供者。欧盟委员会提出工业 5.0 的三个核心要素，分别是以人为中心（humancentric）、可持续性（sustainability）和韧性（resilience）。其中：

核心要素之一是以人为本。工业 4.0 和工业 5.0 之间最重要的区别是生产过程中人与机器之间的关系。工业 5.0 更像构建了一种欧洲工业与新兴社会趋势和需求共存的方式，尝试把公认的机器人技术优势与人类先进的批判性思考等认知能力相结合。其技术分析模型中强调以人为本，突出人的地位，侧重于使用技术来补充人类工作，进一步提高社会福祉。比如 Romero，Stahre 等人已经为操作员 4.0 设计了一些类型，其目的是用创新的技术手段扩展行业工人的能力，而不是用机器人取代工人。这些类型包括 8 种未来操作员：超强度操作员（操作员 + 外骨骼）、增强操作员（操作员 + 增强现实）、虚拟操作员（操作员 + 虚拟现实）、健康操作员（操作员 + 可穿戴跟踪器）、更智能操作员（操作员 + 智能个人助手）、协作操作员（操作员 + 协作机器人）、社交操作员（操作员 + 社交网络）和分析操作员（操作员 + 大数据分析）。通过这种方法，人类仍然是生产过程的中心，技术使公司和工人的利益最大化。

核心要素之二是可持续性。可持续性已经是工业 4.0 的一个重要主题，在工业 5.0 的背景下，这一领域的重要性继续增加。为了实现这一目标，欧盟内部的工业生产是在影响日益深远的法律框架内进行的。毕竟，"绿色新政"是欧盟对许多工业部门、能源密集型行业仍然产生过多温室气体排放这一事实的回应。欧盟出台了更严格的法规，以使工业行业更加环保，并实现碳中和的气候目标。尽管在降低能源消耗方面取得了很大进展，但在可持续性发展上仍有许多工作要做。

核心要素之三是韧性。即提高供应链的弹性。新冠病毒大流行表明了全球供应链的脆弱性。作为回应，欧盟委员会设立了恢复和复原基金。它支持欧盟成员国的工业化改革、绿色可持续发展、数字化转型和社会责任的投资。行业本身也有许多工具来应对甚至预测颠覆，通过大数据和复杂的数据分析方法，可以实时评估潜在风险。

表 8-6   从工业 1.0 到工业 5.0 的工业革命发展历程

阶段划分	工业 1.0	工业 2.0	工业 3.0	工业 4.0	工业 5.0
时代划分	机械化时代	电气化时代	信息化时代	互联化时代	智能化时代
标志技术	蒸汽机的成功制造与广泛应用	电磁学和热力学的研究突破	半导体和自动化技术在产业中的大规模推广	信息物理系统、通信终端和互联网的快速迭代	人工智能、复杂数据网络、人机协同等前沿技术的发展
开启时间	1768 年	19 世纪70 年代	20 世纪50 年代	20 世纪90 年代	21 世纪20 年代
组织形式	机械化生产（人类操作机器解决人力问题）	电气化生产（基于劳动分工和流水线的大规模生产）	自动化生产（人类远程控制机器解决质量问题）	智能化生产（人机协同的大规模定制生产与服务）	智慧化生产（以人为中心，人机物环共融、知识驱动的智慧工业）

2. 智能制造的未来前景

一是未来整体市场发展空间较大。智能制造是新一代信息技术与制造全生命周期的赋能结果，通过工业互联网、工业大数据、人工智能等技术的赋能，使得制造业智能化生产。我国虽然是制造业大国，但是区域技术发展不平衡，信息化水平参差不齐，标准化程度低。随着人工成本的攀升、低端制造业的转移、科学技术的发展和人工智能的应用，中国制造业逐渐进入大规模机器生产阶段，尤其是在劳动密集型企业，机器人生产逐渐取代劳动力生产。根据《中国制造 2025》和十九届五中全会提出的新型工业化等政策，智能制造对于国家国际竞争力的提高越来越重要。随着国家对智能制造的大力支持，我国智能制造行业保持着较为快速的增长速度，继 2020 年我国智能制造装备行业的产值规模突破 2.5 万亿元后，2025 年智能制造市场规模估计达 5.3 万亿元。

二是 AI 从边缘侧赋能制造业发展。边缘计算、人工智能等新一代信息技术在制造业领域加速创新应用，实现材料、设备、产品等生产要素与用户之间的在线连接和实时交互，逐步实现机器代替人生产。边缘计算把云计算的好处带到了现场层，提供了一个很好的平台，使得工程师能够在生产车间这种基层现场开发部署各种应用，比如数据分析、质量检测等。边缘计算使基层工业设备获得了一定的自主计算能力，让企业生产制造相关的开发维护成本大大降低。据 IDC（Internet Data Center，互联网数据中心）统计，到 2025 年，超过 50% 的数据需要在网络边缘层进行分析、处理和存储。伴随 5G 商用、边缘计算等产业生态的不断完善，工业互联网、虚拟现实、智慧交通、无人驾驶以及许多目前想象不到的"云边协同"场景，有望加快落地、走向应用。

三是数字孪生技术向制造业领域渗透。数字孪生是基于实体数字建模、物联网、大数据、人工智能等技术，通过构建物理空间与数字空间之间的闭环数据交换通道，在数字空间对物理设备的实时状态进行呈现。数字孪生技术可以建模制造系统中的各个环节，最终达到对制造业全生命周期的覆盖，包括产品设计、生产、维护和再制造等环节。数字孪生技术会为制造企业，特别是中小型制造企业提供新的增长动力，而不仅仅是单纯的技术应用或技术创新。例如，汽车制造商可以使用数字孪生技术模拟汽车各部件的性能和组合情况，以优化汽车设计并提高产品质量。数字孪生技术在制造业中的应用非常广泛，主要是以下几个方面：

工业机器人优化：数字孪生技术可以模拟工业机器人的运行状态和维护需求，基于模拟结果，制定针对性的机器人维护计划，减少停机时间和维护成本，提高生产效率和机器人可靠性。

3D 打印：数字孪生技术可以帮助模拟 3D 打印过程，优化打印参数和材料选择，减少成本和时间，提高打印质量和效率。

智能生产：数字孪生技术可以模拟生产过程的各项数据，在生产过程中

图 8-9 我国智能制造行业市场规模（按产值计）

自动识别设备故障、优化生产效率和产品质量。

物料管理：数字孪生技术可以跟踪仓库中物料的实时数据，精确预测物料需求量和物料清单，实现物料的自动化管理和有效利用。

产品设计：数字孪生技术可以帮助模拟产品设计和模型制作过程，快速生成 3D 产品原型并自动化修正设计问题，提高设计效率和产品质量。

四是工业软件逐渐向 SaaS 化发展。SaaS（software-as-a-service，软件即服务），是一种基于互联网提供软件服务的应用模式。和传统工业软件相比，SaaS 化工业软件相对具备更方便的功能选配与升级、更节约的付费方式、更高性价比的部署方式、更有保障的安全性能，更快、更好地实现数字化以及更互联网化的运营服务。因此对于企业来说，SaaS 软件带来更多的选择自由，在产品功能、付费模式、部署方式上，不用受限于传统软件的束缚，可以根据自身情况进行个性化的选择。同时，订阅许可的付费方式，让企业初期的成本变得更低。

第三节　未来网络：突破与升级

当前，以 ChatGPT 为代表的人工智能大模型的快速发展，对网络信息技术创新发展提出了新的挑战，我国"东数西算"重大工程也在加速布局。伴随以新一代互联网、6G、卫星互联网等为代表的未来网络核心技术突破，正成为决定未来经济和产业发展的关键。未来网络，已成为影响全球产业发展、引领工业科技进步的新"风口"。

一、网络通信（6G）

（一）产业全景

网络通信是通过网络将各个孤立的设备进行连接，从而进行信息交互的技术。移动通信网络一般可分为三层，即 RAN（radio access network，无线电接入网）、CN（core network，核心网）、BN（bearer network，承载网）。其中，无线电接入网主要由基站和终端设备组成，主要是依托各类空中接口技术实现基站和终端设备之间数据的无线传输。核心网主要由多种设备网元构成，主要功能是对基站搜集的各类数据进行处理并发送至外网。承载网主要负责网元间的数据传输，包括接入网、核心网内部网元之间，以及接入网和核心网之间的数据传输。网络通信产业链不是单链结构，而是多链结构。

以 5G 产业链为例，5G 即第五代移动通信技术，具有高速率、低时延、大连接等特点，是新一代移动通信技术的颠覆式变革，能够提供至少十倍于4G 的峰值速率、毫秒级的传输时延和千亿级的连接能力，将实现人与人、人与物、物与物之间的连接，开启万物广泛互联、人机深度交互的新时代，满足未来多样化业务与场景需求。5G产业链的上游包括芯片、光模块/光器件、射频器件、关键材料、光纤光缆等器件材料；中游包括主设备及通信网络技术服务；下游包括终端、运营商与应用，5G等新一代信息技术的融合应用，将催生工业互联网、车联网、物联网等新业态、新模式。

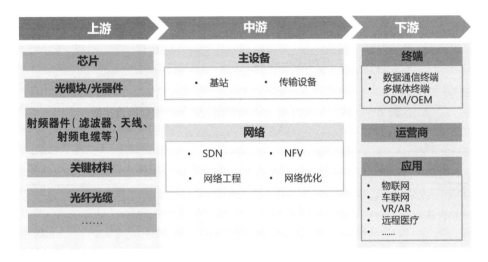

图 8-10　5G产业链图谱

（二）发展现状

1. 基础设施市场规模快速增长

美国市场调研机构 Grand View Research 发布的一项全球5G市场发展报告显示，到2030年，全球5G基础设施市场规模预计将达到958.8亿美元，从2022年到2030年的复合年均增长率为34.2%。5G网络基础设施包括了无线电接入网产业链、核心网产业链、承载网产业链。市场价值上，无线电接入网在5G基础设施市场中占据主导地位。根据 Grand View Research 的报告数据：预计到2027年，无线电接入网细分市场的规模将达到2147亿美元，复合年均增长率为112.3%。在区域分布上，亚太地区市场份额迅速提升，这主要得益于主要通信服务提供商牵头积极主动部署5G新型基础设施。同时，中国、日本和韩国等国家及地区政府也高度关注该领域建设，释放了多个 Sub–6GHz 和毫米波频率，以满足高速海量数据连接传输的需求，这些地区的 5G 基础设施市场预计将保持强劲增长态势。

2. 物联网发展保持强劲势头

随着互联网普及率的提升，以个人应用为主的消费互联网发展已接近饱和状态，而工业互联网却是一片广阔的蓝海市场，要实现工业互联网最关键的技术就是物联网。过去几年间，国内三大运营商的人联网和物联网终端连接数可以很好地观测并预判这一趋势。

表 8-7 2016—2021 年三大运营商人联网和物联网连接数

单位：亿个

公司	项目	2016 年	2017 年	2018 年	2019 年	2020 年	2021 年
中国移动	人联网	8.49	8.87	9.25	9.5	——	——
	物联网	1	2.29	5.51	8.84	8.73	10.49
中国电信	人联网	2.15	2.5	3.03	3.25	——	——
	物联网	0.14	0.44	1.07	1.57	2.37	2.98
中国联通	人联网	2.64	2.84	3.15	3.2	——	——
	物联网	0.43	0.7	1.1	1.9	2.4	3.08

资料来源：《中国移动有限公司 2021 年年度报告》

一是在消费互联网方面，中低端芯片发布将加快在 5G 手机的推广应用。当前，中低端市场对 5G 的需求不断扩大，各大厂商通过提供更为廉价的芯片解决方案，规模化加速 5G 在全球范围内的商用进程。

二是在工业互联网方面，物联网行业将爆发增长，将拥有广阔的应用场景。IDC 的数据显示，2021 年全球物联网市场规模达到 55136 亿元，2022 年预计将达到 61344 亿元，2020—2022 年全球物联网市场规模复合年均增长率将达到 11.30%。在区域分布上，IDC 调查报告显示，中国物联网市场规模增长潜力广阔，2022年将超越美国成为最大的物联网市场，占全球总规模的四分之一以上，2025年中国物联网市场规模至少为3918亿美元。在技术方案上，低功耗广域网络（LPWAN）是物联网产业的重要热点。IoT Analytics监测数据显示，2021年，在LPWAN市场中，NB-IoT以47%的份额领先；其次是LoRa，市场份额为36%；此外，LTE-M为10%，Sigfox为3%。

3.R16发布拉开5G应用帷幕

2015年9月，国际电信联盟（ITU）正式确认了5G的三大应用场景，分别是eMBB（enhanced Mobile Broadband，增强型移动宽带）、uRLLC（ultra-Reliable & Low-Latency Communication，低时延高可靠通信）和mMTC（massive Machine-Type Communication，海量机器类通信）。针对不同的应用场景，5G标准先后发布。2019年上半年，发布的3GPP R15版本，重点确定eMBB场景的相关技术标准，2020年7月，发布的3GPP R16版本，包括了与uRLLC和mMTC场景相关的技术规范。随着5G标准的制定工作基本完成，2B端的应用将得到快速发展。

（三）未来前瞻

1.移动通信演进：6G时代加速来临

经历了数十年的技术创新与迭代升级，网络通信取得了一系列的辉煌成就。1G、2G率先开启了语音通信时代，3G、4G引领了革命性智能手机时代，当前全球正加速迈向基于5G的万物互联时代。5G是当代网络通信技术的制高点，具有高速率、低时延、大带宽等特征，是新一代信息技术的重要组成部分，也是支撑经济社会数字化、网络化、智能化转型的关键新型基础设施。

在新一轮科技革命和产业革命推动下，6G信息时代加速来临，相比于5G，6G性能较5G全方位提升，覆盖范围进一步扩展。5G峰值速率为10～20Gbit/s，而6G的峰值速率可达100Gbit/s～1Tbit/s，提升效果约在10～100倍；6G的时延指标大约为0.1ms，是5G的十分之一；同时6G具有超高可靠性，中断概率小于百万分之一。对于超大规模的连接场景，例如智慧城市群、智能工厂等，需要同时支持超海量的无线节点，6G最大连接密度需达到每平方千米亿个连接的级别；面对未来不断发展的能源消费压力，6G 需要尽可能地提高网络能效。从覆盖范围上，6G 不再局限于地面，而是实现地面、卫星和机载网络的无缝连接。在定位精度层面，6G 也可实现物联网设备高精度定位。同时，6G 将和人工智能、机器学习深度融合，实现智能传感、智能定位、智能资源分配、智能接口切换等，将彻底改变我们的生活和工作方式，未来必将开启一个万物互联的全新智能时代。

专栏 8-5 从 1G 到 6G 的移动通信演进过程

1G 时代——模拟语音。技术标准方面，采用基于 FDMA（频分多址）的 AMPS（美国主导）。拥有行业话语权地位的公司主要有美国的摩托罗拉公司和 AT&T 公司。

2G 时代——数字语音。技术标准方面，采用基于 TDMA（时分多址）的 GSM[3GPP（第三代合作伙伴计划），欧洲主导]、CDMA（码分多址，美国主导）两大通信标准。形成了欧洲 GSM、美国 CDMA 两大阵营竞争格局。

3G 时代——移动宽带。技术标准方面，采用基于 CDMA 发展出 WCDMA（3GPP，欧洲主导）、CDMA2000（CDMA EVDO，美国主导）和 TD-SCDMA（中国主导）三大国际标准。

4G 时代——更好更快。技术标准方面，采用基于 OFDM（正交频分复用）的 LTE（3GPP，欧洲主导）国际标准。

5G 时代——传速更高。技术标准方面，采用国际电信联盟（ITU）和 3GPP（第三代合作伙伴计划）制定。

6G 时代——万物互联。技术标准方面，正处于标准制定前期。

---

2. 网络通信的未来前景

随着 5G 网络基础建设的逐渐成熟，移动通信技术的迭代演进速度越来越快，相比于 5G 网络，6G 网络能够通过将卫星通信结合到 6G 移动通信，

数智时代：数字经济的现在与未来

实现全球网络信号无缝覆盖,最终实现万物互联的目标。众多国家与地区在有序推进 5G 网络建设的同时,正加快对 6G 网络技术的研究与战略布局。在国家政策利好以及相关科学技术不断突破创新的背景下,6G 的发展潜力巨大,6G 时代即将来临。作为传输速率更快、传输范围更广、传输质量更稳定以及更绿色的网络,6G 网络能够提供更为智能的信息通信服务,实现生产以及生活方式的跨越式发展,其应用场景将更为复杂,终端对于网络性能的要求也会更高。网络通信设备需要升级以适应更加智能的通信手段,网络设备未来的市场发展前景广阔。

对网络设备厂商而言,从 5G 网络到 6G 网络的更替过程中,需要以上一代网络的性能指标为基础,通过对网络设备的升级、更替以优化网络架构,最终实现网络性能指标的提升。因此,未来 6G 网络的发展会直接带动网络设备需求增长,技术性能更高的新型设备将会大规模替代原有网络设备,需求量巨大。同时随着电信运营商纷纷布局 6G 网络,移动用户规模将实现突破式增长。为了不断满足客户的多方面需求,提升通信用户的服务质量,需要持续改进通信基础设施水平以达到更高的客户满意度,从而促进其对上游网络通信设备行业的需求不断增加。

虽然当前 6G 网络尚处于初级技术研究阶段,但是在 5G 网络为全球经济带来巨大机遇的同时,也预示着下一代数字化浪潮将带来更多的创新,吸引众多厂商纷纷提前进行布局。IMT-2030(6G)推进组于 2021 年正式发布的《6G 总体愿景与潜在关键技术白皮书》预测,6G 将在 2030 年左右实现商用,并且其应用场景将远超通信范畴,未来能够提供完全沉浸式交互场景,支持精确的空间互动,满足人类在多重感官,甚至情感和意识层面的联通交互。6G 网络带来的应用场景的丰富与拓展将会为网络设备厂商提供更多的发展机遇与市场空间。

二、卫星互联网

（一）产业全景

卫星互联网是基于卫星通信的互联网，通过发射一定数量的卫星形成规模组网，从而辐射全球，构建具备实时信息处理的大卫星系统，是一种能够完成向地面和空中终端提供宽带互联网接入等通信服务的新型网络，具有广覆盖、低时延、宽带化、低成本等特点。卫星互联网是一个全球重资产配置的产业，国际上轨道和频段稀缺资源争夺激烈。当前全球互联网市场仍存在庞大的空白区域，而卫星互联网就是连接这些"信息孤岛"的最佳选择。按照轨道高度，卫星主要分为低、中、高轨三大类。从细分来看，卫星可分为低轨道卫星（LEO）、中轨道卫星（MEO）、地球同步轨道卫星（GEO）、太阳同步轨道卫星（S）和倾斜地球轨道卫星（IGSO）。其中，低轨道卫星拥有传输时延低、链路损耗低、发射灵活等优势，非常适合卫星互联网业务的发展。

从产业链构成看，卫星互联网产业链上游包括电子元器件、材料、燃料产业，中游包括卫星发射、卫星研制等产业，下游包括卫星应用（PNT：定位，导航，授时）。卫星互联网价值分布呈现金字塔结构，各环节将根据组网节奏自上而下受益。根据 SIA（美国工业协会）发布的 2019 State of the Satellite Industry 报告显示，卫星产业链中卫星制造、卫星发射、地面设备和卫星运营占总市场规模的比例分别为 9%、45% 和 46%。

（二）发展现状

1. 我国卫星互联网产业基础较为完善

卫星互联网是航天技术和通信技术的拓展融合，包括卫星制造、卫星发射、地面通信基础设施建设、卫星通信网络运营、终端应用等。据 SIA 数据，2021 年中国卫星互联网行业市场规模达到 292.48 亿元，预计 2025 年市场规模将达到 446.92 亿元，2021—2025 年复合年均增长率达到 11%。其中，卫星制造环节主要以国家队领航，民营企业聚焦零部件制造；卫星发射环节主要以国有企业为主，发射降本成发展重点；地面设备环节 C 端市场广阔，民营企业参与众多；卫星运营环节，中国星网成立，牵头统筹我国卫星互联网建设，通过集中力量办大事的制度优势，有望快速构建卫星网络，加强竞争实力。

2. 轨道及频率是各国争相布局的关键一环

在传统卫星通信中，较常用的频段为 C（4 ~ 8GHz）及 Ku（12 ~ 18GHz）频段。C 频段是最先在商业通信卫星中被使用的频段，频率及增益都较低，对应天线的口径更大，传播条件相对稳定，几乎不会受到雨衰的影响，主要用于卫星固定通信、电视广播等业务；Ku 频段频率较高、对应天线口径更小，天线增益也较高，用于卫星固定通信及卫星直播等业务，尤其可以在动中通、静中通等场景中发挥优势。Ka 频段可用频带带宽更大，是实现多种新业务的重要频段。轨道与频段资源的稀缺性日益凸显，是各国跑马圈地的战场。地球近地轨道可容纳 6 万颗卫星，Ku、Ka 频段也逐渐饱和。根据国际电信联盟规定，卫星频率及轨道使用权采用"先登先占"的竞争方式获取，同时，如果发射的卫星寿命到期，可以重新发射进行补充，造成"先占永得"的局面。轨道及频率是不可再生的战略资源，亦是卫星互联网组网建设的瓶颈环节。卫星互联网产业愈发火热，多国政府争相布局。美国、加拿大、俄罗斯、日本等国纷纷制定产业利好政策，加快低轨卫星互联网部署计划，争取先发优势。从国家维度来看，美国相关技术和法律法规体系成熟，近地轨道卫星数量占据了全球的 87.7%；我国近地轨道卫星数量占全球的比重仅为 3.3%，随着商业层面及国防战略层面的竞争趋向白热化，我国多个近地轨道卫星星座计划也相继启动，低轨通信卫星将加速发展。

3. 我国卫星互联网行业市场集中度整体较高

从目前已经发布规划的星座计划数量来看，未来中国卫星互联网行业的市场集中度整体将较高。CR3 接近 97%，CR5 超过 99%，市场将由中国星网公司主导。目前，我国卫星互联网行业的上市企业中，中国卫星、航天电子等卫星互联网相关业务收入规模较大。在毛利率方面，上海沪工、华力创通、振芯科技、航天宏图等毛利率较高，均超过了 50%。整体来看，中国卫星、航天电子、中国卫通等整体竞争力较强。

（三）未来前瞻

由于卫星互联网具有低时延、低成本、广覆盖、网速快的优点，其未来将成为 5G、6G 网络覆盖空间和场景等方面的补充，商业前景广阔。并且轨道和频段是不可再生的战略资源，是各国卫星企业争相抢占的战略重点，未来行业竞争可能不仅仅是商业上的竞争，还有国防战略层面的竞争。随着卫星互联网被纳入"新基建"，我国相关产业链将迎来较大发展空间。

卫星发射端前景广阔。在我国卫星互联网产业发展初期，卫星制造与卫星发射行业将优先释放业绩，享受基建红利。在此赛道中，技术门槛较高，能在某些领域具备成本和技术优势的企业将会率先享受行业红利。

网络运营端潜力巨大。在中国卫星互联网体系逐渐建设完善之后，地面设备制造和卫星运营及服务行业潜力巨大，尤其是卫星互联网下游应用市场巨大，尚处蓝海。在此赛道中，因使用需求量大、生产难度及资金门槛相对较低，市场竞争较为激烈，拥有纵向产业链布局以及拥有丰富生产、销售经验的公司将有较大的优势。

专栏 8-6　卫星互联网下游应用场景

物联网。低轨卫星星座的物联网覆盖范围广，受天气和地理条件影响小，具有较强的抗毁性。农业管理、工程建筑、海上运输等将成为卫星物联网重要的应用方向。农业应用方面，可通过卫星物联网收集大面积农场的土壤成分、温度、湿度等数据，经科学分析后得出利于农产品生产的最优方案；工程应用方面，卫星物联网能够实现偏远地区土木工程项目的远程监控，并主要应用于发展中经济体的推动；海运应用方面，卫星物联网能够全程跟踪海上船舶和集装箱，提高货运效率。

海洋作业与科学考察。低轨卫星互联网的无缝隙覆盖优势解决了传统高轨卫星的两极盲区以及海上无法建设基站等问题，能够实现船只、人员跟踪导航，为极地科学考察人员、海上作业人员等提供基于卫星的宽带连接，稳定的网络连接能够帮助作业人员或科考人员及时回传考察数据，保持与外界的通信，提升科学考察的高效性与安全性。

政府与军事应用。政府和军事领域是低轨卫星互联网发展中重要的市场之一。美国太空发展局（SDA）提出，以大规模低轨卫星为军事太空能力体系的基础，搭载遥感载荷，全天候监控边界地区或作战目标，提升敌意研判和提前干预能力；搭载导弹预警载荷，通过多星协作、在轨处理识别导弹威胁，并对目标进行告警、跟踪，提升导弹类武器防御能力。同时，基于战事发生地的基站覆盖情况，低轨卫星服务在军用无人机、无人车等军队交通工具联网驾驶、导航定位中将起到重要作用。

船载／机载 Wi-Fi。通信卫星技术的应用使得乘客可以在飞行旅程中不再受制于地面基站等设施的局限而自由连接无线网络。目前，国外已有一些航空公司提供航空 Wi-Fi 服务，国内目前也有航空公司正在启动航空 Wi-Fi 的服务，市场规模十分可观，是卫星通信商业化的重要途径之一。游轮的网络问题亦可依托全球覆盖的卫星互联网系统解决，相比航空 Wi-Fi，其航班数量以及市场规模尚小，但仍不可忽视。

生态环境监测与应急通信智慧。许多边远自然保护区、特殊地形区、灾难多发区、极端气候地区的网络通信设备存在较长的时延，环境监测结果、实地勘探数据、紧急呼叫等工作反馈的时效性无法保证，低轨卫星互联网的接入能够提高生态环境保护数据和自然灾害预警的回传速度，实时监控并高速稳定地反馈信息，提高防护工作效率。在地震等大型灾难发生时，地面通信基站可能会遭到破坏无法及时传输通信，卫星通信的应用使得这种情况下进入灾区的救援人员、勘察人员等的通信得以确保，受灾情况数据得以在第一时间得到回传。

车联网。现阶段低轨卫星互联网时延达到数十毫秒，但与时延在 10 毫秒以内的 5G 网络相比仍有差距，因此当前应用于自动驾驶以及智慧交通管控的车联网技术未引入低轨卫星应用。但低轨卫星通信技术可通过汽车后市场，对汽车加装卫星通信终端，在车辆行驶范围地面移动网络不可用时，提供通信与导航服务。在汽车行驶过程中，由北斗卫星提供高精度定位，地面 5G 基站与通信卫星配合提供不间断网络通信，确保汽车在自动驾驶行进过程中的高度联网与准确控制，在救护车无地面信号且需要应答人道主义援助及医疗帮助时，提供互联网通信和语音服务。

第四节　未来健康：革新与重塑

健康医疗产业是随着人们健康意识的增强和人口老龄化趋势而逐渐崛起的行业，主要包括医疗器械、药物研发、医疗服务等多个领域。随着 2030 健康中国目标渐进，加之人们生活质量水平提升和医改不断深化，带来人们对健康需求的急剧变化，未来健康产业革命革新重塑步伐将进一步加快，实现健康产业整体的跃迁。

一、AI 医疗器械

（一）产业全景

根据 2022 年 3 月国家药品监督管理局发布的《人工智能医疗器械注册审查指导原则》定义，AI 医疗器械是指基于"医疗器械数据"，采用人工智能技术实现其预期用途（即医疗用途）的医疗器械。医疗器械数据是指医疗器械产生的用于医疗用途的客观数据，比如医学影像设备产生的医学图像数据（X 射线、CT、MRI、超声、光学等图像）、医用电子设备产生的生理参数数据、体外诊断设备产生的体外诊断数据等。

AI 医疗器械产业应用价值高、覆盖范围广，吸引了多领域的企业、单位参与，医疗行业、医药制造业等传统医疗卫生行业是数据、需求等资源和场景的提供方，互联网企业、人工智能算法研发企业、医疗器械企业、医疗信息化企业等共同主导产品研发，反哺赋能传统医疗卫生行业，形成产业生态闭环。从产业链构成看，AI 医疗器械上游为原材料及部件，包括原材料、硬件、软件、AI 技术、数据服务供应商；中游为不同类型 AI 医疗器械；下游为应用市场,包括医疗机构、疾控中心、第三方实验室、养老院、家庭用户、体检中心,各个环节的参与方以自身核心能力为切入点,积极构建形成多维度、立体化的人工智能医疗器械产业图谱。

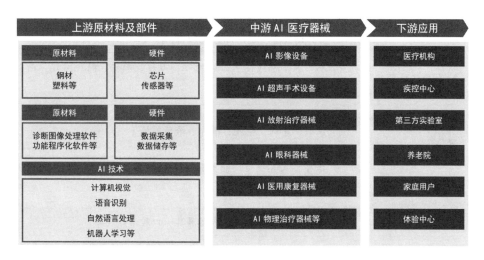

图 8-11　AI 医疗器械产业图谱

进一步看 AI 医疗器械的分类。目前 AI 医疗器械大致可分为十余种,例如,AI 有源手术设备、AI 放射治疗器械、AI 医用成像器械、AI 医用诊察和监护器械等。具体看,主要有:

表 8-8　AI 医疗器械主要分类

分类	主要器械设备
AI 有源手术设备	AI 超声手术设备、AI 高频 / 射频手术设备、AI 手术导航及控制系统
AI 放射治疗器械	放射治疗设备、放射治疗模拟及图像引导设备、放射治疗准直装置、放射治疗配套器械
AI 医用成像器械	X 射线、超声、放射性核素、核磁共振和光学等成像医疗器械、医用内窥镜

续表

分类	主要器械设备
AI 医用诊察和监护器械	诊察辅助器械、呼吸功能及气体分析测定装置、生理参数分析测量设备、监护设备、电声学测量/分析设备、放射性核素诊断设备、超声测量/分析设备、遥测和中央监护设备
AI 物理治疗器械	电疗、温热（冷）疗、光疗、力疗、磁疗、超声治疗、高频治疗设备
AI 注输、护理和防护器械	注射、穿刺、输液、灌洗、给药器械等
AI 眼科器械	视觉设备和器具、眼科测量诊断设备和器具、眼科治疗和手术设备/辅助器具
AI 口腔科器械	口腔诊察设备、口腔诊察器具、口腔治疗设备
AI 医用康复器械	认知言语视听障碍康复设备、运动康复训练器械、助行器械、矫形固定器械
AI 临床检验器械	血液学分析、生化分析、电解质及血气分析、免疫分析、分子生物学分析、微生物分析、扫描图像分析、尿液及其他体液分析设备

（二）发展现状

1. 行业呈现显著集聚效应

据中国信息通信研究院统计，截至 2021 年底，我国 AI 医疗器械生产企业约 740 个，以中小微企业为主力军，创新活力较强。主营产品类别覆盖诊断、治疗、监护、康复等领域，主要集中于诊断与治疗领域，占比超过 60%。从区域格局看，由于 AI 医疗器械产业具有高技术、高风险、长周期、多学科交叉的特点，企业为快速获得技术、人才、资金等资源，多选择集中区域集聚。京津冀、长三角、珠三角三大地区的 AI 医疗器械产业数量占全国 60% 以上，其中，京津冀地区立足拥有大量优质医疗资源，同时依托人工智能与生物医药两大支柱型产业基础，产业链条完整全面，尤其是北京市，企业 AI 医疗器械三类证获批数量占全国近半数；长三角地区依托眼科、骨科、手术器械等医用耗材的生产加工能力，侧重智能体外诊断、智能验光仪等小型检验诊断类器械的设计创新；珠三角依托高端制造业基础，聚焦智能重症呼吸机、监护仪等大型治疗监护类器械的研发生产。

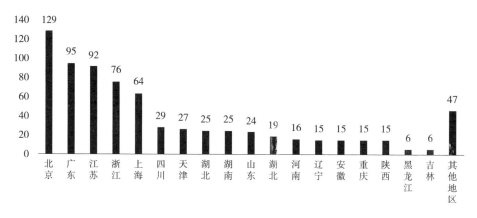

图 8-12　AI 医疗器械企业数量全国分布情况

2. 产业落地转化渐趋成熟

2020 年 1 月，科亚医疗自主研发的"冠脉血流储备分数计算软件"取得了我国首张医疗器械三类注册证，标志着我国 AI 医疗器械产业正式开启商用篇章。近两年，随着监管路径逐渐清晰以及产业发展逐步成熟，人工智能医疗器械取得注册证的步伐加快。截至 2022 年 10 月，已有 62 款人工智能医疗器械获批，覆盖心血管、脑部、眼部、肺部、骨科、肿瘤等多个疾病领域，预期用途包括辅助分诊与评估、定量计算、病灶检测、靶区勾画等。"人工智能＋医疗"领域投融资持续火热。近年来，受新冠疫情蔓延、技术期望趋于理性等因素影响，我国人工智能领域投融资增速有所放缓，但"人工智能＋医疗健康"赛道投融资金额和数量保持高速增长，2017—2021 年医疗人工智能复合年均增长率高达 85.91%，投融资金额累计达 37 亿美元。尤其是 2020 年，受国内首张人工智能医疗器械三类注册证获取这一重要利好影

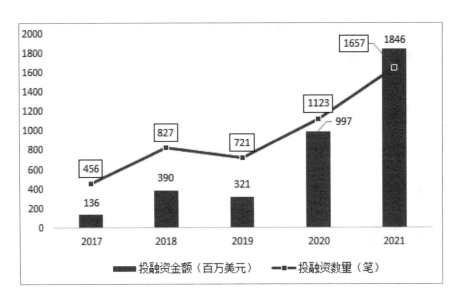

图 8-13　我国医疗人工智能投融资情况

响，产业发展日趋成熟。

　　3.产业监管路径逐渐清晰

　　新一代人工智能技术具有快速迭代、数据驱动、可解释性差等特性，这给原有的医疗器械监管体系带来了巨大的挑战。近两年来，我国监管机构陆续出台一系列条例、法规，明确人工智能医疗器械的上市审批路径。2019年7月，我国成立人工智能医疗器械创新合作平台，以促进人工智能医疗器械监管研究，同时在全球率先发布《深度学习辅助决策医疗器械软件审批要点》，明确审评关注要点。2022年3月，正式发布《人工智能医疗器械注册审查指导原则》，进一步明确了人工智能医疗器械的定义范围、管理级别、技术审评要素、体系核查要求等。并于2022年5月和6月，分别发布了《肺结节CT图像辅助检测软件注册审查指导原则》《糖尿病视网膜病变眼底图像辅助诊断软件注册审查指导原则》，对两类典型产品的专用要求进行了明确。

　　4.产业标准体系陆续完善

　　我国人工智能医疗器械创新合作平台于2020年7月发布AIMDICP-WG6-2020-001《基于眼底彩照的糖尿病视网膜病变辅助决策产品性能指标

和测试方法》和 AIMDICP-WG6-2020-002《基于胸部 CT 的肺结节影像辅助决策产品性能指标和测试方法》两项测试技术文稿，为推进产品性能检测标准化打下坚实基础。2022 年 7 月，YY/T1833.1-2022《人工智能医疗器械质量要求和评价第 1 部分：术语》、YY/T1833.2-2022《人工智能医疗器械质量要求和评价第 2 部分：数据集通用要求》两项行业标准正式发布，从基础共性问题出发推动行业规范健康发展。

5. 测试验证能力建设加快

针对人工智能医疗器械产品的检验检测是其取得注册证的关键环节，对产品安全有效性的测试直接关系到使用者的生命健康安全。人工智能医疗器械的测试与验证包括三方面，分别是功能测试、性能测试和网络安全测试。近年来，我国构建完善测试体系的步伐逐渐加快，推动产业高质量发展。目前，我国医疗人工智能测评公共服务平台正在加快建设，目前已建设完成覆盖符合 GB/T25000.51-2016 要求的功能测试能力、基于第三方数据集的性能测试能力和涵盖 22 项要求的网络安全测试能力的平台，能够有效验证产品基础质量、临床性能、网络安全能力等特性，为人工智能医疗器械产业发展夯实基础。

（三）未来前瞻

1. 人工智能技术加速医学装备智能化转型

人工智能技术正在嵌入各类诊断、治疗、监护、康复医学装备中，加速实现医学装备智能化转型，全力提升医学装备的供给能力。在影像诊断设备领域，人工智能技术在扫描、图像重建、分析等多方面全流程赋能影像诊断设备。医学影像能够以非侵入式的方式直观地展示人体内部组织机构，凭借其高效、无创、准确等特点，未来将逐步成为辅助医生诊断的必要工具。在手术机器人、放射治疗装备领域，人工智能技术助力各类手术机器人、放射治疗装备向精准化、微创化、快捷化、智能化及可复用化方向发展。如手术机器人，基于立体视觉技术进行检测跟踪，术前可为外科医生提供个性化手术方案，术中可以自主规划运动路径及范围，实现机械臂的精准定位与控制，提升手术精准度及效率。在监护与生命支持装备领域，人工智能技术推动监护与生命支持装备向智能化、精准化、远程化方向发展。如可穿戴装备，可利用硬件设备采集数据，来实现对用户健康状态的监测和评估。在康复设备领域，未来人工智能技术将赋能康复理疗装备向系统化、定制化发展，促进患者的主动参与和积极配合，使康复治疗更加系统化和规范化，日益满足患者的长期康复医疗需求。

专栏 8-7　外科的未来："会做手术"的机器人

手术机器人是融合多学科和多项高新技术为一体，用于手术影像导航定位和临床微创手术的综合化医疗器械。目前，手术机器人已在骨科、脑神经外科、泌尿外科、妇科和普通外科等多个领域有着广泛的应用。按照医疗应用领域划分，手术机器人分为骨科手术机器人、神经外科手术机器人、窥镜手术机器人和血管介入治疗手术机器人等。

一、手术机器人临床应用优势

一是操作系统具有 3D 视野，可在 360 度空间下灵活操作，在体内实现最大 10 倍的放大效果；二是能提供更精准治疗、更小创伤、更快恢复的外科治疗，尤其是在有限的狭窄空间内操作比腔镜更具有优势；三是能够快捷地完成分离、转动、缝合组织等操作，更彻底地完成淋巴结清扫等步骤，大幅提升手术精准度；四是主刀医师操作机器人手臂能以不同角度在靶器官周围操作，使操作更加精细安全；五是手术机器人的荧光显影功能，可在术中帮助识别关键部位，实时评估血管、器官组织的情况等，进一步提升手术的流畅度和精准性。

二、我国手术机器人发展机遇

1.人均保有量相比国外小，发展空间大。以每 2000 万人口为单位，美国及日本分别拥有 147 台及 34 台达芬奇手术机器人（直觉外科公司统计），而我国这一数字仅为 2 台。

近 5 年来，我国手术机器人市场规模复合年均增长率已超过 30%，这

意味着越来越多的医疗机构正在引进并应用手术机器人。

近 5 年来，我国手术机器人市场规模复合年均增长率已超过 30%，这意味着越来越多的医疗机构正在引进并应用手术机器人。

2. 人口老龄化，加大市场需求。国家统计局的数据显示，2000 年中国 60 岁及以上人口占总人口的比重为 7%，这意味着中国正式成为老年型人口国家，预计到 2050 年，中国老年人口将有 4.8 亿，占全球老年人的四分之一。而老年人患心脑血管、肿瘤、心脏、神经系统、骨骼肌肉系统等疾病的概率日益增加，发病率比中青年人高 3～4 倍，住院率高 2 倍，这些都将使得手术需求量提升，随着技术进步，未来"机器人医生"或在医院有"固定岗"。

3. 国家政策利好，促进产业快速发展。近年来，不论是国家药品监督管理局（NMPA）、医疗器械技术审评中心（CMDE），还是国家工信部，均出台了系列利好手术机器人发展的政策。综合来看，行业利好政策主要集中在促进提高国内手术机器人的创新能力和产业化水平，以及提高先进手术机器人产品的可及性等方面。

2. 人工智能医疗器械持续优化医疗流程

医学中的诊断治疗高度依赖医生个人经验和操作水平，人工智能技术可以进一步规范临床诊疗行为、减少医疗误差、改善医疗质量。例如在检验医学中，医生对检验结果进行诊断前需要人工完成取样制片、革兰氏染色、显微拍照等多个步骤，人工智能技术能够辅助完成检验检测环节全流程质量控制，有效降低人工差异，缩短检测时间，提高检测通量和准确率。此外，人工智能医疗器械将与 5G 等无线通信技术结合，全面优化院内院外诊疗流程。在院内，人工智能医疗器械搭载通信模块，能够实现优质医疗资源的下沉。例如手术机器人已经在各类手术中推广应用，但是外科医生仍然需要在机器人旁边进行操作和监控，随着 5G 网络日臻成熟，远程控制信号、音视频画面、反馈信号传输时延可以被缩短至毫秒级别，万里之外的专家可以远程使用手术机器人完成手术，为优质医疗资源再分配提供了新的可能。

3.人工智能技术加速创新医学手段涌现

传统的创伤式检查手段，感染率高、操作频繁、易受干扰，而且也会对身体带来一定的创伤。随着技术日益成熟，人工智能技术可以基于自身技术特点推动部分疾病的诊断方式从有创向无创转变。以冠脉血流储备分数（FFR）计算为例，FFR是衡量心肌缺血的重要指标，测量准确度要求高，操作步骤复杂，CT造影图像无法定量计算FFR来判断堵塞程度是否达到手术指征，人工智能技术可以基于形态学特征，从CT图像中提取血管的解剖学形态信息与生理学信息，从而能够在任意冠脉上的任意位置计算FFR。

二、AI 药物研发

（一）产业全景

AI药物研发又称AI制药，是将机器学习（machine learning）、自然语言处理（natural language processing）及大数据等人工智能技术应用到药物研发各个环节，进而促进新药研发降本增效。与传统计算机辅助药物设计相比，两者在基础要素、推导方式等方面均有差异，AI可以间接应用于传统计算机辅助药物设计，助其发展。目前，在医药创新领域存在着"双十定律"，即生物医药企业研发一种创新药的完整周期至少需要10年，花费10亿美元。不仅如此，约90%的药物会在临床试验阶段失败。AI技术能够颠覆传统药物研发进程，快速识别药物靶点，从数据库中匹配合适的分子，设计、合成化合物并预测药物代谢性质和理化性质，可大幅缩短药物研发时间、降低研发成本并提高成功率。

从产业链看，AI药物研发产业链上游为AI模型数据集供应及云计算平台的硬软件供应，目前，大部分公司提供数据库、数据联盟以及数据处理软件等工具，辅助AI制药企业加速药物研发；产业链中游为AI药物研发企业和 IT 企业，AI 药物研发企业主要分为 AI SaaS [①]、AI CRO [②]、AI biotech [③] 三种模式，即出售软件、服务和研发药物，分别占了商业模式总数的 25%、23% 和 8%；下游为传统药企，中游 AI 药物研发企业会将其药物研发阶段的服务直接出售给传统药企，因此传统药企是 AI 药物研发的直接需求者。

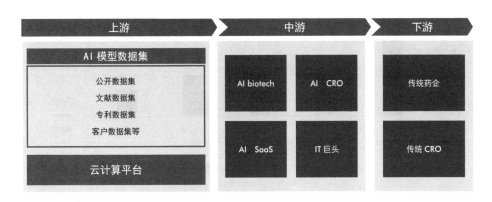

图 8-14　AI 医疗器械产业图谱

（二）发展现状

1. 市场规模：国内外 AI 药物研发保持增长态势

全球 AI 药物研发保持增长态势，北美是全球 AI 药物研发最大市场，美国集聚了一半以上的全球 AI 药物研发企业。到 2022 年底，全球 AI 药物研发市场北美地区占比最大，亚太地区排名第三，预计全球 AI 药物研发市场规模将在 2025 年达到 38.8 亿美元。目前，全球 AI 药物研发企业约 700 家，其中超过 50% 的公司集中在美国，英国和欧盟分别占据 12.5% 和 13.4%，亚洲大约 12.8%，其中中国占据约 4.7%。

2. 融资能力：我国 AI 药物研发仍处于早期阶段

① AI SaaS 服务是指为客户提供 AI 辅助药物开发平台，通过平台为企业赋能，帮助企业加速研发流程，节省成本与时间。

② AI CRO 是指初创公司通过人工智能的辅助，为客户更好地交付先导化合物或者 PCC，再由药企进行后续的开发，或者合作推进药物管线。

③ AI biotech 以推进自研管线为主，较少进行外部合作。

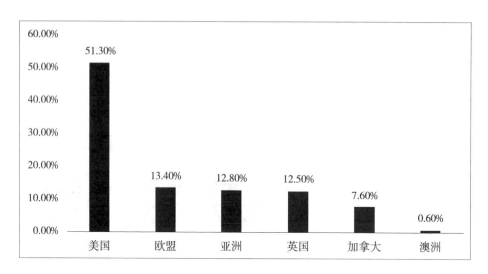

图 8-15　全球各地 AI 药物研发公司占比情况

2022 年，全球 AI 药物研发相关融资总事件达 144 起，总金额为 62.02 亿美元（约合人民币 426.7 亿元）。相较于 2021 年的整体共计 77 起、总金额共计 45.6 亿美元的融资情况呈现双双上涨的态势。其中，美国 AI 药物研

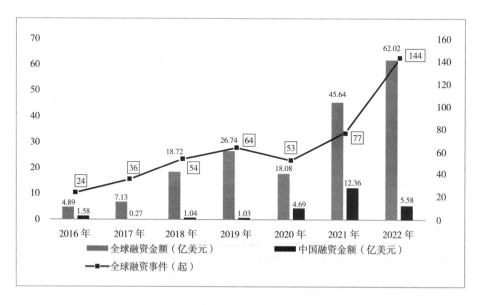

图 8-16　全球各地 AI 药物研发公司占比情况

发融资事件 71 起、中国 43 起，其他国家和地区 30 起，投融资活动主要活跃在中国、美国和欧洲。

3. 细分领域：化合物虚拟筛选、新靶点发现等药物研发应用广泛

研发周期长、成本高、成功率低一直是新药研发领域的痛点。随着机器学习、深度学习、知识图谱等关键技术的快速发展，当前 AI 辅助药物研发布局分布是药物发现、临床前研究、临床试验和药品销售的各个阶段，其中布局最多的环节是药物靶点发现、化合物筛选和晶型预测等。例如，在药物发现阶段，AI 搜索的深度和广度远超专家经验，数据挖掘和分析有利于创新药物靶点的确定，找到合适的先导化合物，从而提高药物研发效率；在临床前研究阶段，基于 AI 技术的新药研发管线可将临床前研究时间从 3～6 年压缩至 1～2 年，大幅提高效率并节省成本。据 TechEmergence 研究报告，AI 技术可使新药研发成功率由 12% 上升至 14%；此外，CHI HEEM WONG 等人的研究数据显示，AI 技术可在化合物筛选、合成方面节约 40%～50% 的时间，每年可为整个制药行业节约 260 亿美元的成本。

4. 市场主体：AI 药物研发企业、头部药企、互联网头部企业是行业主力军

当前国内外 AI 制药市场的主要入局者有三类，即头部药企、AI 药物研发企业和互联网头部企业。一是头部药企：主要通过自建团队和业务合作两种方式进入 AI 药物研发赛道。其中，与 AI 药物研发企业合作是主要的业务模式，头部药企可凭借其在研发管线、专业背景上的优势弥补 AI 药物研发企业的不足。如强生、辉瑞、阿斯利康、诺华、拜耳等头部药企多次合作，药明康德与 Insilico Medicine 合作进行的化合物筛选等，正大丰海、豪森药业、云南白药也参与到 AI 研发合作中。二是互联网头部企业：依托其 AI 模型和平台优势，以对外投资、自建 AI 药物研发平台和提供算法服务三种方式跨界入局。例如，"云深智药"是腾讯基于其 AI Lab 自主研发的深度学习算法、数据库和云计算，打造的 AI 驱动药物临床前研究开放平台，覆盖了临床前药物研发的全流程；此外，腾讯还与成都先导合作，共同设计完成了首个经实验验证的骨架跃迁分子生成算法。三是 AI 药物研发企业：是行业的主力军，

AI 药物研发企业依托其算法和数据优势，以 CRO（医药研发外包）和自研管线为主要模式切入应用场景。技术上，AI 药物研发企业的算法很受欢迎，成为重要的技术壁垒。此外，这类企业的数据自研能力是关键的竞争要素，AI 药物研发所需的高价值数据多源于其智能实验室。

（三）未来前瞻

1. AI 药物研发将成为未来制药的主流方式

目前，我国 AI 药物研发主要应用于药物发现阶段和临床前研究阶段，受生物系统内在复杂性和疾病异质性特征的制约，AI 技术尚不能为药物研发的效率和成功率带来革命性改变，整体仍处于探索阶段。未来，随着算法的更新、算力的突破及大数据的发展，AI 技术将深入应用到新药研发的各个环节，在化合物合成、药效预测及自动化研发等阶段扮演越来越重要的角色，AI 技术在制药领域的渗透率将不断提高，成为创新药研发的主流方式。相应地，目前，AI 驱动管线多处于临床前研究和临床一期阶段，根据新药研发周期，2022—2025 年仍处于验证期。虽然短期内可获取的药物研发管线数量不多，但普遍规模较大，随着研发效率的提升以及 AI 药物研发企业融资进程的加快，未来行业市场规模增速仍然可观。据艾瑞建模测算，2022 年中国 AI 药物研发市场规模为 2.92 亿元，2025 年将达 7.74 亿元，复合年均增长率为 38.39%。

2. AI 技术在全药物研发流程应用场景持续延伸

回顾 AI 技术赋能我国药物研发的近十年，伴随商业模式的不断演化，也反映出我国创新药企在 AI 药物研发这一赛道上越跑越宽、越跑越远的良好态势。长远来看，AI 制药的 CRO 模式会趋于同质化，亲自下场做药是提高企业附加值的商业模式，当然也是对企业的人工智能研发能力、药物临床能力及法规理解能力的多重考验。面临如此多维度的挑战，将 AI 技术"降本增效"的优势辐射至整个药物研发流程，放眼全球，AI 对临床前研究和临床试验方面的技术探索也已经起步。剂型设计、新形态药物递送、临床患者分层、临床试验设计优化、临床结果预测、虚拟临床试验、真实世界研究等新的 AI 技术应用场景开始出现。不难预测，未来不论是 AI 技术的应用探索，还是 AI 药物研发企业的发展重心，均会逐渐延伸至受法规监管的临床前研究和临床试验阶段。

3. AI 药物研发将进军抗体等大分子领域

2022 年 4 月份，以色列药企 Biolojic Design 宣布其有史以来第一个计算设计的抗体进入临床试验；2022 年 11 月，加拿大药企 AbCellera 和合作伙伴 Regeneron 宣布已经将首个针对未公开 G 蛋白偶联受体（GPCR）的抗体候选药物推进到临床前开发阶段；同月，AI 制药企业 Exscientia 宣布，其 AI 技术平台将包括人类抗体设计。据不完全统计，全球已经有 20 多家公司正在通过 AI 技术发现抗体药物。从区域来看，这些公司大都分布在欧美。

4. 自动化实验室将成为 AI 制药新的发力方向

2022 年，数据的数量和质量仍是 AI 制药发展的核心问题。自动化实验室的出现恰恰就是为了解决这个问题。2021 年，部分 AI 制药公司已经开始建立自动化实验室，目的是提高内部数据的生成能力，以优化 AI 模型。据不完全统计，Exscientia、英矽智能、Arctoris、Recursion、Insitro 等都建立了自动化实验室。英矽智能于 2021 年 12 月发布了全球首个由人工智能辅助决策的全自动化机器人实验室。该智能机器人实验室聚焦靶点发现、化合物筛选、个性化药物开发和转化医学研究等领域。自动化已经成为不少 AI 制药公司战略版图的下一个重要模块。2021 年初，英国的 Automata Labs 筹集 5000 万美元用于自动化实验室研究；中国的镁伽科技也引来高盛投资，获得 3 亿美元融资用于扩展其多样化的自动化人工智能驱动的远程实验室服务和机器人化设施。

三、智慧医疗

（一）产业全景

智慧医疗旨在利用区块链、医疗信息化、大数据、人工智能、物联网、虚拟现实等技术，在诊断、治疗、康复、支付、卫生管理等各环节，实现医

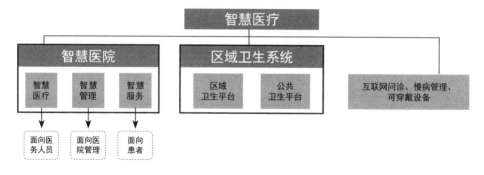

图 8-17　智慧医疗范畴

疗信息管理和服务互联、共享协作、临床创新和科学诊断等功能，实现患者与医务人员、医疗机构、医疗设备之间的治疗或健康管理互动。

我国的智慧医疗系统主要由智慧医院、区域卫生系统和家庭健康系统三大系统组成。其中，智慧医院又分为智慧医疗（狭义）、智慧管理和智慧服务，分别面向医务人员、医院管理及患者。区域卫生系统由区域卫生平台和公共卫生平台两个部分组成。家庭健康系统作为最贴近民众的健康保障系统，能够帮助有医疗需求的人在家中享受高质量且便捷的医疗服务。

从智慧医疗体系架构看，智慧医疗围绕着建设信息化基础到"互联网+医疗健康"，再到发展智慧医院、智慧医疗，逐步打通"医、药、险"各个环节。其中，产业底层是由医疗大健康数据提供基础信息支撑，基于数据共享和协同发展，在信息化建设的基础上推动区域协同医疗、互联网医疗、远程医疗等，并应用到急救业务、院内诊前业务、导医导药业务、医患互动等场景。

（二）发展现状

1. 我国高质量医疗服务需求持续上升

据国家统计局数据，2022 年，全年全国居民人均可支配收入 36883 元，比上年增长 5.0%，扣除价格因素，实际增长 2.9%。2022 年，全国居民人均消费支出 24538 元，比上年名义增长 1.8%，扣除价格因素影响，实际下降 0.2%，

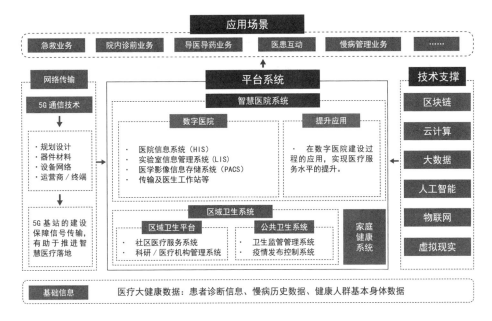

图 8-18 智慧医疗体系架构

其中人均医疗保健消费支出 2120 元，增长 0.2%，占人均消费支出的比重为
8.6%。随着人均可支配收入的提高，人们越来越关注健康，对高质量医疗服
务需求持续上升，倒逼智慧医疗行业发展。

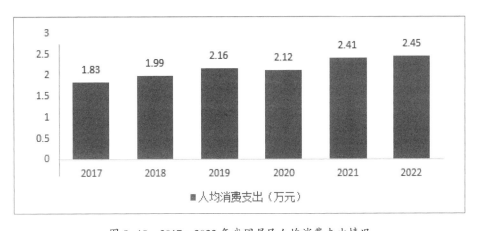

图 8-19 2017—2022 年我国居民人均消费支出情况

2. 我国密集出台一系列医疗健康政策

智慧医疗是提高医疗品质、效率与效益的新型医疗模式，已经成为推动我国数字经济飞速发展的"新动能"。近年来，国家密集发布一系列医疗健康政策，尤其是《"健康中国2030"规划纲要》把医疗健康提升到了国家战略层面，之后一系列围绕此战略目标的政策密集发布，远程医疗、区域协同、分级诊疗、"互联网＋医疗健康"的概念初步成型。《"十四五"全民医疗保障规划》《"十四五"优质高效医疗卫生服务体系建设实施方案》《国务院办公厅关于关于推动公立医院高质量发展的意见》《国家卫生健康委办公厅关于进一步完善预约诊疗制度加强智慧医院建设的通知》等政策促进医院信息化、远程医疗等智慧医疗发展。医院信息化管理系统、电子病历系统、区域医疗信息互联互通等重点工作逐步得到完善，医院、医保、远程医疗等各个环节的信息化进程加快。

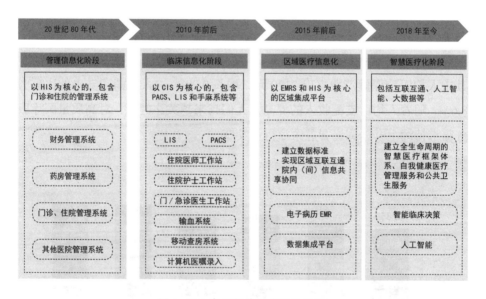

图 8-20 我国智慧医疗发展历程

表 8-9　2018—2022 年我国智慧医疗相关政策

政策名称	颁布日期	颁布主体	政策要点
《国务院办公厅关于促进"互联网＋医疗健康"发展的意见》	2018 年 4 月	国务院	健全"互联网＋医疗健康"服务体系；完善"互联网＋医疗健康"支撑行业监管和安全保障
《远程医疗服务管理规范（试行）》	2018 年 7 月	卫健委	明确远程医疗服务范围，进一步推动远程医疗服务持续健康发展，优化医疗资源配置，促进优质医疗资源下沉，推进区域医疗资源整合共享，提高医疗服务能力和水平
《全国基层医疗卫生机构信息化建设标准与规范（试行）》	2019 年 4 月	卫健委、中管局	着眼未来 5—10 年全国基层医疗卫生机构信息化建设、应用和发展要求，满足全国社区卫生服务中心（站）、乡镇卫生院（村卫生室）的服务业务、管理业务等
《医疗保障标准化工作指导意见》	2019 年 6 月	医保局	2020 年，在全国统一医疗保障信息系统建设基础上，逐步实现疾病诊断和手术操作等信息业务落地。"十四五"期间，形成全国医疗保障标准清单，启动部分医疗保障标准的研究制定和试用完善

续表

政策名称	颁布日期	颁布主体	政策要点
《国家卫生健康委办公厅关于加强信息化支撑新型冠状病毒感染的肺炎疫情防控工作的通知》	2020年2月	卫健委	积极开展远程医疗服务，充分发挥各省份远程医疗平台作用，鼓励包括省级定点救治医院在内的各大医院提供远程会诊、防治指导等服务
《关于印发进一步完善院前医疗急救服务指导意见》	2020年9月	卫健委	进一步加强院前医疗急救体系标准化、规范化建设，提高院前医疗急救服务能力，提高院前医疗急救信息化水平，推动院前医疗急救网络与医院信息系统连接贯通
《5G应用"扬帆"行动计划（2021—2023年）》	2021年7月	工信部、卫健委、发改委等	丰富5G技术在医疗健康行业的应用场景，重点推广5G在急诊急救、远程诊断、健康管理等场景的应用
《"十四五"中医药发展规划》	2022年3月	国务院	推进智慧医疗、智慧服务、智慧管理"三位一体"的智慧中医医院建设。建设中医互联网医院，发展远程医疗和互联网诊疗

3. 智慧医疗市场规模呈加速增长态势

近年来，智慧医疗市场规模呈加速增长趋势，互联网医疗企业、技术型企业、传统医疗信息化企业纷纷加入智慧医疗赛道，寻求与智慧医疗的衔接点，进行转型升级，投融资规模快速增长。数据显示，2022 年我国智慧医疗投资数量共 150 起，投资金额达 190.2 亿元。2022 年，我国智慧医疗应用规模约为 780.5 亿元，是 2017 年的 2.08 倍，行业保持快速增长态势。

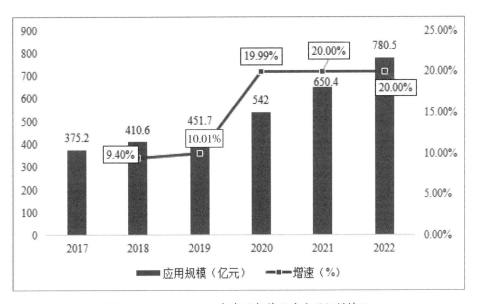

图 8-21　2017—2022 年我国智慧医疗应用规模情况

（三）未来前瞻

1. 政策持续利好智慧医疗行业发展

智慧医疗是智慧城市战略规划中一项重要的民生领域应用。随着多项医疗卫生信息化政策的出台以及新医改的不断深入，中国相关政府部门积极响应智慧医院及智慧医疗的建设和投入，从新技术应用、政策鼓励等多个维度推动医疗手段信息化、医疗技术智能化以解决当前所面临的各种医疗问题，并对智慧医疗建设提出了更高的要求。国务院办公厅印发的《关于推进医疗联合体建设和发展的指导意见》要求，实现按照疾病的轻重缓急及治疗的难易程度进行分级，不同级别的医疗机构承担不同疾病的治疗，逐步实现从全科到专业化的医疗过程，真正实现电子病历互联互通。政策的落实将在很大程度上推动智慧医疗行业的发展。

2. 社会需求变化促进医疗智慧化转型

当前，社会与人口的发展趋势对医疗卫生服务提出了新的需求，城镇化的推进加剧了城乡医疗水平的不均衡，城市医院寻求更加便捷、高效的智慧化手段以缓解日益增大的巨量就诊压力。老龄化社会加剧、慢性病健康管理等问题，迫使医院转变运营方式，不断探索医疗智慧化转型。

3. 融合型技术进步助推医院智慧化建设

技术进步助推了医院智慧化建设。物联网、大数据、云计算、人工智能、传感技术的融合发展使辅助决策、辅助医疗手段成为可能。促进医院联合医疗保险、社会服务等部门，在诊前、诊中、诊后以及医疗支持等各个环节，对患者就医及医院服务流程进行简化，也使得医疗信息在患者、医疗设备、医院信息系统和医护人员间流动共享，极大地提高了医疗工作效率。同时，5G 技术、云计算、大数据、人工智能等新技术的不断发展，也在客观上为其深化应用提供了更丰富的可能性。

第五节　未来商贸：机遇与挑战

商业文明的发展离不开贸易的推动，事实上，贸易的本质正是一种货物或服务交易的商业行为。不同时代，贸易的形式也有所不同。从以货易货到现金交易，再到电子商务，今天，随着新一轮科技革命和产业变革突飞猛进，全球数字经济蓬勃发展，贸易形态也在朝数字化加速演进。数字化贸易不仅拓宽了传统的贸易边界，也为贸易发展带来了机会和挑战，这正成为国际贸易发展的一个新趋势。

一、数字贸易

（一）产业全景

数字贸易是以数字技术为手段、数据为核心生产要素、数字化平台为载体、数字服务为主体、数字化交付为主要特征的贸易新业态，通过数据链促进产业链、供应链、创新链加速优化整合，提升价值链增值水平。数字贸易与传统贸易最大的区别在于贸易方式数字化和贸易对象数字化。其中，贸易方式数字化是指数字技术与国际贸易开展过程深度融合，带来贸易中的数字对接、数字订购、数字交付、数字结算等变化；贸易对象数字化是指以数据形式存在的要素、产品和服务成为重要的贸易标的，导致国际分工从物理世界延伸至数字世界。

表 8-10　数字贸易与传统贸易对比

类别	传统贸易	数字贸易
贸易主体	大型跨国企业为主	互联网平台企业的作用凸显
贸易对象	以有形的货物和生产要素为主	数字产品和服务贸易占比上升
贸易运输方式	主要采取陆运、海运等方式	无纸化和电子化趋势明显
贸易实效性	交易周期长、贸易成本高	大幅弱化地理等因素制约
关键技术	生产制造、交通物流	信息通信技术
监管部门	海关、检验检疫、外汇管理局	数字内容审核部门、产业安全部门
贸易政策	双边及区域贸易协定等	数据监管、隐私保护等

　　从数字贸易所涉及的行业看，随着互联网和数字技术不断与众多行业深度融合，数字贸易将渗入几乎所有行业的诸多部门，并推动大多数传统贸易产品转型升级。中国商务部研究院发布的《中国数字贸易发展报告2020》显示，数字贸易所涉及的行业包括但不限于：数字产品贸易，包括信息、计算机软件、视听娱乐产品等可数字化表示并可用计算机网络传输的产品或劳务。例如，数字游戏、数字出版、数字影视等。数字服务贸易，包括跨境电商平台服务，以及金融、保险、教育、医疗、知识产权等线上交付的服务。数字技术贸易，包括软件、通信、大数据、人工智能、云计算、区块链、工业互联网等数字技术的跨境贸易。数据贸易，包括数据跨境流动形成的贸易。

　　数字贸易的关键产业链包括云计算技术、互联网大数据、物联网技术、工业物联网、区块链技术、人工智能技术、虚拟现实技术和强化现实技术产业链。这些前沿产业链的加入，将突破生产、销售、交易、物流、服务等贸易流程的壁垒。集约化、无界化的发展趋势将促进整个贸易的效率和成本的

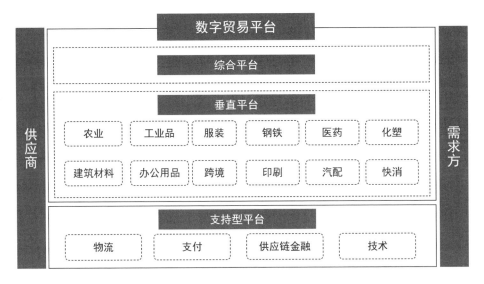

图 8-22　数字贸易产业图谱

降低。

数字贸易对提升贸易效率、优化贸易流程、降低贸易成本、催生新兴产业等方面将发挥越来越重要的作用。在数字贸易深入化发展过程中，价值链各端企业通过数字化技术整合跨境资源，为全球关联企业产品设计、生产加工、经贸合作、营销服务等提供多元化支持，驱动全球价值链重塑。

（二）发展现状

1. 数字贸易成为服务贸易的新引擎

根据联合国贸易和发展会议利用可数字化交付服务贸易测度数字贸易的方法[①]，中国数字贸易额由 2015 年的 2000 亿美元增至 2020 年的 2947. 6 亿美元，增长 47.4%；数字贸易占服务贸易比重由 30.6% 增至 44.5%。除 2017 年外，其余年份数字贸易出口额均大于进口额。这反映出：一是数字贸易对

<hr />

① 可数字化交付服务贸易包括：保险服务，金融服务，电信、计算机和信息服务，知识产权使用费，个人、文化和娱乐服务，以及其他商业服务。

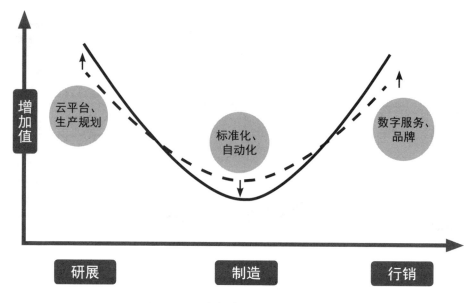

图 8-23 数字贸易下的微笑曲线变化

减少服务贸易逆差作出重要贡献；二是数字贸易为提升服务贸易竞争力发挥了重要作用；三是中国数字贸易国际竞争力日益增强。尤其是新冠疫情发生后，传统服务贸易严重受挫、大幅下滑，数字贸易逆势而上成为服务贸易增长的主引擎。2020 年，可数字化交付的服务贸易额同比增长 8.4%，占当年服务进出口总额的 44.5%，较 2015 年提升 13.9 个百分点；其中，服务出口额为 1551.5 亿美元，增长 7.9%，占服务出口总额的 55.3%，较 2015 年提升12.8 个百分点。

表 8-11　2015—2020 年我国数字贸易总额及占比情况

单位：亿美元

指标	2015 年	2016 年	2017 年	2108 年	2019 年	2020 年
服务贸易总额	6542	6616	6957	7919	7850	6617

续表

指标	2015 年	2016 年	2017 年	2108 年	2019 年	2020 年
可数字化交付服务贸易	2000.0	2092.0	2079.5	2561.8	2722.1	2947.6
其中：出口	1137.3	1121.5	1025.7	1321.4	1437.5	1551.5
进口	862.7	970.5	1053.8	1240.4	1284.6	1396.1
可数字化增速	/	4.6	−0.6	23.2	6.3	8.3
可数字化总额占比	30.6	31.6	29.9	32.4	34.7	44.5

2. 重点领域数字贸易出口势头强劲

近年来，各领域数字贸易出口均表现出强劲态势。在数字技术服务出口领域，中国软件、社交媒体、搜索引擎、通信、云计算、卫星定位等信息技术服务出口总体保持高速增长。尤其是新一代数字技术服务出口增速迅猛，2020 年集成电路和电子电路设计、信息技术解决方案、网络与信息安全服务出口执行额分别增长 38.3%、63.3%、309.7%，云计算、人工智能服务出口执行额分别增长 35% 和 234.5%。在数字产品出口领域，中国数字娱乐、数字传媒、数字学习、数字出版等数字内容产品领域出口实力明显增强，成为向世界进行文化传播与交流的重要载体。比如网络游戏国际市场份额与自主研发水平同步提升。SuperData 公布的《2020 年全球游戏年度报告》显示，全球数字游戏市场总收入 1399 亿美元，增长 12%。其中，中国网络游戏市场营收占比为 32%，居世界首位；美国占比为 29%，居第二；日本占比为 15%，居第三。据中国音数协游戏工委数据，2015—2020 年中国自主研发的网络游戏海外销售收入由 53.1 亿美元增至 154.5 亿美元，年均增长 23.8%，覆盖 100 多个国家和地区。在数字服务出口领域，2020年中国跨境电商实现货物进出口1.69万亿元，增长31.1%。随着跨境电商不断转型升级，形成了融货物贸易和服务贸易于一体的B2B全链路新一代跨境电商范式，出现了阿里、京东等一批有国际影响力的全链路跨境电商企业，并在国际规则制定中拥有一定话语权。在数据贸易领域，日经新闻网数据显示，2019年中国数据跨境流动量约为1.11亿Mbps，占全球数据跨境流动量的23%。随着数据确权、隐私保护、知识产权保护、数据跨境自由流动等数字贸易规则和治理体系不断完善，数据贸易发展将有更大潜力和市场空间。

3.数字企业国际竞争实力显著提升

中国涌现出华为、阿里、腾讯、百度等世界级信息通信技术和平台服务企业，其中华为5G专利全球排名第一，占比达20%。北斗卫星导航系统全球组网技术居全球领先水平。2020年，全球大数据、云计算、人工智能相关专利申请量达5万多项，中国占比近20%。UNCTAD发布的《2019年数字经济发展报告：价值创造和捕获，对发展中国家的影响》将腾讯、阿里列入全球7大"超级平台"。在福布斯2019全球数字经济100强排行榜中，中国上榜企业14家，位列第二。

表8-12　近年全球市值最高的十家互联网公司

单位：亿美元

企业名称	2015年	2016年	2017年	2018年	2019年	2020年
苹果	4370	4916	7299	6905	12488	18300
微软	3881	4466	6282	7592	11868	15200
亚马逊	3385	3756	5857	7523	9255	14800
Alphabet	5162	5324	7117	7044	9094	9930
脸书	2982	3278	5027	3735	5847	7194
阿里巴巴	2199	2376	4665	3709	5739	7370

续表

企业名称	2015 年	2016 年	2017 年	2018 年	2019 年	2020 年
腾讯	1867	2328	4996	3872	4632	6387
Salesforce	713	623	930	1246	1480	2209
Adobe	/	/	/	1085	1582	2282
PayPal	未上市	/	864	/	/	2150
Netflix	/	847	1180	1427	/	
Booking	522	600	/	/	/	/
百度	652	567	/	/	/	/
总市值	25733	28234	43884	43891	63412	85822
我国占比（%）	18.3	18.7	22.0	17.3	16.4	16.0

数据来源：根据雪球数据整理，未注明市值表示当时未进前十，2020 年数据截至 2020 年 9 月

4. 数字贸易发展基础支撑不断夯实

中国数字贸易发展具备良好的基础条件。一是数字经济体量巨大，为数字贸易发展奠定了坚实的产业基础。2020 年，中国数字经济规模达 39.2 万亿元，占 GDP 比重达 38.6%。二是数字基础设施位居世界先进水平，为数字贸易发展提供了技术支持。截至 2020 年，中国 4G 基站数量 575 万个，已开通 5G 基站超过 71.8 万个，全国光缆线路总长度 5169 万公里；国际出口带宽 11511397Mbps；光纤宽带接入用户 4.54 亿户，占固定互联网宽带接入用户的 93.9%。三是产业体系较完备，为数字技术提供了丰富的应用场景，有利于催生新业态、新模式成长。中国拥有联合国产业分类中的全部工业门类，制造业整体国际竞争力较强，且农业、服务业规模庞大。四是数字消费需求巨大，为数字贸易发展提供了规模化市场。截至 2020 年，中国网民 9.89 亿人，全球占比 20% 左右，互联网普及率达 70.4%。

（三）未来前瞻

1. 全球数字贸易将保持强劲增长态势

全球数字经济强势崛起有力促进了数字贸易发展，贸易数字化转型促进了全球贸易结构和贸易格局深度调整和重塑，数字技术与产业深度融合将推动数字贸易新业态、新模式不断涌现，提高货物贸易数字化水平，扩展服务贸易数字化边界。UNCTAD数据显示，过去十年，全球可数字化交付的服务出口额年均增速达7%～8%，2020年全球可数字化交付的服务出口占比达63%。世界贸易组织发布的《2020年世界贸易报告》认为，新冠疫情加速了电子商务和数字化创新，各成员正在积极推进数字化转型升级。据经济合作与发展组织数据，2020年新冠疫情推动了全球互联网使用和访问量大幅增长，很多互联网运营商流量增长均达60%以上。尤其是5G、大数据、云计算、人工智能、区块链等新一代信息技术的应用推广大幅提升了全球服务贸易数字化水平，全球数字贸易发展将为中国提供巨大的国际市场机遇。

2. "数字丝路"释放"一带一路"沿线市场潜力

"一带一路"沿线国家数字鸿沟巨大、信息技术比较滞后，具有发展数字贸易的广阔市场；同时，随着沿线国家信息基础设施不断完善，也为数字贸易提供了硬件支持。2020年，中国承接"一带一路"沿线国家离岸外包执行额为1360.6亿元，同比增长8.9%，总量占比18.7%。目前，中国已与170多个国家和国际组织签署200多份共建"一带一路"合作文件。随着《区域全面经济伙伴关系协定》落地以及中国与"一带一路"沿线国家自贸区网络不断扩大，数字经济合作机遇必将扩大。建设"数字丝路"将有效提升沿线国家，特别是发展中国家的数字基础设施水平，缩小数字鸿沟，促进企业数字化转型和产业数字化融合发展，从而为中国数字企业开辟新的国际市场。

3. 国际数字贸易规则治理体系日趋严格

由发达国家主导、区域自贸协定引领的数字贸易规则积极推进。数字贸易是各国争夺未来国际贸易竞争战略制高点和规则制定主导权的焦点，已经成为国际经贸规则博弈的新赛道。当前，美国、欧盟、日本等发达国家不断出台国家战略、完善立法、强化国际战略同盟，尤其是通过区域、双边、专项协定等方式制定数字贸易规则，并在全球发挥主导作用。如《全面与进步跨太平洋伙伴关系协定》、《美墨加协定》（USMCA）、《欧日经济伙伴关系协定》(EU-Japan EPA) 等高标准自贸协定都将数字贸易规则作为重点议题，并体现了高度自由开放的趋势。此外，全球数字治理体系和数字贸易规则呈现碎片化状态。当前由于世界贸易组织改革停滞不前，区域、双边和专项协定在其中仍发挥主要作用，全球尚未形成统一的数字贸易规则标准和完善的数字治理体系。由于发达国家与发展中国家在数字经济发展阶段、制度体系、文化理念等方面的差异性，在数据跨境自由流动、数据本地化存储、源代码保护、数字税征收、平台竞争与责任、人工智能伦理、网络数据安全等方面的主张均存在明显不同，加快在全球范围内形成数字贸易规则标准和完善的数字治理体系是大势所趋。

第六节 未来能源：绿色与转型

伴随各国"双碳"战略的时间表落地，全球能源消费转型的进程加速，能源短缺与环境污染等阻碍人类社会可持续发展的难题有望得到解决。大力发展绿色可再生能源是全球能源体系低碳化的必经之路，智能光伏、新型储能等作为无污染、低碳排的绿色能源，具有广阔的发展前景。

一、智能光伏

（一）产业全景

光伏发电在能源供应体系中占据越来越重要的地位，光伏相关产业也随之强大起来，已形成了从高纯度硅材料、硅锭／硅棒／硅片、电池片／组件、光伏辅材辅料、光伏生产设备到系统集成和光伏产品应用等完整的产业链条。

从光伏产业链构成看，光伏产业链包括硅料、硅片、电池片、组件、光伏电站等环节。其中，上游环节中硅料、硅片生产技术门槛和投资壁垒高，规模效应明显，在产业链中占据主导地位，附加价值最高。硅料生产处于多寡头竞争格局，前五大厂商产能超过 75%，硅片生产则呈双寡头格局，隆基和 TCL 中环两家市场份额 45% 以上。中游环节的电池切片、组件封装加工环节简单，附加价值偏低。在中游辅材中光伏玻璃和 EVA（乙烯—醋酸乙烯酯共聚物）胶膜附加价值较高，但属于高耗能和化工领域，其他辅材多为金属材料成型加工，附加值偏低。下游环节的光伏电站系统中，逆变器是除光伏组件外最重要的组成部分，占光伏电站系统总成本的 10% 以上，是光伏系统中成本第二大环节，附加值相对较高。

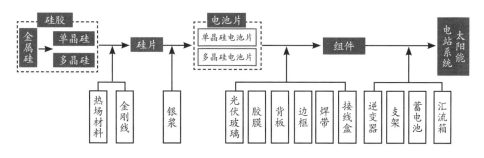

图 8-24 光伏产业链图谱

（二）发展现状

1.我国光伏装机量快速增长，已成为全球最大光伏市场

2020 年 12 月 16 日至 18 日召开的中央经济工作会议中，我国提出做好碳达峰、碳中和工作，提出到 2030 年前二氧化碳排放力争达到峰值，2060 年前实现碳中和。为实现该目标，我国以光照资源充足的优势大力发展光伏发电。光伏发电的发展进一步推动光伏设备市场规模的扩大。2011 年以来，在光伏发电成本下降驱动以及标杆电价正式推出等一系列政策支持下，中国已逐步成为全球重要的太阳能光伏市场之一。2013 年，新增装机容量 10.95GW，首次超越德国成为全球第一大新增装机市场。而在此之后，我国基本保持了持续高速增长的趋势，截至 2022 年底累计装机量约 392.6GW，连续多年新增装机量、累计装机量位居全球第一。

伴随中国光伏市场的不断扩大，我国相关产品的出口规模也在迅速增加，2022 年度光伏产品出口总额超 512 亿美元，同比增长超 80%，海外市场在我国光伏产业持续发展的过程中将起到重要的推动作用。

2.产业规模持续扩大，成为全球核心研发制造基地

在全球光伏市场蓬勃发展的推动下，我国光伏产业持续健康发展，产业规模稳步增长，技术水平不断突破创新，已逐步成为全产业链发展创新、研发制造基地，光伏产业已成为我国为数不多的可以同步参与国际竞争的、保持国际先进水平的产业之一。

从产品出口上看，根据国家能源局公布的数据，2022 年我国光伏产品

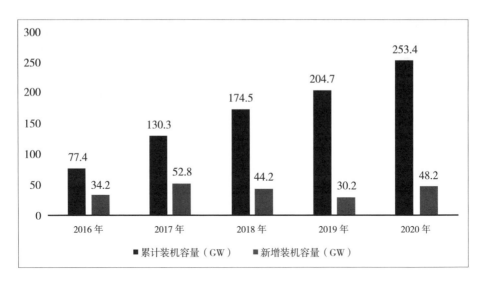

图 8-25　2016—2020 年我国光伏累计及新增装机量

出口总额超 512 亿美元，同比增长超 80%。从量上看，我国是组件出口大国，随着光伏组件进入成熟期，2022 年全国光伏组件出口约 153.6GW，硅片出口约 36.3GW，电池片出口约 23.8GW，分别同比增长 55.8%、60.8%、130.7%。伴随市场竞争激烈，为降本增效，组件环节行业集中度逐步提高，"一体化"发展态势明显。

在技术研发上，我国的科技成果转化和产业化水平始终引领全球，多家行业领先企业与光伏领域的世界著名高校和研究院所开展合作研发。2014 年起，我国企业与研究机构多次刷新晶硅电池实验室效率。2021 年，我国企业/研究机构 11 次打破晶硅电池实验室效率。目前，我国 N 型 TOPCon、HJT、P 型单晶 TOPCon 的实验室最高转换效率已经分别达到 25.7%、26.30%、25.19%。同时，TOPCon、HJT 等一批高效晶硅电池工艺技术产业化加速，国际竞争力显著提升。

3. 我国光伏产业已进入依靠提质增效、摆脱补贴的新阶段

近年来，我国光伏产业快速发展，国家相关部门根据光伏行业发展阶段、投资成本、区域差别、补贴程度及税收政策等因素适时调整光伏发电上网电价，并对不同国内运营项目实施不同的售电电价政策，以适应不断变化的市

场需求，提高资源合理配置水平。

2013 年 8 月，国家发改委出台光伏上网电价，为了促进光伏行业市场化竞争、升级转型，国家开始持续推行新能源标杆电价"退坡机制"。此外，有关部门还通过鼓励光伏发电技术进步、产业升级、市场应用和成本下降等途径，通过持续性、多层次的政策文件予以引导。2018 年 5 月 31 日，国家发改委、财政部、国家能源局联合发布了《关于 2018 年光伏发电有关事项的通知》（简称"531 新政"），从优化新增建设规模、加快补贴退坡及降低补贴强度、加大市场化配置力度三个方面对光伏政策安排进行了调整和规范，旨在激发企业发展内生动力，促使企业通过降本增效提高发展质量，推动行业技术升级，降低发电成本，减少补贴依赖，从而加速"平价上网"目标的实现。在此背景下，我国光伏产业投资成本持续降低，光伏发电成本不断逼近甚至突破煤电成本。2022 年，我国地面光伏电站在 1800 小时、1500 小时、1200 小时、1000 小时等效利用小时数的平均发电成本分别达到 0.18 元 /kWh、0.22 元 /kWh、0.28 元 /kWh、0.34 元 /kWh。随着组件、逆变器等关键设备效率提升，双面组件、跟踪支架广泛使用，到 2022 年，我国大部分地区实现与煤电基准价同价。

（三）未来前瞻

1. 全球光伏产业发展潜力巨大

减少碳排放最有效的途径就是提高非石化能源的消费比例。截至 2020 年末，全球已有超过 130 个国家制定了可再生能源发展目标，有近 40 个国家设立了碳中和的目标。根据国际可再生能源机构（IRENA）预测，在全球 2050 年实现碳中和的背景下，到 2050 年电力将成为最主要的终端能源消费形式，占比达 51%。其中，90% 的电力由可再生能源发电供应。其中，光伏作为目前资源最易得、性价比最高的可再生清洁能源，肩负在碳中和时代成为全球主力能源的重任。根据 IRENA 预测，2050 年全球光伏累计装机量将达到 14000GW。以 2021 年全球光伏累计装机量约为 850GW 测算，增长空间达到 16.5 倍，成长确定性高。而从短期来看，2022 年，在光伏发电成本持续下降和全球绿色复苏等有利因素的推动下，全球光伏市场将继续维持快速增长趋势。根据中国光伏行业协会预计，"十四五"期间，全球每年新增光伏装机约232—286GW。

2. 高效单晶产品市场前景广阔

光伏系统制造成本下降、光伏电池转换效率提升是光伏发电实现"平价上网"的核心驱动因素。近年来，光伏系统制造成本大幅下降，但随着组件占电站投资成本比重的降低，组件价格下降对电站收益提升的边际效益递减，且继续下降的空间存在极限；同时，除组件以外的土地、资金以及人工等刚性成本占比提升，成为影响光伏发电成本下降的重要因素。因此，通过技术进步提升电池转换效率、提高相同面积组件功率，将是未来实现光伏发电"平价上网"的主要途径。

单晶产品因其具有晶格缺陷更低、材料纯度更高、电学性能和机械性能更加优异等特点，从而具有更大的转换效率提升空间。近年来，以PERC（钝化发射极和背面电池）为代表的高效电池技术为单晶对多晶的替代提供了助力。全球单晶市场份额从2015年的18%增长至2021年的94.5%，预计2022年单晶硅市场份额将提升至96%左右。此外，随着电池技术的不断进步，以TOPCon电池、异质结电池为主的N型电池成本将会不断降低，因其转化效率提升空间大，且在双面率、光衰、弱光性能等特性方面均优于以PERC为主的P型电池，在未来将会逐步占据市场主导地位，进而提升对上游单晶硅的品质要求。

3. 大尺寸硅片成为行业未来趋势

大尺寸硅片能够摊薄非硅成本、生产成本，具有"降本增效"的优势。硅片的大尺寸化符合光伏行业降低度电成本的需求，是长期发展的趋势。目前，行业内光伏企业已经形成了182mm和210mm两大硅片尺寸阵营，根据中国光伏行业协会预计，2021年182mm和210mm尺寸合计占比由2020年的4.5%迅速增长至45%，未来其占比仍将快速扩大，并预计在3—5年内成为行业绝对主流。基于大尺寸硅片的发展趋势，单晶硅生产企业纷纷加大对大尺寸硅棒产能的投入，在行业内实现高效产能对老旧产能的替代，以满足未来市场需求。

4.光伏未来应用日益趋于多元化

随着光伏产业在世界范围内的不断扩大,其应用模式也更加趋于多元化,在"光伏＋储能""光伏＋农业""光伏＋建筑"等诸多方面的发展均有进展。在光伏—储能方面,储能技术的不断发展可以进一步促进新能源的应用,同时也会使得光伏发电的适用性更加多元。在光伏—农业方面,越来越多的国家和地区正在探索农光互补模式的发展路径。在光伏—建筑方面,光伏建筑相结合在推动建筑能效提升、降低建筑运行能耗方面的作用已被广泛认可。此外,光伏—通信、光伏—生态治理、光伏—交通等众多"光伏＋"领域均有一定的发展。光伏应用的多元化拓展将会进一步拓宽未来光伏市场规模。

二、新型储能

(一)产业全景

储能是指通过介质或设备把能量存储起来,在需要时再释放的过程。储能技术按照能量储存方式可分为物理储能、电化学储能、电磁储能三类。从行业发展整体态势来看,抽水蓄能作为传统储能产业主力,高度依赖地理布局,未来增长相对平缓。压缩空气储能、熔盐储能、电磁储能等作为储能领域的新兴技术板块,目前多处于工程化或商业化的早期阶段。电化学储能作为新型储能主流赛道,市场空间巨大,尤其是锂离子电池储能技术较为成熟,目前正处于快速增长阶段。

表 8-13　储能产业主要分类

物理储能	电化学储能	电磁储能
抽水蓄能	锂离子电池	超导储能
压缩空气储能	钠硫电池	电容储能
飞轮储能	铅酸电池和液流电池等	超级电容储能

新型储能是指除抽水蓄能之外的储能技术，包括电化学储能、压缩空气储能、飞轮储能、电磁储能等。储能电池是电化学储能的主要载体，通过电池完成能量存储、释放与管理的过程。目前，锂离子电池是技术最成熟、应用最广泛的储能电池，以下将重点对以锂离子电池为主的储能产业链进行分析。

从储能电池产业链看，产业链上游原材料价值较高，具有高能耗、高碳排、高污染、资源依赖度高等特点，原材料四种主材中除隔膜外，均涉及化学反应，行业整体呈现头部集中化程度高、行业竞争格局集中。产业链中游由电池、BMS、EMS 以及 PCS（储能变流器）等构成，储能电池是储能系统的核心所在，约占总成本的 60%；PCS 决定着输出电能的质量与特征，其成本仅次于电池，占比约为 20%；BMS 和 EMS 是储能的"大脑"，在系统成本结构中占比达 17.6%；产业链下游主要为不同应用场景的运维服务等，包括用于电力系统的发电侧、电网侧、用户侧以及通信基站、数据中心等备用电源。

（二）发展现状

1. 全球储能产业持续蓬勃发展

全世界主要国家都已经把发展储能产业作为国家战略，国际市场上储能制造业战略制高点的竞争已经拉开序幕。2021 年，全球储能产业呈现出蓬勃发展的局面，根据中关村储能产业技术联盟（CNESA）全球储能项目库的不完全统计，截至 2021 年底，全球已投运电力储能项目累计装机规模 209.4GW，同比增长 9%。其中，抽水蓄能的累计装机规模占比首次低于 90%，比去年同期下降 4.1 个百分点；新型储能的累计装机规模紧随其后，为 25.4GW，同比增长 67.7%。

从主要国家布局看，美国是全球最大、增速最快的储能市场。2020 年美国推出了储能大挑战（ESGC），在 2021 年新增投运项目装机规模再次超过中国，新增储能项目首次突破 3GW，是 2020 年同期的 2.5 倍，并且率先进入 10GWh 时代，即将从百兆瓦级开启吉瓦级项目的新时代。欧洲是仅次于美国和中国的全球第三大储能市场，欧洲储能市场自 2016 年以来，装机规模持续增长，并且呈现快速增长态势，2020 年欧洲提出"电池联盟

2030"，各项技术研发和产业链打造任务正在有序部署。日本在储能应用方面布局力度较大，其户用储能渗透率较高，仅次于德国。2021年，日本表后储能装机量为931mWh（同比+8%），户用储能占表后储能的90%。

2.我国新型储能布局步伐加快

近几年来，新型储能技术的发展受到了我国各地政府和关联部门的大力支持。国家层面及各地相继出台相关政策和支持新型储能行业发展的财政政策，如国家重点技术攻关项目、国家重点科技改造项目、国家能源改造基金、特困地区能源改造基金等，大力鼓励企业投入新型储能的研发，布局储能产业。截至2021年底，我国电力储能装机约4600万千瓦，相比于2020年增长30%，占全球电力系统储能装机量的22%；全年新增电力储能装机约1000万千瓦，其中抽水蓄能增加约800万千瓦，新型储能装机增加约200万千瓦。在新型储能中，锂离子电池占比最高，接近90%，折合装机规模约520万千瓦；其余新型储能中，铅蓄电池和压缩空气储能占比相对较大。从各省已投运新型储能装机情况看，江苏省装机量第一，已超过100万千瓦，广东省和山东省次之，其余有较大装机的省份包括青海、内蒙古、湖南、安徽等。

3.新型储能本体技术发展迅速

一是电化学储能技术：电池储能技术是目前应用最广泛的新型储能技术之一。根据电池的化学成分和工作原理不同，电池储能技术可以分为多种类型，如锂离子电池、钠离子电池、固态电池等。其中，锂离子电池性能大幅提升，电池能量密度提高1倍，循环寿命提高2—3倍；成本下降迅速，储能系统建设成本降至1200—1800元/kWh；平准化度电成本降至0.58—0.73元/kWh（按照储能每天充放电循环一次），产业链持续完善，基本实现国产化，已初步具备规模化商业化发展条件。液流电池方面已攻克全钒液流电池卡脖子技术，基本能够实现关键材料、部件、单元系统和储能系统的国产化，循环寿命超过16000次，储能系统建设成本降至2500—3900元/kWh，正在建设百兆瓦级项目试验示范。铅碳电池取得较大进步，循环寿命达5000次，储能系统建设成本降至1200元/kWh，实现了兆瓦到数十兆瓦级应用。其他电化学储能技术如下一代锂离子电池、钠离子电池、液态金属电池、金属空气电池尚不具备实用化价值。

二是机械储能技术：机械储能技术包括压缩空气储能、飞轮储能等。机械储能技术利用机械能的转化和储存来实现能量的储存和输出，具有高效、安全、寿命长等优点。机械储能技术可以为可再生能源和电力系统提供储能和平衡能力。压缩空气储能方面开展了新型压缩空气储能研究，并在关键技术上取得较大突破，实现 10MW 级先进压缩空气储能技术试验示范。飞轮储能方面自主掌握了飞轮、磁悬浮、电机系统等关键技术，实现了钻机动力调峰、动态 UPS（不间断电源系统）、电能质量管理的示范应用。

三是热储能技术：热储能技术包括熔盐蓄热技术、热泵技术等。热储能技术利用热量的传递和转化来进行能量的储存和释放，具有高效、稳定、安全等特点。热储能技术可以在热源充足的情况下，为建筑、工业、交通等领域提供热能。在超级电容储能方面，混合型电容实现较大突破，能量密度已达到 40Wh/kg 以上，功率密度已达到 1kW/kg 以上，充放电循环次数达到 50000 次以上。储热、氢储能技术也实现了原理样机突破。

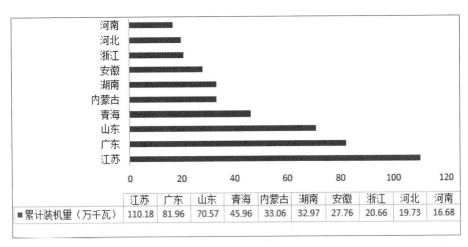

图 8-26 我国部分省份储能累计装机情况

数智时代：数字经济的现在与未来

表 8-14　不同储能技术比较

一级分类	技术名称	优势	劣势	适用场景
电化学储能	锂离子电池	利用效率高，响应时间快，能量密度高	成本高，资源受限严重，安全性较差，回收链条不通畅	电能质量、备用电源、UPS、可再生储能
	钠硫电池	利用效率高，响应时间快，能量密度高	安全性差，温度要求高，技术阶段较早期	电能质量、UPS、可再生储能
	铅酸电池	成本低，回收链条齐全，安全，响应时间快	能量密度低，寿命短，技术进步空间有限	电能质量、电站备用、可再生储能
	钒液流电池	循环寿命高，安全性能好	能量密度低，发电效率低	电能质量、调峰填谷、备用电源、可再生储能
物理储能	抽水蓄能	容量规模大，寿命长，安全性高	需要配套建设水库，生态环境维护成本高	调峰填谷、调频、紧急事故备用
	飞轮储能	功能密度高，响应时间快，寿命长，免维护	成本高，自放电现象较严重	磁悬浮飞轮储能 UPS、不间断电源大功率脉冲放电电源
	压缩空气储能	容量规模大，寿命长，安全性能高	地理环境要求高，效率低	调峰填谷、备用

续表

一级分类	技术名称	优势	劣势	适用场景
电磁储能	超级电容储能	功率密度高，响应快，安全性高	成本高，能量密度低，自放电现象较严重	汽车启停、UPS、计算机存储器后备电源

资料来源：中关村储能产业技术联盟

4. 储能应用部分已进入商业化

"十三五"期间，我国储能应用技术初步突破储能容量配置、储能电站能量管理、源—网—荷—储协同控制等关键技术，先后开展了大容量储能提升新能源并网友好性、储能机组二次调频、大容量储能电站调峰、分布式储能提升微电网运行可靠性、储能电站共享等多样性示范工程，多个示范工程相关核心技术指标也达到国际先进水平。截至 2020 年底，我国新型储能装机规模约 330 万千瓦，排名世界第一。除了少数示范项目采用压缩空气和飞轮储能技术，其余采用电化学储能技术，其中锂离子电池规模占比约 89%，铅蓄电池规模占比约 10%，液流电池装机规模占比约 0.7%，超级电容储能规模占比约 0.1%。除了总规模的提升，单个储能项目的装机规模也在不断突破，据不完全统计，我国装机规模在 50MW 及以上的新型储能项目约 7 个，10MW 到 50MW 之间的新型储能项目约 48 个，大部分采用锂离子电池技术。在投运项目中，电源侧、电网侧和用户侧的储能规模占比分别为 47%、18% 和 35%，"新能源＋储能"、常规火电配置储能、"互联网＋"智慧能源、智能微电网、共享储能等多元化应用场景不断涌现。其中 2020 年青海、河北、福建、江苏、广东共 8 个项目入选国家首批科技创新（储能）试点示范项目，涵盖可再生能源发电、火电辅助调频、电网侧、用户侧等主要场景。

（三）未来前瞻

1. 新型储能未来市场空间广阔

2060 碳中和目标下非化石能源成为主要能源供给。2015 年《巴黎协定》提出，到 2050 年气温升幅将进一步限制在 1.5℃以内，随后主要国家陆续提出碳中和目标，全球能源转型进程有序推进。根据国际能源署预测，基于全球升温不超过 1.5℃的假设，2050 年全球电力消费的 90% 将来自可再生能源电力，其中风电和光伏占电力消费总规模的近 70%。碳中和的实现路径有三个方向：发展清洁能源、节能提效和碳捕捉与储存。其中，清洁能源是指能够有效降低温室气体排放的新能源技术。发展新能源是实现碳中和路径中较为关键的一环，直接催生了许多新兴产业，例如风力发电、光伏发电等，也促进了水能、核能等成熟的清洁能源的发展。

从国内布局来看，2022 年 1 月，国家发改委、国家能源局发布的《关于加快建设全国统一电力市场体系的指导意见》，提出到 2025 年，全国统一电力市场体系初步建成，国家市场与省（区、市）/ 区域市场协同运行，电力中长期、现货、辅助服务市场一体化设计、联合运营，跨省跨区资源市场化配置和绿色电力交易规模显著提高，有利于新能源、储能等发展的市场交易和价格机制初步形成。基于此，"十四五"期间我国年新增新能源装机预计将达到 1—1.2 亿千瓦左右，相比"十三五"期间年新增新能源装机规模翻番。考虑新能源发展布局充分优化、火电灵活性改造等措施到位、新能源利用率考核适当放开的情况下，我国新型储能装机需求不低于 3000 万千瓦，是"十三五"末新型储能装机规模的 10 倍左右。

2. 电化学储能重要性日益凸显

电化学储能本身性能优势明显，一方面对比传统压缩空气储能技术，电化学储能具备更优的响应速度和功率密度；另一方面电化学储能受地理条件限制较小，初期投资成本较低，可缓解抽水储能等传统储能方式开发接近饱和的问题，具备商业化推广条件。2021 年，全球新型储能新增装机 10.4GW，同比增长 119.6%，占总新增装机量约 57.96%，其中电化学占比达到 55.96%，成为全球储能新增装机的主要动力。据彭博新能源财经预测，至

2025 年，全球电化学装机规模有望达到 148GW，电化学储能规模占比达到四成左右。

国家发改委和国家能源局印发的《"十四五"现代能源体系规划》（发改能源〔2022〕210 号）提出，到 2025 年，我国非化石能源发电量占比达到 39%。新能源占比不断扩大，以及锂电池成本不断降低，驱动电化学储能应用持续扩大。根据 Wood Mackenzie 预测，未来 10 年电化学储能装机将持续高增长，复合年均增长率将达 31%。其中，中国作为电化学储能的装机大国和能源革命的先锋，其电化学储能装机累计规模未来 5 年的保守复合年均增长率将达到 57.4%，理想状态下更是能够达到 70.5%，实现真正的超高速增长。

3. 新型储能技术呈多元化发展

新型储能技术具有高效、环保、稳定、寿命长、可再生和适应性强等优点，因此在未来的能源储存和利用中具有广阔的应用前景。未来的发展方向主要包括以下几个方面：一是提高能量密度。新型储能技术需要不断提高能量密度，以满足更高的能量需求。例如，钠离子电池、钙离子电池等储能技术的能量密度已经有了较大的提升。二是降低成本。新型储能技术需要不断降低成本，以提高市场竞争力。例如，通过技术创新和规模化生产等方式降低成本。三是提高安全性。新型储能技术需要不断提高安全性，减少安全隐患。例如，通过设备设计、安全系统、操作培训、安全监控等方面加以改进。四是实现可持续发展。新型储能技术需要实现可持续发展，减少对环境的影响。例如，通过使用可再生能源、回收和再利用材料等方式实现可持续发展。五是深化智能应用。新型储能技术需要实现智能化应用，提高储能设备的自主控制和管理能力。例如，通过人工智能和物联网技术，实现储能设备的智能化管理和控制。

専栏 8-8　新型储能技术在各个应用领域的应用前景

新型储能技术未来主要的应用领域有：

电动汽车：新型储能技术可以为电动汽车提供更好的续航能力和更高的能量密度，以满足未来电动汽车的市场需求。

可再生能源储存：新型储能技术可以储存可再生能源（如太阳能、风能等）所产生的电能，以便在需要时进行使用，提高能源利用效率。

电网调峰：新型储能技术可以为电网提供调峰能力，平衡电网负荷，提高电网稳定性和可靠性。

家庭能源储存：新型储能技术可以为家庭提供自给自足的能源供应，降低家庭用电成本和对传统电网的依赖。

工业应用：新型储能技术可以为工业应用提供储能支持，满足工业应用的不同需求，提高工业生产效率。

☆ 第九章 ☆

数字经济与未来的要素

第一节　释放数据要素价值是数字经济发展的关键

数字时代的本质是数据时代。数据是继土地、劳动力、资本、技术之后的新生产要素，是国家基础性战略资源，更是数字经济发展的关键生产要素。对数据要素的使用是区分工业革命与数字革命的主要特征之一，加快数据要素的价值释放、推动数据要素向现实生产力转化，已成为当前数字经济发展的关键任务。

一、数据的内涵与特征

（一）数据的概念

从词源考证来看，普遍认为汉语中"数据"是对英文"data"一词的翻译。英文"data"是"datum"的复数形式，而"datum"最早来源于拉丁文，意为"给予"或"被给予的事物"，由此可以理解为：数据是某种现象"给予"的事务。

从国内外对数据的定义来看，国际数据管理协会（DAMA）认为，数据是以文本、数字、图形、图像、声音和视频等格式对事实的表现。美国质量学会（ASQ）则将数据定义为"收集的一组事实"。国际标准化组织（ISO）的定义是"以适合于通信、解释或处理的正规方式来表示的可重新解释的信息"。中国信息通信研究院发布的《数据要素白皮书（2022年）》对数据的概念定义是对事实、活动等现象的记录。《中华人民共和国数据安全法》中，数据是指任何以电子或者其他方式对信息的记录。综合来看，数据是以符号形式表示的事实，如数字、文本、图像、声音等，通常是通过观察、实验或调查生成的，用于描述和记录真实世界的特征、属性、关系和变化。

数据的生成和收集由来已久，可以说贯穿了人类历史的各个时期。在人类社会早期阶段，人们就开始观察、记录和收集数据，农民通过观察天象和季节变化来制订耕种计划，商人通过记录交易和货物存储情况来管理贸易活动，这些观察和记录的结果就是数据。随着社会的不断发展，尤其是计算机的出现，将数据转化为数字形式，以二进制代码0和1的方式表示和存储，因此数据的产生、收集和利用变得更加专业化、系统化、便捷化。数据的全生命周期主要包括六个阶段，针对流动的数据进行综合管理，在数据生命周期管理期间，涉及人、管理、技术三个层面。

（二）数据的类型

从数据的组成形态来看，按照结构化程度，可以分为结构化数据、非结构化数据和半结构化数据。结构化数据是指按照特定的格式进行组织和存储的数据，它具有明确定义的数据模式、字段和关系，常用的形式是表格或数据库中的数据，可以通过固定的字段和值进行查询、分析和处理，例如关系型数据库中的数据表。非结构化数据是指没有固定格式的数据，通常以自由形式的文本、图像、音频或视频等形式存在，其特点是没有明确的结构和关系，不宜直接用于机器处理和分析，例如新闻文章、社交媒体上的用户评论、电子邮件附件等，广泛应用于图像识别、语音处理、自然语言处理等领域。半结构化数据介于结构化数据和非结构化数据之间，具有一定的结构化特征，但不完全符合表格数据模型或关系数据库的格式，其包含一些易于分析的结构化元素，通常以某种标记语言或格式进行组织，例如 XML（Extensible Markup Language，可扩展标记语言）或 JSON（JavaScript Object Notation，JS 对象简谱）。

从数据的主体来看，可以分为公共数据、企业数据和个人信息数据。公共数据是各级政府部门、企事业单位在依法行政履职或提供公共服务过程中产生的数据。企业数据是企业在生产、经营、管理过程中生成并控制的、不涉及个人信息和公共利益的业务数据。个人信息数据是依据数据集中是否包含个人信息所进行的分类，是与已识别或者可识别的自然人有关的各种信息，其中有些信息本身指向个人或者直接关联到个人，如姓名、身份证、指纹、面部信息、数字 ID 等，其余的信息本身不具有识别个人身份的属性，但通过结合分析或关联分析也可以使信息或数据集指向某特定自然人。

（三）数据的特征

数据具有以下几个典型特征：一是虚拟性。数据可以不依赖于特定的物理实体存在，而以数字的形式存在于虚拟空间中，这为数据的复制、传输、存储和处理提供了极大便利，同时也提供了更加灵活和高效的数据管理和利用方式。二是可复制性。由于数据的数字化和虚拟性质，数据能够在同样的条件下被重复获取、收集或生成，且降低了数据复制的成本，可以被广泛地传输，促进了数据的流动和利用。三是非消耗性。与物质资源不同，在使用或访问数据的过程中，数据本身并不会被消耗或耗尽，数据的所有权或控制权也不会发生转移或损失。四是时效性。数据仅体现了特定时间内的准确性和及时性，随着时间的推移，数据的内容可能发生变化，意味着数据需要及时更新和维护。五是异质性。数据的价值是相对的，并且取决于使用者和应用场景的需求和目标，不同的使用者和应用场景会赋予数据不同的意义和用途，从而影响数据的价值评估和利用方式。

数据与大数据的辨析：随着数据总量的数量级增长和对于海量数据的挖掘和运用，从数据到大数据实现了量的积累和质的飞跃，数据结构也进一步复杂化，海量的、不同来源、不同形式、包含不同信息的数据进一步被整合、分析，数据与数据之间的耦合性加深，数据系统进一步产生"涌现特性"，数据的价值也呈现出网络的价值与网络内的节点数的平方正相关的梅特卡夫定律。因此，大数据还具有 5V 特征，即大体量（volume）、多样性（variety）、高价值（value）、时效性（velocity）和真实性（veracity）。

二、我国数据要素市场的基本情况

（一）我国数据要素市场的政策演进

习近平指出，数据作为新型生产要素，对传统生产方式变革具有重大影响，要构建以数据为关键要素的数字经济。党中央、国务院一直高度重视数据要素高质量发展，对数据价值的定义和认识已经历了两个阶段，数据完成了从产业或应用到战略性要素资源的转变。

第一阶段（2014 年—2019 年）：数据资源。2014 年 3 月，"大数据"首次被写入政府工作报告。报告提出，"要设立新兴产业创业创新平台，在新一代移动通信、集成电路、大数据、先进制造、新能源、新材料等方面赶超先进，引领未来产业发展"，这一年也成为了"大数据元年"。2015 年 8 月，国家进一步印发《促进大数据发展行动纲要》，明确提出"数据已成为国家基础性战略资源"和"全面推进我国大数据发展和应用，加快建设数据强国"，对大数据整体发展进行了顶层设计和统筹布局。2016 年 3 月，"十三五"规划纲要正式提出实施国家大数据战略。此后，在国家层面相继出台了一系列政策支持大数据的发展与应用，尤其在教育、健康、旅游等政务服务、民生服务和监管领域得到研究和应用。2016 年 12 月，工信部发布了《大数据产业发展规划（2016—2020 年）》，全面地阐述了我国大数据产业的基础、形势和重点任务、重大工程。2017 年 10 月，党的十九大报告指出，加快建设制造强国，加快发展先进制造业，推动互联网、大数据、人工智能和实体经济深度融合。

第二阶段（2020 年至今）：数据要素。2019 年 10 月，党的十九届四中全会首次将数据纳入了生产要素范畴。2020 年 3 月，中共中央、国务院印发的《关于构建更加完善的要素市场化配置体制机制的意见》中，首次将数据与土地、劳动力、资本、技术等传统要素并列为要素之一，提出要加快培育数据要素市场。2021年6月10日，第十三届全国人民代表大会常务委员会第二十九次会议通过《中华人民共和国数据安全法》，对数据的有效监管实现了有法可依，填补了数据安全保护立法的空白。2021年12月，国务院办公厅印发的《要素市场化配置综合改革试点总体方案》进一步提出"探索建立数据要素流通规则"，从完善公共数据开放共享机制、建立健全数据流通交易规则、拓展规范化数据开发利用场景和加强数据安全保护四个方面进行了具体部署。2022年12月，党中央、国务院印发《关于构建数据基础制度更好发挥数据要素作用的意见》（又称"数据二十条"），从数据产权、流通交易、收益分配、安全治理四个方面初步搭建形成我国数据基础制度的"四梁八柱"，为最大化释放数据要素价值、推动数据要素市场化配置提出了最新指引，这也是我国专门针对某一要素出台的第一份基础制度，标志着我国数据要素市场正式进入有序规范发展阶段。在此基础上，2023年8月，财政部印发了《企业数据资源相关会计处理暂行规定》，明确了数据资源可以作为无形资产或存货进行会计处理，此规定将于2024年1月1日起正式施行。

专栏 9-1　数据二十条

为了让高质量数据要素"活起来、动起来、用起来"，2022年12月2日，中共中央、国务院发布了《关于构建数据基础制度更好发挥数据要素作用的意见》（以下简称"数据二十条"），紧紧围绕"促进数据合规高效流通使用、赋能实体经济"这一主线，针对数据产权、流通交易、收益分配、安全治理四个具体方面，全面部署了我国数据基础制度体系。

一、数据产权："三权分置"、分级分类

数据产权是一个复杂的问题，在学术界和实务界一直存在较多争论。"数据二十条"淡化数据所有权、强调数据使用权，创造性提出建立数据资源持有权、数据加工使用权和数据产品经营权"三权分置"的数据产权制度框架和建立公共数据、企业数据、个人数据的分类分级确权授权制度，旨在平衡数据提供者、加工者、使用者以及数据产品经营者之间的权益和责任，以调动各方的积极性和参与度，促进数据资源的有效流通和利用。

二、流通交易：合规高效、场内外结合

为提升数据交易主体的进场意愿，"数据二十条"着力完善和规范数据流通规则，构建促进使用和流通、场内场外相结合的交易制度体系，搭建区域性和国家性的数据交易场所互联互通平台；同时要求建立数据来源可确认、使用范围可界定、流通过程可追溯、安全风险可防范的数据可信流通体系，培育数据要素流通和交易服务生态，提升数据流通和交易全流程服务能力。

三、收益分配：体现效率、促进公平

"数据二十条"既重视市场在资源配置中的决定性作用，也强调要更好地发挥政府的引导调节作用。初次分配向价值创造者合理倾斜，按照"谁投入、谁贡献、谁受益"的原则，充分考虑数据提供方、数据处理方、数据需求方等市场主体在数据采集、加工、分析等价值创造环节中所做的贡献。再分配更关注公共利益和相对弱势群体，通过收益再分配过程弥补初次分配的不足，以数字经济助推共同富裕，以数据要素赋能"做大蛋糕"和"分好蛋糕"，防止资本在数据领域的无序扩张，避免出现无序竞争、垄断、滥用数据等问题。

四、数据治理：安全可控、弹性包容

筑牢数据安全底线是我国从数据大国转变为数据强国的关键环节，是发展数字经济的首要前提，也是保障国家安全的重要组成部分。"数据二十条"强调构建政府、企业、社会多方协同的治理模式，明确创新政府数据治理机制、牢固树立企业的责任意识和自律意识、充分发挥社会力量多方参与的协同治理作用。同时在治理手段上，要建立数据要素合规认证、安全审查、流通和交易负面清单等制度，加强重点领域执法司法，也支持开展数据流通相关安全技术研发和服务，提升政府和企业在数据生产和流通全过程中及时发现、预警和化解风险的能力。

（二）我国数据要素市场的潜在规模

作为数字经济的基础和动力支持，随着移动互联网、物联网等技术的快速发展，全球数据量正在呈现井喷式的增长趋势。根据国际数据公司发布的《数据时代 2025》预测，全球每年产生的数据将从 2018 年的增长到 2025 年的 175ZB，相当于约 2000 亿个 1TB 硬盘的容量总和。

目前，我国的数据量利用率不到 0.4%，大量的数据沉睡在各个角落，未能释放其应有的价值，数据要素市场成为下一个蓝海。根据 CIC（国家工业信息安全发展研究中心）测算数据，"十四五"期间我国数据要素市场复合年均增长率保持在 25% 左右，2025 年产业测算规模突破 3 万亿元。

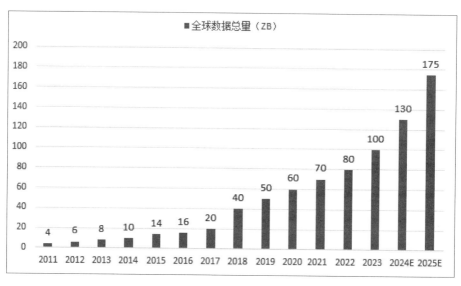

图 9-1　全球数据资源规模情况

与此同时，制约数据要素市场发展的权属界定、估值定价、市场规则等关键性难题仍有待破解。难点一：权属界定。一方面数据要素的产生与价值实现涉及复杂的主体和环节，数据权属问题的核心是针对不同来源的数据，厘清采集者、传输者、存储者、清洗者、标注者等各数据主体之间的权利关系，这其中存在较高的协商成本。数据确权机制不清晰不完善，是"数据孤岛""数据垄断"的症结所在。难点二：估值定价。数据具有不同于传统生产要素的

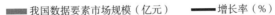

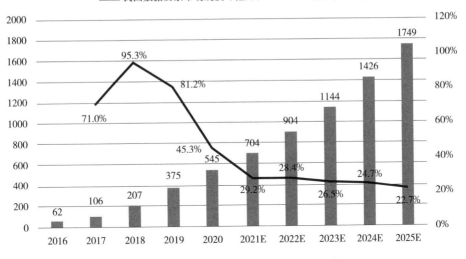

图 9-2　我国数据要素市场规模情况

特征，传统的资产评估方法不完全适用于数据要素。根据劳动价值决定论，数据价值决定数据价格，数据价格受供求关系影响，围绕数据价值上下波动。一方面，数据要素生产和加工主体的贡献难以评估；另一方面，数据对于不同的使用者和使用场景的价值不同，实际价值难以度量。难点三：市场规制。数据流通交易领域的法律法规还不够健全，《网络安全法》《数据安全法》《个人信息保护法》等现有法律还未对数据流通市场的准入、监管等给出清晰的法律界定；同时，由于数据的虚拟化、可复制性、非消耗性等特性，数据要素侵权行为识别和追踪较为困难，难以消除数据要素市场主体的顾虑。

第二节　公共数据的开放与共享

公共数据是指党政机关、企事业单位在依法履职或提供公共服务的过程中产生的各类数据。政府在治理社会、服务公众的过程中，采集和生成了大量基础性、关键性的数据，涉及教育、卫生、就业、交通、气象等和老百姓生活息息相关的方方面面，蕴藏巨大价值。

一、公共数据的特征

从所有权视角看，公共数据为多方主体共同拥有；从管理权视角看，在所有权不被转移的前提下其由公共机构或者政府部门代管；从授权运营视角看，需要征得管理部门和相关信息主体的同意。因此，公共数据具有多源性、权威性、稀缺性、高价值性、敏感性五个特征。

多源性。公共数据涉及多源主体，包括政府部门、企事业单位、社会组织和团体等，其采集对象涉及法人和自然人等多源主体。这些数据在采集、存储、使用、加工、传输和开放等过程中，又涉及不同的数据格式、数据标准和技术平台。

权威性。公共数据管理持有主体涉及政府部门、企事业单位、社会组织和团体，本身具有较高的公信力；公共数据在采集、存储、使用、加工、传输和开放过程须严格遵循相关业务规范和标准，具有较高的准确性、严谨性和权威性。

稀缺性。公共数据是在提供公共管理和公共服务的过程中产生的，大多数主体履行的公共管理或者公共服务的职能都是依法依规产生或者授权获得的，具有垄断性、排他性甚至唯一性，因此公共数据只有少数来源甚至唯一来源，具有较大的稀缺性和不可替代性。

高价值性。近年来，随着数字基础设施"大动脉"的不断打通和政府数字治理能力的不断提升，公共数据供给不断增长，数据体量大、质量高、门类齐全、体系完整，数据内容涉及政治、经济、社会、文化、生活的各领域，融合应用效果好，具有较大的开发利用价值。

敏感性。公共数据可以完整反映国家政治经济社会文化运行和治理的脉络和轨迹，涉及国家安全、企业利益和个人权益，具有较高的敏感性，要秉持"统一授权、统一管控、全程覆盖"的原则，确保公共数据的有效保护和合法利用。

二、公共数据的归集使用

在公共数据采集上，突出"一数一源"。数据采集是将一个特定场合、地点、环境或相关数据实例的数据记录，并用可以保存、处理和检索的方式来进行记录、存储以及管理的过程，是公共数据治理的第一步。近年来，为避免"数出多门"标准不一、多头录入重复储存等"碎片化"现象的发生，鼓励遵循"一数一源、一源多用、多方使用"原则，促进公共数据采集的规范化和高效化。

在公共数据归集上，突出"全量全要素"。公共数据全量全要素归集，是指既要对各类数据实现完备、全部数量的收集，又要妥善地归纳与整合到统一的环境里，从而做到数据收集与归纳的不留余量、应归尽归。推动全量归集有利于打破信息孤岛，形成数据共享，实现数据的及时性、完整性、可溯源，提升归集数据质量，让公共数据资源变成有质量、有标准的数据资产。

在公共数据管理上，突出"统筹推进"。要加强公共数据的统筹管理，明晰组织架构，明确主管部门、职能部门、监管机构等职责，加强分工合作与协调配合，确保公共数据安全管理边界清晰、职责明确、责任落实。完善公共数据质量、管理等机制，促进公共数据管理规范化。

在公共数据安全上，突出"分级分类"。公共数据往往涉及较多的公共利益和公共安全，一旦泄露，往往会带来不可估量的巨大危害。要按照"原始数据不出域、数据可用不可见"的要求，统筹发展与安全的关系，把安全贯穿公共数据治理全过程，完善公共数据分类分级、审查审计、风险评估、监测预警等制度，确保公共数据使用的安全性。

三、公共数据的开放共享

公共数据开放共享是指政府或公共机构在保障国家秘密、商业秘密和个人隐私的前提下，将其收集、产生、存储和管理的公共数据向社会开放，供公众使用。截至 2022 年 6 月，国家数据共享交换平台上线目录累计超过 68 万条，发布共享接口超过 1000 个，平台开通以来累计提供查询/核验超过 78 亿次[①]。

公共数据是社会的公共资源，实现其最大限度地开放共享、开发利用，对推进国家治理体系和治理能力现代化有着重要意义。一是有助于增强政府透明度和效能，通过向公众提供更全面、准确和及时的信息，增强政府与公众的互动和沟通，提高政府决策的科学性和民主性；二是有助于提升公共服务水平，公共数据开放共享可以促进公共服务部门之间的数据共享和信息交流，帮助提高公共服务水平和质量；三是有助于优化社会治理流程和方式，公共数据开放共享可以通过对海量数据的挖掘和分析，帮助政府和社会各方面提升决策的科学性和精准性，优化革新社会治理流程和方式，促进社会治理的现代化和精细化。

建立公共数据开放平台是主要手段。公共数据开放平台可以为公众提供统一、便捷、安全的数据获取和使用环境，促进数据的流通和利用，提高数据价值和效益。公共数据开放平台一般由政府或政府授权的机构或组织负责

---

① 孟庆国、张腾：数据治理与数据基础制度建设，清华大学人工智能国际治理研究院，2023-8-15。

建设和运营，以保障数据的真实性和可靠性，同时对数据进行必要的审核和管理。平台会提供搜索、筛选、预处理、分析等多种功能，方便用户获取和使用数据。截至2022年10月，全国已有208个省级和城市的地方政府上线了政府数据开放平台，其中省级平台21个（含省和自治区，不包括直辖市和港澳台），城市平台187个（含直辖市、副省级与地级行政区）。但是各省开放数据平台建设质量不一，北京、上海、浙江、四川等省市数据开放较早、数据丰富、使用流畅，而部分省市数据开放平台数据仍存在开放数据数量不多、质量不高、更新不及时、开发利用不够以及开放体制机制和标准规范不完善等问题。

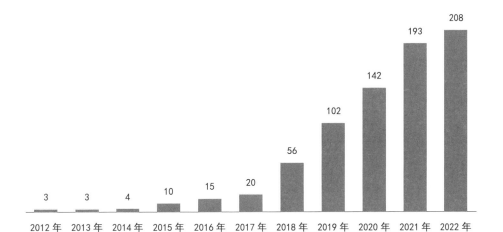

图 9-3 历年地级及以上平台数量增长情况

公共数据地方开放共享机制逐步完善。近年来，各省市陆续落实公共数据的共享与开放，出台公共数据相关的管理办法与法律条例，以此指导与规范公共数据共享开放。截至2022年底，全国22省市出台数据相关条例，规范公共数据开放共享，例如《浙江省公共数据条例》《江西省数据应用条例》《四川省数据条例》《重庆市数据条例》《福建省大数据发展条例》等；其中，还有许多地方政府出台了数据开放共享方面的政策法规，例如《上海市公共数据开放暂行办法》《上海市公共数据开放实施细则》《浙江省公共数据开放与安全管理暂行办法》《贵州省政府数据共享开放条例》《山东省公共数据开放办法》等，以法治方式推进公共数据开放共享。

公共数据授权运营探索刚刚起步。自从国家"十四五"规划纲要首次明确提出"开展政府数据授权运营试点"之后，上海、浙江、海南、广东、四川等地也各自开展了公共数据授权运营探索，形成了整体逻辑基本一致、运营模式具有地方特色的初步格局。例如，北京市于2020年左右依托"金融公共数据专区"建设授权北京金控集团进行公共数据的运营开发；海南省于2021年底正式开设"海南省数据产品超市"，采用"政府＋市场"的授权运营模式，引进社会企业参与开发数据产品；广东省则对公共数据的确权、评估、收益、流通等环节进行整体考虑，2023年5月10日，广州首个公共数据运营产品"企业经营健康指数"在广州数据交易所顺利完成交易。

专栏 9-2　国内首例公共数据反垄断诉讼案

2022年9月，北京知识产权法院受理一起反垄断案件——"二手车车险数据交易涉垄断案件"，这也是国内首例涉及公共数据领域的反垄断案件。

事件为从事二手车交易的上海彧蒝汽车科技有限公司（简称"上海彧蒝公司"），对北京与车行信息技术有限公司（简称"北京与车行公司"）提起诉讼，称北京与车行公司开发的"柠檬查"平台滥用在国内二手车车险数据线上查询服务的市场支配地位，实施不公平高价和差别待遇行为。

截至2021年11月，"柠檬查"平台上线不到一年时间，已有7000多家汽车经销商集团、二手车交易市场、二手车经销商和4S店签约使用。"柠檬查"按查询单次收费，非会员32元一次，会员28元一次，而其数据全部来自中国银保信平台，包含国内各保险公司的承保、理赔数据，并结合协会二手车行业相关数据。

四、典型案例：浙江省公共数据的典型做法

落实政策先行。2020 年，浙江省发布《浙江省公共数据开放与安全管理暂行办法》，以规范和促进本省公共数据开放、利用和安全管理，加快政府数字化转型，推动数字经济、数字社会发展。2020 年 8 月，《浙江省公共数据开放工作指引》发布，加快了公共数据开放和应用创新。2021 年 10 月,《浙江省公共数据开放技术规范》发布，规定了数据开放平台界面与内容规范要求，适用浙江省各级数据开放平台界面与内容的设计、开发。2022 年 3 月 1 日，《浙江省公共数据条例》开始施行，条例共八章五十一条，从明确公共数据定义范围、平台建设规范、收集归集规则、共享开放机制、授权运营制度、安全管理规范等方面对公共数据发展和管理做出具体规定。2023 年 8 月，新出台《浙江省公共数据授权运营管理办法（试行）》，这也是全国首个从省级层面专门对公共数据授权运营出台的管理办法。

打造数据平台。2021 年以来，浙江省按照"平台 + 大脑"的理念，迭代升级原有的公共数据平台，打造覆盖省市县三级的一体化智能化公共数据平台，建设一体化数字资源系统（IRS），构建通用化的知识库、数据仓、模型库、算法库、规则和法律库，打造"浙里办""浙政钉"两个移动前端，实现算力一体调度、安全一体监测、数据一体配置、组件一体共享、应用一体管理、端口一体集成。全省统一的公共数据目录，将党委、人大、政府、政协、两院、公共事业等所有单位的数据进行归集，形成"一套目录、两级建设、三级运营"数据资源管理系统，已累计编制目录数据项 287.3 万项，其中省级 28.4 万项，市县级 258.9 万项，基本实现应编目尽编目，实现全省公共数据资产一本账管理。

推动共享开放。依托数据批量归集和"数据高铁"让数据"动起来"，按时间、分批量将每个单位的数据都归集到一个数据仓库里，并建设"数据高铁"，即数据实时交换系统，任何一个系统出现数据变化（包括新增和变化）时，都通过"数据高铁"实现同步更新。推动数据共享主要包括批量共享、接口共享等两种方式，其中批量共享是定时把更新的数据批量共享数据需求

方，接口共享可以实现数据的实时调用。截至 2023 年 7 月中旬左右，浙江省平台开发接口 5007 个，2022 年 1 月至今被调用 801.1 亿次。数据开放依托一体化智能化公共数据平台建设全省统一数据开放网站，11 个地市建立数据开放分站点，包括注册实名后即可申请直接下载或接口服务的无条件开放，以及需要申请审核的有条件开放两种方式。

探索授权运营。落实《浙江省公共数据授权运营管理办法（试行）》，遵循依法合规、安全可控、统筹规划、稳慎有序的原则，按照"原始数据不出域、数据可用不可见"的要求，在保护个人信息、商业秘密、保密商务信息和确保公共安全的前提下，向社会提供数据产品和服务。支持具备条件的市、县（市、区）优先在与民生紧密相关、行业发展潜力显著和产业战略意义重大的领域，先行开展公共数据授权运营试点工作。例如，德清县依托全国首个以县域为主体的国家级车联网先导区创建，上架智能网联路侧设备运行诊断、智能路口交通参与者状态等 8 个数据产品，发布全国首个县级自动驾驶数据脱敏地方标准《面向自动驾驶的路侧采集交通数据脱敏技术要求》。

第三节　企业数据的有效利用

企业数据是企业在生产、经营和管理过程中产生的数据，是企业的核心资源和资产。推动企业数据"新金矿"的合规利用和价值创造，是企业高质量发展的新赛道。

一、企业数据的特征

多协议多源性。企业数据最主要来自内部的业务运营、生产设备以及外部的产品和服务等，数据的非结构化和非标准化比例远远大于公共数据、个人信息数据。特别是在工业企业数据方面，在现场流水线各单元节点存在不同厂商不同时期的生产设备，有 OPC UA、Profibus、Modbus、CAN、TSN、EtherCAT 等上百种工业通信协议和标准，业务不同环节涉及研发设计、生产制造、销售服务、仓储物流、财务和人事管理等方面的各种系统平台，重重的技术壁垒和信息孤岛，让企业数据难以统一归集分析。

海量实时性。企业在生产过程及生产环境中通过传感器、系统产生的数据量远远大于个人信息消费、公共运行数据。同时，企业数据对实时性和采集频次的要求也较高，工业领域部分环节因为要开展运行轨迹控制、设备健康管理和预测性维护、生产工艺实时调度优化等，对数据有毫秒级甚至亚毫秒级的更新需求。

安全可靠性。企业数据有更高的安全性、完整性、准确性、可用性要求，因为涉及企业产品和服务输出的质量、企业商业秘密，是企业发展的生命线。数据泄露或损坏将严重影响到企业的财务状况和声誉。

二、企业数据资源的归集治理

在企业数据的采集上，对异构数据源的高效、准确采集才能充分发挥数据的价值。针对企业数据的特征，通常采用设备控制器、传感器、仪器仪表、网关、采集终端模块、应用程序编程接口（API）等技术和工具手段辅助开展数据自动化采集，通过设备协议通信、无线和有线通信等方式实现数据的上传。大部分的中小微企业在数据采集上，仍然采用工单卡片、纸质记录、电子表格手工录入等传统形式，处在信息化数字化的初期阶段。

在企业数据的治理上，近年来大企业正积极推进数据仓、数据中台、数据大脑、工业互联网平台等多种形式的统一大数据平台建设，提升企业数据的存储、分级分类管理和质量管理等数据处理能力，针对各种非结构化数据，开展数据识别、数据清洗、质量评估等。现在人工智能中的机器学习/深度学习、自然语言处理（NLP）、图像识别、语音识别等关键技术既可用于数据类型、特征和数据关系等的识别和标记，也可用于数据治理的检测和评估等。同时，在数据标准化打通融合的基础上，根据不同的工作场景，通过数据分析工具等的使用，进一步支撑业务中台及各项业务应用的开展。

在企业数据的安全保障上，随着企业的组织、生产、服务模式不断向跨厂区、跨区域、跨行业互联互通转变，企业面临的数据安全风险与日俱增。传统的商用密码、加密传输、数据脱敏、防火墙、入侵检测系统、安全网关等技术手段，在应付新型的云安全、物联网安全、"人工智能＋安全"等方面，无法满足新时代新形势要求。特别是数据富集的平台企业和基础设施运营企业经常关联到国家经济、社会、国防等方方面面，单一厂商无法解决企业数据安全问题。这就要求企业侧要高度重视自身数据安全，建设内生安全能力，加强国产化设备和系统集成应用；政府侧要优化数据安全产业创新发展生态，在合规监管、风险监测、应急安全处置等方面下功夫。

在企业数据的管理机制上，制定企业数据管理制度规范、业务流程、人员考核等机制是持续推动数据管理能力提升的基础。2022 年 12 月，国家财政部《企业数据资源相关会计处理暂行规定（征求意见稿）》提出企业数据资源会计处理适用的准则、披露要求以及企业的衔接处理要求等内容，企业内部使用的数据将成为企业的无形资产，企业可供出售给外部的数据将成为企业的存货资产。国家工信部也在积极引导企业开展数据管理能力成熟度模型（DCMM）贯标，作为我国首个数据管理领域国家标准，主要是评估企业在数据战略、数据治理、数据架构、数据应用、数据安全、数据质量、数据标准和数据生存周期 8 个能力域情况，引导企业提升数据合规与数据治理能力，助力企业健康发展。

三、企业数据的价值创造

企业数据的利用价值主要体现在两方面，一方面是基于数据推动企业内部原有业务逻辑优化和产品服务价值增值，另一方面是数据本身加工处理成为新产品新服务，推动企业向外拓展新业务、创造出新价值。

企业业务数据化是前提。业务数据化主要是基于数据驱动企业降本增效、提升可持续竞争力的过程，实现数据流、业务流相融合，将企业业务运行全过程中产生积累的数据，用于反向分析优化业务流程和业务方向、辅助增强企业经营决策能力、提升产品用户体验等应用场景，企业组织将逐步成为有感知洞察、思考分析、协同执行能力的智能体。例如，浙江省首家世界经济论坛"灯塔工厂"犀牛智造，基于消费数据和订单数据，开展按需开发、按需生产，行业平均 1000 件起订、15 天交付流程缩短为 100 件起订、7 天交货，形成"小单快返"极度柔性制造方式，实现了"万款万服""万人万创"，最终的目标是让商家做到零库存。

企业数据产品化服务化是目标。数据产品化服务化是企业利用自有数据和合法来源数据，结合相关应用场景和市场需求，采用数据集、加密数据、算法模型、组件程序、工具、报表文本报告等形式，通过数据接口、数据服务平台等渠道，面向用户提供可交易可流通产品的业务活动。要让数据产品产生新的商业价值，最关键的节点在于场景、在于是否能辅助除企业自身以外的其他用户决策或帮助解决实际问题。随着生成式人工智能技术的发展，基于企业海量数据形成的预训练大模型，可以生成语音、图像和自然语言等智能数据产品，进一步丰富了数据产品化服务化内容。

第四节　数据要素的交易与流通

由于数据要素的独特性、重要性，其与传统要素的交易流通方式明显不同。近年来全球正积极推进数据要素开放、确权、定价、流通，加快数据要素市场化配置，让数据"活起来"，发挥更大价值。

一、数据要素的确权登记

数据要以要素资产形式开展交易，最重要的是要明确数据产权。数据资产与传统的土地、房屋、车辆等有形资产存在较大区别，与专利、商标、品牌、标准、资质等无形资产较为相似。但是将资产产权进行细分，促进要素保护和流通交易的思路是接近的。比如，我国的土地产权划分为土地所有权、土地使用权、土地抵押权、土地租赁权、土地承包经营权等权利，土地所有权归属国家和集体，其他权利可以由土地所有者或使用者依据法律法规进行流转、抵押、出租、承包等经营活动。

基于细分的思路统筹发展和安全，平衡个人隐私信息保护和数据流通价值提升，各国积极探索数据产权制度探索。欧盟通过《通用数据保护条例》《数据治理法案》《数据法案》等，确立了个人数据和非个人数据的二元架构，重点加强对个人数据的严格保护，赋予用户对个人数据的访问权、知情同意权、更正权、可撤销权、被遗忘权（删除权）、拒绝／限制处理权等；同时对于非个人数据，以留在境内利用为主线，赋予用户的数据控制权、欧盟政府的数据访问权。美国未对数据进行综合立法，有《隐私权法》《儿童在线隐私保护法》《美国数据隐私和保护法》等相关法律法规，注重底线思维，确保数据要素有效流通以及美国企业对境外数据的控制权。

我国对于数据开放和保护的统筹，总体来看处于美国和欧盟之间，在《中华人民共和国网络安全法》《中华人民共和国数据安全法》《中华人民共和国个人信息保护法》基础上，出台了《中共中央、国务院关于构建数据基础制度更好发挥数据要素作用的意见》，创造性地设立了数据资源持有权、数据加工使用权、数据产品经营权"三权分置"的结构，淡化了数据所有权的概念。同时组建了国家数据局，推进国家数据基础制度建设，统筹数据资源整合共享和开发利用。

我国创新探索数据知识产权登记制度体系建设。在 2020 年提出数据知识产权的概念后，北京、上海、江苏、浙江、福建、山东、广东以及深圳等地积极开展实践探索，建立统一的数据知识产权登记平台，出台登记管理办法。其中深圳的管理办法明确指出，登记主体获得的数据资源或数据产品登记证书以及数据资源许可凭证是数据交易、融资抵押、数据资产入表、会计核算、争议仲裁的重要依据，也是旨在促进数据流通的直接体现。

二、数据要素的定价评估

数据要素的定价评估也是数据确权之后的一大难题，是一项复杂的系统工程。2019 年 12 月，中国资产评估协会印发了《资产评估专家指引第 9 号——数据资产评估》，作为一种专家建议，第三章中提出了"数据资产价值的评估方法包括成本法、收益法和市场法三种基本方法及其衍生方法"，其中成本法是根据形成数据资产的成本进行评估，收益法是通过预计数据资产带来的收益估计其价值，市场法是根据相同或者相似的数据资产的近期或者往期成交价格对比分析评估数据资产价值。2022 年 6 月，中国资产评估协会进一步下发了《数据资产评估指导意见（征求意见稿）》，细化数据资产评估操作要求。

由中国电子技术标准化研究院等牵头的国家标准《信息技术 大数据 数据资产价值评估》（征求意见稿），明确了数据评价与价值评估实施的总体框架，通过获得可供价值评估使用的质量要素、成本要素和应用要素参数，再采用收益法、成本法或市场法完成价值评估。并将数据资产评估过程，包括数据资产评价与数据资产价值评估两部分，分别形成数据资产评价报告、数据资产价值评估报告。

三、数据要素的流通交易

数据要素的流通模式主要有开放、共享、交易三种。当前数据开放以政府公共数据为主，数据共享以政府部门之间、政企之间、企业与企业之间数据交换为主，这两种模式相对来说机制已经比较完善。数据交易模式是数据要素流通的主要渠道，需要货币或者代币作为交易媒介，主要有场内交易和场外交易两种形式。根据《2023数字中国年度报告》，2022年中国数据交易市场规模达876.8亿元。其中大部分为场外交易，场内交易规模较小。场外交易以企业与企业之间点对点自律约定或者通过数据经纪人方式开展，交易方式较为灵活。场内交易当前仍处于探索阶段，需要综合考虑产权、定价、加工经营、收益分配等多种机制和商业模式。但由于数据交易需要安全隐私、多方互信的环境，场外交易转向场内交易会是主流趋势。

当前，我国正积极推进数据要素市场体系建设，各地"全面开花"建设数据交易所和交易平台。北京、上海、重庆、香港、深圳、贵阳、杭州等地都成立了数据交易所，截至2024年6月，我国已有80多个数据交易所及数据交易中心，但总体交易金额较低，以交易撮合和数据加工服务为主。2022年"数据二十条"的出台，按下了数据交易所业务的"加速键"，深圳数据交易所于2022年11月正式揭牌成立，截至2024年6月已实现累计交易量60.1亿元，跨境交易规模9132万元。

交易所发展趋势方面，当前交易所较之前的纯数据撮合或数据包交易的形式有较大的提升。一是交易所运营主体逐步向国有化过渡。上海数据交易所、深圳数据交易所皆改为国有全资，均由政府多部门推动，"国家队"全程参与和指导。二是技术应用集成化。北京国际大数据交易所 IDeX 系统、上海数据交易所交易系统、深圳数据交易平台均集成应用了隐私计算、区块链及智能合约、数据确权标识、测试沙盒等多种技术，进一步保障了数据"可用不可见"。三是数据流通生态化。上海数据交易所提出了"数商理论"，包括数据供应方、需求方、流通交易机构、技术及应用服务商、市场配套服务商等。北京国际大数据交易所也建立了数字经济中介服务体系，正面向全球首募数据经纪商和托管商，着力发展数据托管体系和数据经纪体系，通过对接数据资源、开展经纪服务、撮合进场交易、解决客户需求、参与价值分配，活跃数据要素市场，促进数据可信有序流通和市场化利用。

四、数据交易的合规监管

国家"数据二十条"指出，加强企业数据合规体系建设和监管，严厉打击黑市交易，取缔数据流通非法产业。随着国家数据局的组建，在加强数据合规流通、跨境流动的基础上，联动公、检、法、市场监管等相关职能部门，加强数据非法交易主体的监管处置，创新数据监管模式，加强对数据垄断和不正当竞争行为的监管。

各地在国家"数据二十条"基础上，积极建章立制完善政策法规体系。广东发布了《广东省数据流通交易管理办法（试行）》《广东省数据流通交易监管规则（试行）》等，建设省公共数据运营管理机构，完善数据交易"一所多基地多平台"体系架构。北京发布《北京数据交易服务指南》，制定新型交易细则，探索建立大数据资产评估定价、交易规则、标准合约、数据交易主体认证、数据交易安全保障、数据权益保护及交易争议解决等政策体系。上海出台《上海市数据条例》，明确上海市政府办公厅应当组织制定公共数据授权运营管理办法，明确授权主体，授权条件、程序、数据范围，运营平台的服务和使用机制，运营行为规范，以及运营评价和退出情形等内容。

☆ 第十章 ☆

数字经济与未来的治理

以互联网、云计算、大数据、人工智能、区块链、虚拟现实等为代表的数字技术，正以新理念、新业态、新模式全面融入人类经济、政治、文化、社会、生态文明建设各领域和全过程，给人类生产生活带来广泛而深刻的影响。加快治理的数字化转型，完善数字治理体系建设已是大势所趋。数字治理是数字经济、数字中国健康可持续发展的基本支撑，是抢抓数字时代战略机遇、构建可持续数字竞争优势的重要保障。

第一节　数字治理：数字转型与治理变革

数字治理是随着数字技术在经济、社会、政治生活中日益广泛地应用而产生的新型治理模式。数字技术赋能治理体系，是治理能力现代化的时代要求。数字浪潮下，伴随数字化网络化智能化的深入发展，一方面，治理的数字化转型已成必然趋势。数字技术在重塑政府治理流程、提升治理的精准化与高效化水平等方面发挥着重要作用。适应数字化变革发展新趋势，树立数字化思维、创新治理新路径新方法，提升数字治理的能力与水平，建设数字政府成为必然趋势。另一方面，加强数字治理日益成为全球重要议题。随着数字技术的迭代创新与融合应用，平台经济、数字金融、跨境电商、网络直播等数字经济新业态新模式快速发展，在不断提高社会生产力、优化资源配置的同时，也对传统治理体系带来一些新问题、新挑战。一系列复杂的社会问题也相伴而生：如数据资源确权问题，数字经济中大型平台企业垄断、竞争与创新问题，数字公域中网络信息与数据安全问题，人工智能伦理问题，未成年人网络保护问题，数字技术下产生的权力转移问题，全球治理格局下网络主权问题等。面对这些新挑战、新问题，如何更好地加强数字治理，如何进一步提升治理水平、构建适应数字经济发展的制度环境、推动全球数字治理合作、探索数字时代治理的新路径成为时代提出的一个重要命题，成为人们高度关注和亟待解决的课题。

一、数字治理内涵与相关概念辨析

（一）概念内涵

虽然数字治理是新生事物，但近年来我国围绕数字治理的实践探索一直在积极推进，理论界和学术界的学者进行了相关深入研究，并形成了一些有益观点。北京师范大学互联网发展研究院李韬教授提出，数字治理是更广意义上的治理，主要是指以数字化赋能治理体系和治理能力、构建新型治理体系为目标，在政府主导下，平台与企业、社会组织、网络社群、公民个人等多元主体共同参与相关事务的制度安排和持续过程。北京大学政府管理学院教授黄璜认为，数字政府在广义层面包括"用数字治理"和"对数字治理"两个方面，"用数字治理"侧重于对数字工具的运用；"对数字治理"则可以概括为数字政策，也即制定促进经济、社会和政府数字化转型发展的制度规则。

我们认为数字治理是对政府数字化转型、数据资源、现代信息网络、信息通信技术融合应用及数字相关主体、活动、环境的综合治理，是数字时代国家治理的重要内容。从内涵上看，既包含基于数字化的政府治理与转型，即数字政府建设，指运用数字技术、工具、手段赋能现有数字政府变革，提升政府管理和服务效能的过程；也包含对数字化、数字公域、数字时代新生事物的治理，亦即针对数字世界涌现的各类新矛盾、新问题、新事物等的创新治理。从内容上看，涵盖数字政府治理、数字经济治理、数字社会治理等。从治理范围看，数字治理既包括宏观层面的全球治理、国家治理、市域治理、基层治理等，也包括中观层面的行业治理、产业治理等，还包括微观层面的平台治理、企业治理、社群治理等。

（二）相关概念辨析

1. 数字治理与数字政府

数字政府相关研究虽然在不同时期概念界定的侧重点不同，但总体上着重于描述数字时代的政府治理是什么，或者应该是什么。何圣东等认为，数字政府强调的是以数字化方式重塑政府运行过程和服务模式，强调政务活动内容的数字化创新。

2. 数字治理与数字经济治理

数字经济治理主要是政府管理部门及其他主体以促进数字经济健康发展为目标，综合运用政策、法律、市场、技术、道德伦理及舆论监督等多种手段对数字经济的治理。而数字治理的内涵更加宽广，包含数字经济治理、数字政府等。数字经济治理是数字治理中最基础、最活跃的部分。

3. 数字治理与数字社会治理

党的十九届五中全会提出，要加强数字社会建设，"提升公共服务、社会治理等数字化智能化水平"。数字社会治理主要是指依托数字技术和数字平台，多元主体协同参与对社会事务的治理。数字社会治理是数字治理的应有之义，也是数字治理中最能体现共建共治共享价值理念的治理。

4. 数字治理与数据治理

随着大数据时代的到来，数据治理的制度建构在全球范围拉开序幕，各国都将数据治理作为制度建设的重中之重。我们认为数据治理更多侧重在数据资源要素等方面的制度建设，是数字治理的重要内容。方兴东等学者认为，数据治理处于人类宏大数字治理进程中最核心的地位，是"牵一发动全身"的枢纽所在。

此外，还有数字化治理等概念，我们认为数字化治理更侧重强调依托数字技术、手段、方式推动传统政府治理、社会管理等方式变革，而数字治理的范畴和内涵更加宽阔，还包含针对数字世界涌现的各类新矛盾、新问题、新事物等的创新治理。

（三）数字治理的特征

数字治理正逐步成为数字时代国家治理的新范式，呈现出包容性、协同性、智慧性和可持续性四个特征。

一是包容性。数字治理是一场全方位、系统化的治理转型，其包容性体现为多样化治理资源在多元治理主体中的共享和协同，国家治理主体由单一的政府主体向多元主体转变。

二是协同性。在数字治理中，政府、科技企业、公众、媒体和社会组织等多元主体协同共治。其中，政府处于主导地位，发挥理念转变、制度变革与重塑业务流程等引领作用；科技企业和科技社群以及公众和社会组织也是重要参与主体，为数字治理提供技术与智力支持以及社会自组织、公众参与等。

三是智慧性。智慧性体现为依靠数字化技术和应用实现敏捷智慧治理，主动预警研判、分析理解、智能处理复杂事务，实现即时感知、精准滴灌、精准决策、主动服务、智能研判等，提升复杂治理的智慧性和综合治理的精准化。

四是可持续性。一方面，随着数据的积累、算力水平的提升、算法的迭代优化，数字治理能力和资源愈发丰富，数字治理能力得以持续提升。另一方面，数字治理生态将政府、企业、公众和社会组织有效链接起来，形成协同共治的格局，客观上促进了数字政府与数字经济、数字社会的深度融合，不断形成交互与正向反馈。

二、数字治理的生态构建

我国"十四五"规划和 2035 年远景目标纲要提出，坚持放管并重，促进发展与规范管理相统一，构建数字规则体系，营造开放、健康、安全的数字生态。《数字中国建设整体布局规划》围绕"建设公平规范的数字治理生态"做出部署，提出健全完善法规政策体系、加强相关法规制度统筹协调、健全网络综合治理体系等。我们认为，今后一段时期，数字治理应重点从以下几方面着手。

1. 积极打造整体智治的数字政府

数字政府是国家治理体系和治理能力现代化的重要举措，也是数字经济的必然。要推动数字技术广泛应用于政府管理服务，全面推进政府履职和政务运行数字化转型，统筹推进各行业各领域政务应用系统集约建设、互联互通、协同联动，整合构建结构合理、智能集约的平台支撑体系，构建数字化、智能化的政府运行新形态，推进政府治理流程优化、模式创新和履职能力提升，着力优化互联网政务服务水平，着力深化经济调节、市场监管、社会管理、公共服务、生态环保政府五大履职领域数字化水平，建设整体智治的数字政府，不断增强人民群众获得感、幸福感、安全感，为推进国家治理体系和治理能力现代化提供有力支撑。

2. 着力探索数字经济治理创新

我国数字经济规模快速扩张，但也出现了一些不规范、不健康的苗头和趋势，影响了数字经济健康发展。完善数字经济治理体系是规范数字经济发展、实现数字经济治理能力现代化的重要抓手和必由路径。推进数字经济治理创新是全球性议题，必须尽快构建科学合理的数字经济规则和治理体系，坚持发展与规范并举，探索建立与数字经济持续健康发展相适应的治理方式，既要"安全有序、规范健康"，又要"积极发展"。要加快建立全方位、多层次、立体化的协同治理和监管体系，健全平台经济分级分类监管机制，推动线上线下监管有效衔接，建立系统性风险评估机制，强化重大问题研判和风险预警。

3. 加强全球数字治理合作

数字主权日渐成为国家核心利益的重要组成部分和大国博弈的新焦点，各国围绕数字主权的战略互动和博弈全面展开。在全球数字治理领域，我国应坚持多边主义与加大开放合作，积极参与全球数字治理，构建符合国情的数字治理模式，一方面努力成为全球数字规则的重要参与者和贡献者，另一方面在参与国际数字规则塑造中维护我国数字领域的国家利益，推动全球数字治理协调。

第二节　建设整体智治的数字政府

习近平指出："要运用大数据提升国家治理现代化水平。要建立健全大数据辅助科学决策和社会治理的机制，推进政府管理和社会治理模式创新，实现政府决策科学化、社会治理精准化、公共服务高效化。"2019年10月，党的十九届四中全会通过的《中共中央关于坚持和完善中国特色社会主义制度、推进国家治理体系和治理能力现代化若干重大问题的决定》提出，要"建立健全运用互联网、大数据、人工智能等技术手段进行行政管理的制度规则。推进数字政府建设，加强数据有序共享，依法保护个人信息"。"十四五"规划进一步明确提出，要"发展数字经济，推进数字产业化和产业数字化，推动数字经济和实体经济深度融合，打造具有国际竞争力的数字产业集群。加强数字社会、数字政府建设，提升公共服务、社会治理等数字化智能化水平"。

一、数字政府基本概况

（一）数字政府内涵及特征

2005年，美国政治学家达雷尔在其著作中把数字政府概念带入了公众的视线。随着数字化技术的不断变化，像电子政务、流程再造、网上办事、移动办公这些创新不断丰富着数字政府实践，数字政府相关理论研究也不断演进和完善。2020年发布的《数字政府3.0白皮书》把数字政府建设定义为以整体政府为核心目标，以业务数据化、业务化为着力点，充分运用新一代信息技术，通过数据驱动重塑政务信息化管理架构、业务架构和组织架构，形成用数据决策、用数据服务、用数据创新的现代化的治理模式。国家数据管理局局长刘烈宏提出，数字政府是将数字技术广泛应用于政府管理服务，推动政府治理流程优化和模式创新，不断提高决策科学性和服务效率的政府运行新形态。也有学者提出，数字政府是指通过运用云计算、大数据、人工智能、区块链等新一代信息技术，打造政府数字化平台，创新政府业务模式，重塑政府管理、业务和组织架构，推进政府办公、公共服务、社会治理向数字化、网络化、智能化发展的新型政府运行模式。

我们认为，数字政府以构建整体性治理和服务型现代政府为目标，以大数据、云计算、人工智能、区块链等新一代信息技术为支撑，以"业务数据化、数据业务化"为基础，以打造整体高效的政务运行体系、便捷普惠的政务服务体系、精准高效的社会治理体系、公平公正的监管体系为建设重点，以数据资源体系和技术支撑体系为保障，把数字化、智能化贯穿到政府治理的体制机制、组织架构、方式流程、手段工具等全方位系统性重塑过程，通过数据、技术、职能、业务的不断融合汇聚，实现政府治理流程优化和模式创新的一种现代化新型政府运行模式。从数字政府的本质来看，积极推进数字政府建设，无论数字化改革或转型，除了采用新技术、应用新领域外，最重要的还是提高政府治理能力和公共服务的便利化水平，是政府治理走向现代化的手段和过程，其本质还是实现公共利益最大化的过程，即政治学上所谓"善治"。从数字政府的治理机制来看，是通过新一代信息技术融合应用，实现"用数据决策、用数据服务、用数据治理、用数据创新"的治理现代化进程。

数字政府具有以下几方面特征：一是协同化。协同化强调组织互联互通，业务协同方面能实现一个跨层级、跨地域、跨部门、跨系统、跨业务的高效协同管理和服务。二是云端化。云平台是政府数字化的最基本技术要求，政务上云是促成各地各部门由分散建设向集群还有集约式规划与建设的演化过程，是政府整体转型的必要条件。三是智能化。智能化治理是政府应对社会治理多元参与、治理环境越发复杂、治理内容多样化趋势的关键手段。四是数据化。数据化也是现阶段数字政府建设的重点，是建立在政务数据整合共享基础上的数字化的转型。五是动态化。动态化指的是数字政府在数据驱动下动态发展不断演进与迭代升级的过程。

数字政府作为数字中国战略的关键组成和重要枢纽，生动地体现了以人民为中心的发展思想，既是大力推进国家治理体系和治理能力现代化的关键举措，又发挥着引领驱动数字经济、数字社会、数字文化、数字生态协同发展的基础作用。加强数字政府建设是适应新一轮科技革命和产业变革趋势、引领驱动数字经济发展和数字社会建设、营造良好数字生态、加快数字化发展的必然要求，是建设网络强国、数字中国的基础性和先导性工程，是创新政府治理理念和方式、形成数字治理新格局、推进国家治理体系和治理能力现代化的重要之举，对加快转变政府职能，建设法治政府、廉洁政府和服务型政府意义重大。

（二）数字政府建设框架及要素

目前，发达国家在数字政府建设方面主要围绕制定数字政府建设战略规划、建立首席信息官管理运行制度、深化政务数据开放和应用、注重政务数据融合与共享、借助人工智能技术打造智能化政府、颁布法令保护数据安全与公民隐私等展开创新实践。

2022年6月，国务院印发《关于加强数字政府建设的指导意见》，指出要通过持续增强数字政府效能，更好激发数字经济活力，营造良好的数字生态。这是我国数字政府建设领域的一部纲领性、政策性文件，为我国推进数字政府建设指明了前进方向。指导意见提出了数字政府建设五大体系，包括构建数字政府数字化履职能力体系，做到协同高效；构建数字政府数据资源体系，促进开放共享；构建数字政府平台支撑体系，实现智能集约；构建数字政府制度规则体系，力求科学规范；构建数字政府安全保障体系，筑牢安全防线。上述五大体系是加强数字政府建设赋能数字经济发展新格局的顶层设计。

数字政府建设是一个集生态整合、场景打造、应用落地和技术创新于一体的系统工程，包含基础设施、数据资源、场景应用、制度规则、安全保障等多方面元素。数字政府建设的重点是实现政务协同，其实现路径是通过建

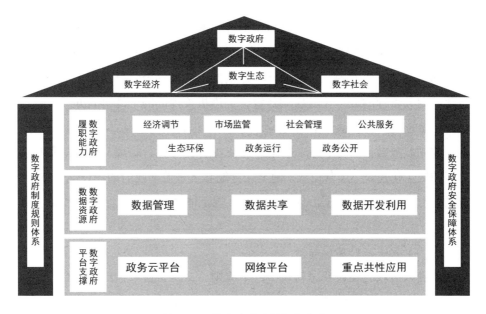

图 10-1　数字政府建设框架体系

设一体化政务平台，实现政务大数据的整合共享，实现全流程一体化对政府效率赋能。因此，政务数据是构建数字政府业务场景的基础，要进一步破解数据价值释放难题，以数据充分赋能业务场景，突破数据治理共享瓶颈。

数字政府建设的方法路径是"三融五跨"的。强化系统观念，破除体制机制障碍，统筹推进技术融合、业务融合、数据融合，提升跨层级、跨地域、跨系统、跨部门、跨业务的协同管理和服务水平，推动政府部门横向联动、纵向贯通。统筹推进各行业各领域政务应用系统集约建设、互联互通、协同联动，发挥数字化在政府履行经济调节、市场监管、社会管理、公共服务、生态环境保护等方面职能的重要支撑作用，构建协同高效的政府数字化履职能力体系。

现实中，在我国及各地数字政府建设具体实践中，形成了五个方面的具体抓手，分别是"一网通办""一网统管""一网协同""数字基础"以及"运行管理"。"一网通办"指的是便民利企的一网通办，包括按照统一的入口服务集成多端服务的总体要求，来提升政务服务能力，优化营商环境，拓展民生服务。"一网统管"指的是城市治理一网统管，以深化城市协同指挥调度、拓展社会协同治理应用为重点，全力打造城市运行的一个中枢体系。"一网协同"指的是政府内网一网协同，包括推动协同办公党群和民主法制的数字化、内务管理的数字化等应用建设，推进机关内部的一件事联办。"数字基础"指的是推进信息化基础的集约化建设，提升集约包括共享云网的服务、共享共用政务数据服务、统一智能平台支撑等。"运行管理"包括落实管运分离的数字化建设、运营模式。健全完善配套就是数字政府的建设配套体系，包括运行管理体系、数据治理体系、标准规范体系以及安全保障体系等。

（三）数字政府建设原则

推进数字政府建设要坚持以下几个原则：一是坚持以人民为中心。着力破解企业和群众反映强烈的办事难、办事慢、办事繁问题，推动数字普惠，让数字政府建设成果更多更公平惠及全体人民。二是坚持数据赋能。充分发挥数据的基础资源作用和创新引擎作用，建立健全数据治理制度和标准体系，加强数据汇聚融合、共享开放和开发利用，促进数据依法有序流动，提高政府决策科学化水平和管理服务效率。三是坚持整体协同。强化系统观念，加强系统集成，全面提升数字政府集约化建设水平，统筹推进技术融合、业务融合、数据融合，提升跨层级、跨地域、跨系统、跨部门、跨业务的协同管理和服务水平，促进数字政府建设与数字经济、数字社会协调发展。四是坚持安全可控。坚持安全可控和开放创新并重，严格落实网络信息安全各项法律法规制度，全面构建制度、管理和技术衔接配套的安全防护体系，切实守住网络安全底线。

二、我国数字政府建设实践探索与发展情况

（一）我国数字政府建设实践探索

政府数字化转型是我国国家治理现代化的重要战略。我国从 20 世纪 90年代起就陆续启动了政府信息化工程、政府上网工程、"互联网+政务服务"、

"互联网＋监管"、"互联网＋督查"等数字政府实践。

党的十八大以来，党中央、国务院从推进国家治理体系和治理能力现代化全局出发，准确把握全球数字化、网络化、智能化发展趋势和特点，围绕实施网络强国战略、大数据战略等做出了一系列重大部署。从国家层面看，2019 年党的十九届四中全会提出推进数字政府建设，将数字政府建设上升为国家战略。此后，2020 年党的十九届五中全会以及 2021 年"十四五"规划纲要分别提出加强数字政府建设、加快推进数字政府建设的要求，以此来推动国家治理现代化、提升国家治理效能。2022 年 6 月，国务院印发《国务院关于加强数字政府建设的指导意见》，提出到 2025 年和 2035 年数字政府建设的两阶段工作目标，明确了数字政府建设的七方面重点任务。2023 年 2 月，中共中央、国务院印发了《数字中国建设整体布局规划》提出，发展高效协同的数字政务，加快制度规则创新，完善与数字政务建设相适应的规章制度，统筹推进数字中国布局建设。这一系列重大部署，将数字政府建设提升到了整个国家的战略高度，标志着数字政府建设迈入全新阶段。

总体来看，我国数字政府发展可以总结为三个阶段：第一阶段是政府信息化起步期（1993—2002 年）。在这一阶段政府是以网络信息基础设施、信息化软硬件来辅助处理政务业务和政府门户网站的建设为特征。建设内容主要围绕着业务系统的信息化建设以及政府网站建设来开展，如"三金工程""政府上网工程"等。第二个阶段是电子政务时期（2002—2019 年）。重点开展"一站、两网、四库""互联网＋政务服务"等工作，逐步进入互联网政府阶段，这一阶段主要是以利用互联网等技术来推动政务服务数字化建设为特征。第三个阶段是数字政府时期（2019 年至今）。随着云计算、大数据、人工智能、区块链等新一代信息技术成熟，数字政府将进入技术体系、管理模式、服务模式的智慧创新与融合阶段，我国数字政府建设顶层布局不断完善。在这一阶段，随着新兴信息技术的快速迭代，政务信息化不再简单追求业务流程的信息化，而是更加关注政务管理、社会治理的智能化，特别是着力于集中、整合、共享数据资源，实现智能化决策，逐步向智慧政务发展。结合数字政府发展路径，可以看出我国数字政府建设经过信息数字化、业务数字化发展

时期	时间	标志性事件	建设目标	重大举措
政府信息化 起步期	1993 年—2002 年	成立国家经济信息化联席会议，启动重大信息化工程建设	注重政府内部行政事务管理	"三金工程" "政府上网工程"
电子政务时期	2002 年—2019 年	印发《国家信息化领导小组关于我国电子政务建设指导意见》	由"注重垂直行业管理"向"注重社会公众服务"转变	"一站、两网、四库""十二金工程""互联网＋政务服务"
数字政府时期	2019 年至今	党的十九届四中全会首次提及"推进数字政府建设"	服务于国家治理体系与治理能力现代化，推动政府职能全方位数字化转型	全国一体化政务服务平台跨省通办

图 10-2　我国数字政府建设发展阶段

资料来源：中国信息通信研究院

阶段，正迈向组织数字化阶段。

我国数字政府实践与建设呈现三个显著特征：一是数字政府目标与国家治理现代化相适应。数字政府建设目标的突出主题为国家治理体系和治理能力现代化，这说明国家已经把数字政府建设作为实现国家治理现代化的重要途径，并为进一步实现社会主义现代化提供重要支撑。二是数字政府建设与数字经济联结更加紧密。在数字经济背景下，政府不仅是数字经济的监管者，也是引导者与实践者。数字政府建设要求政府能够深入理解数字经济的发展逻辑、掌握数字经济发展动态，进一步促进数字政府在数字经济发展中发挥更重要的作用。三是政府业务与技术更深度地融合。数字化技术与政府业务的融合发展趋势愈加明显，一方面以云计算、大数据、人工智能为代表的信息技术在应用的广度与深度上有很大的提升，另一方面业务与技术之间相互影响并协同创新，带来政府组织架构、业务流程等方面的变革。

（二）我国数字政府建设的目标导向

数字政府建设体现了以人民为中心的发展思想，旨在加快建成"一网通办、一网统管、一网协同"的人民满意的服务型政府。

1. 推动政府运行管理效能全面提升。数字技术广泛应用于政府管理服务，有利于政府数据汇聚、共享和应用，实现办公自动化、政务公开化、程序规范化、决策科学化，大幅提升政府管理服务的效率和水平。要推动数字技术与政府治理深度融合，以"三融五跨"助力精细化治理，推动数据全量化的融合、开放、共享和条块业务大跨度、大范围的协同整合，深入推进数据赋能重塑政务流程、组织架构、功能模块等实践，不断增强数字化对重大任务、核心业务的支撑作用。

2. 打造高效便捷政务服务体系。随着大数据、云计算、人工智能等新一代信息技术的广泛应用，政府权力清单、事项实施清单、负面清单网络公开，社会监督更加便捷，营商环境不断优化。通过"最多跑一次""一门通办"的创新举措，让百姓少跑腿、让数据多跑路，不断提升群众满意度；建强用好"互联网＋监管"平台，使监管数据互联互通，不断加强重点领域监管执法能力，有效保障群众合法权益。

3. 构建全域智慧协同治理体系。数字化不仅是一场技术革命，更是对治理体系和治理能力的全方位、系统性变革。政府部门数据更加全面及时，在监测研判过程中更具深挖价值，已经成为创新治理方式、实现整体智治的关键要素。例如，上海、浙江、广州等地充分发挥数字化在政府履行经济调节、市场监管、社会管理、公共服务、生态环境保护等方面职能的重要支撑作用，打造宏观调节与微观服务联动、场景应用与技术支撑融合、数据输入与方案输出相融合的大脑中枢，更好回应群众需求和社会期待。这些地区探索构建智慧协同治理体系助推经济社会高质量发展的经验具有借鉴意义，可以在更多地区、更大范围加以推广。

（三）我国数字政府建设的总体效能

近年来，我国数字政府建设加速推进，政务服务能力显著提升，各级政府业务信息系统建设和应用成效显著，数据共享和开发利用取得积极进展，一体化政务服务和监管效能大幅提升，"一网通办""一网统管""一网协同""最多跑一次""接诉即办""跨省通办"等创新实践不断涌现，数字技术在新冠疫情防控中发挥重要支撑作用，数字治理成效不断显现，为迈入数字政府建设新阶段打下了坚实基础。根据《2022联合国电子政务调查报告（中文版）》，我国电子政务排名在193个联合国会员国中从2012年的78位上升到了2022年的43位，是自报告发布以来的最高水平。数字政府相关产业市场规模持续提升，以政务云为例，2021年，我国政务云市场规模达到802.6亿元，预计2024年市场规模将达到1310.4亿元，未来，政务云服务、软件和服务市场份额将会持续扩大。

与此同时，各地积极推进数字政府建设，纷纷出台数字政府建设顶层设计，全面推进数字政府建设，探索数字政府创新路径，"最多跑一次""一网通办""一网统管""接诉即办"等创新实践不断涌现。有关数据显示，截至2023年5月底，全国已有21个省份公开发布27项数字政府专项政策文件。以数字政府建设助力政府治理现代化，正成为地方政府不约而同的选择。特别是北京、上海、广东、浙江等先进省市数字政府建设成效突出，数字政府发展水平在多项全国性评价指标中位于前列。

上海：建好"两张网"，探索超大城市数字化治理新路径。上海市数字政府建设的一个抓手是建好"两张网"，分别是政务服务的"一网通办"、城市运行的"一网统管"。在政务服务的"一网通办"领域，2022年已经接入了3609页服务事项。在"一网统管"方面，上海把推进"一网统管"建设作为提高城市治理能力现代化水平的"牛鼻子"工程，结合上海市"经济、生活、治理"全面数字化转型，"三级平台、五级应用"的一个建设目标，由"高效处置一件事"逐步向"高效治理一区域、一领域"迈进，实现"一屏观天下、一网管全城"，走出一条超大城市数字化治理新路子。

浙江：打造整体智治的现代政府。浙江省的建设愿景是要打造整体智治"唯实惟先"的一个现代政府。具体的抓手有三点：首先，要打造和完善跨部门协同闭环管理的浙江省一体化在线政务服务平台；其次，积极破除数据归集和共享的堵点；最后，通过浙江政府网"浙里办"App的建设，为群众提供更广泛的办事咨询投诉渠道，提升群众的便利度和满意度。

广东：实现省域治理"一网统管"。广东省明确将充分依托全省一体化数字政府基础底座,围绕经济调节、市场监管、社会管理、公共服务和生态环境保护五大职能,优化管理体系和管理流程,构建横向到边、纵向到底、全闭环的数字化治理模式,实现省域范围"一网感知态势、一网纵观全局、一网决策指挥、一网协同共治"。

江苏:推进"一件事、一类事、一项事"改革。江苏提出以"三清单"改革为抓手,围绕跨部门、跨层级的事项,梳理政务服务一件事清单、社会治理一类事清单、政府运行一项事清单,通过完成清单倒逼数据共享和流程再造,实现政务服务一件事通办、社会治理一类事统办、政府运行一项事联办,不断提升政府行政服务效能,不断提升企业群众的获得感和满意度。

过去30余年,我国政府数字化转型经过信息化起步、电子政务两个时期,已经完成了大量的基础设施建设和信息化服务建设。从2019年开始我国迈入数字政府时期。目前,全国一体化政务服务平台基本建成,数字政府建设的新一轮重点是政务数据整合共享基础上的数字化转型。

(四)我国数字政府建设存在的不足

经过多年探索和发展,我国数字政府建设打下了坚实基础。但同时,数字政府建设还存在一些突出问题,主要是缺少统筹评价,体制机制不够健全,创新应用能力不强,数据壁垒依然存在,网络安全保障体系还有不少突出短板,干部队伍数字意识和数字素养有待提升等,政府治理数字化水平与国家治理现代化要求还存在较大差距。以数据壁垒为例,当前各地信息孤岛、信息烟囱现象依然突出,业务内容单调不互通、数据难以开放共享,数据资源利用水平低,数据重复录入、重复填报、部门间办事反复跑动等问题还未得到彻底解决,特别是跨部门的区域协同以及大系统大平台建设薄弱。

三、我国数字政府建设趋势展望

从2019年开始我国迈入数字政府发展阶段。未来一段时期,政府将主动适应数字化时代背景,对施政理念、方式、流程、手段、工具等进行全局性、系统性、根本性重塑，通过"三融五跨"实现流程再造，进一步提升政府治理体系和治理能力现代化水平。数字政府建设呈现以下发展趋势：

趋势一：治理的协同性进一步提升。数字政府建设管理体制与推进机制将进一步健全，职责明确、纵向联动、横向协同、整体推进的数字政府发展新格局将加速形成。强化跨政府部门业务整体协同，通过智能工具、数据共享，推进职能转变，其对服务、治理、决策、创新影响深远。公共服务、社会治理、新业态培育监管，其本质是通过数据和业务高度融合，打造协同型组织。

趋势二：更注重数据赋能驱动政府治理能力提升。在数据已成为我国经济发展的基础性、战略性资源的前提下，数字政府的建设将越来越重视数据价值的挖掘，将数据协同互通，打破数据孤岛现象，通过构建分类分级的数据授权机制，以应用场景为牵引，推动数据精准高效共享，提升政府治理能力。

趋势三：更注重谋场景和需求牵引。我国数字政府建设的重点正逐步从"建系统"转向"谋场景"，从"技术驱动"转向"场景牵引"，从"重视建设规模"转向"注重场景效果"。数字政府建设将聚焦企业和群众反映强烈的办事难、办事慢、办事繁等问题，进行流程优化和业务创新，推广如"一网通办""一网统管""一网协同"等创新模式，数字政府的建设重心也将更加强调服务体验和场景化主题式应用，建立伴随数字政府全生命周期的管理运营体系。

趋势四：更注重以标准化建设推动整体价值提升。数字政府建设探索初期，各地在实际建设过程中逐渐出现了信息系统不兼容、标准规范不一致、数据共享不通畅、业务协同不顺利等方面的问题，对于后续的进一步发展造成了较大制约。随着政府数字化转型步伐加快，标准化工作将成为数字政府建设中不可或缺的基础支撑，是实现高效性、集约性、协同性的重要抓手。

趋势五：更加强调多元参与度。构建政企民共治的现代政府治理体系，勇于创新、主动担责的社会机构越来越多。类似健康码、企业码等，通过社会平台参与，挖掘公共数据资源价值，其本质将通过公共服务与社会治理深度融合，提升数字领导力。

展望 2035 年，与国家治理体系和治理能力现代化相适应的数字政府体系框架更加成熟完备，整体协同、敏捷高效、精准智能、开放透明、公平普惠的数字政府基本建成，将为我国社会主义现代化建设提供有力支撑。

第三节　探索数字经济的治理创新

2021 年 10 月，中央政治局就推动我国数字经济健康发展进行集体学习，习近平在主持学习时强调，要完善数字经济治理体系，健全法律法规和政策制度，完善体制机制，提高我国数字经济治理体系和治理能力现代化水平。数字经济作为一种新经济形态，正在成为重组全球要素资源、重塑全球经济结构、改变全球竞争格局的关键力量，世界各国在数字经济领域的竞争日益激烈。但另一方面，随着数字经济的快速发展，探索数字经济治理的制度创新成为全球性议题。数字经济需要在发展中规范、在规范中发展，实现规范健康可持续发展。探索符合数字经济运行规律和趋势的制度体系，已成为数字经济研究领域的重要课题。数字经济治理体系既是国家治理体系的重要组成部分，更是推动数字经济规范健康可持续发展的制度保障。

一、数字经济发展对传统治理提出新挑战

近年来，我国数字经济在全面发力、加速发展，数字产业化和产业数字化并行、共荣的格局正在显现，数字经济对经济社会发展的牵引带动作用日益凸显。但与数字生产力加速进步相适应的数字经济治理体系尚不健全，适应数字经济发展的规则体系亟待完善。例如，在公民信息保护、资源分配均等方面，仍需要加快推进治理机制健全。同时，数字经济也带来了一些制度性挑战，数据要素产权及其交易制度亟待完善。随着数字经济尤其是平台经济的发展，垄断问题变得更加隐蔽复杂，争议更多，影响范围更广，对反垄断立法、执法过程的评判标准甚至传统概念形成一定挑战，导致部分现有法

律法规、治理方式及监管手段难以适用。由此可见，必须对数字技术的应用和数字经济进行有效治理和监管，以积极有效的制度和政策促进数字经济健康发展，同时利用数字技术更有效地调控经济、监管市场。

数字经济治理是对数据资源、信息通信网络、信息通信技术融合应用及数字经济相关主体、活动、环境的综合治理，是数字时代宏观经济治理的重要内容，也是国家治理体系和治理能力现代化建设的新要求和新挑战。深化数字经济治理，就要求更加全面地把握数字经济发展的形势、趋势和规律，以健全和完善数字经济治理体系为基本支撑，进一步推动数字技术与实体经济深度融合，协同推进数字产业化和产业数字化，促进数据关键要素价值释放，培育开放、创新、安全、协调、普惠的发展生态，不断提升广大人民群众对数字化发展的获得感、幸福感和满意度，有效保障全体人民共享数字经济的发展红利。

二、健全数字经济治理体系的框架原则

健全完善数字经济治理体系要把握四个关键。一是坚持中国特色，充分利用已有国家治理基础，持续发挥我国体制和制度优势、超大规模市场优势、海量数据和丰富应用场景优势，走适合中国特色社会主义市场经济体制的数字经济发展和治理道路。二是坚持发展与规范并重，突出竞争政策基础地位，鼓励公平竞争，维护市场主体权益，在强化反垄断、防止资本无序扩张同时，尊重平台经济等新业态、新模式发展规律，保护来之不易的发展成果和创新实践，在发展中规范、在发展中完善。三是坚持多元共治新格局，合理区分政府和市场边界，明确界定各方义务、责任和权利，促进政府、平台、企业、行业组织、社会公众等多元参与、有效协作、互利共赢。四是坚持系统提升数字化能力，综合利用数字化思维和数字技术解决新治理难题，提升政府数字化治理能力，推动构建多元参与、有效协同的数字经济治理新格局。

三、构建适应数字经济发展的制度建设

数字经济发展的复杂性、多层次性决定了其制度体系是一个复杂的系统，具有整体性、多元性、互动性、不完全性、演化性等特征。近年来，党和政府推出一系列加强数字经济治理、反垄断和反不正当竞争、维护劳动保障权益的政策措施，提出要把握数字经济发展趋势和规律，推动我国数字经济健康发展，完善数字经济治理体系。国务院《"十四五"数字经济发展规划》提出，"探索建立与数字经济持续健康发展相适应的治理方式"，"建立完善政府、平台、企业、行业组织和社会公众多元参与、有效协同的数字经济治理新格局"，为加强数字经济治理指明了方向。

一是健全平台经济治理体系。进一步明确平台企业主体责任和义务，推进行业服务标准建设和行业自律，保护平台从业人员和消费者合法权益。通过行业自律和企业社会责任等渠道，增进平台企业对于数字治理的规则意识、伦理意识和法治意识，通过行业标准、地方标准的制定，发挥平台企业技术优势，更好地提供数字治理技术和工具。

二是创新监管理念和方式。应坚持包容创新与审慎监管的治理原则，把握好行政逻辑、市场逻辑、技术逻辑与价值逻辑的平衡，充分发挥市场化手段在治理中的重要作用，加快健全市场准入制度、公平竞争审查机制、完善数字经济公平竞争监管制度，预防和制止滥用行政权力排除限制竞争。此外，要推动人工智能、大数据等数字技术在数字经济治理中的创新应用，探索实行信用监管等模式。

三是推动多元主体协同共治。把握好政府主导与多元主体共同参与的平衡，合理界定政府、企业、社会组织和公民个人在数字治理中的角色，充分发挥各参与主体在治理中的作用。要建立完善政府、平台、企业、行业组织和社会公众多元参与、有效协同的数字经济治理新格局，形成治理合力。

四是加强数据要素市场培育与治理。数据是数字经济的重要生产要素，要加快构建数据要素市场规则，培育市场主体、完善治理体系，推动数据资源有序流通、创新应用。要健全完善和规范数据交易管理，培育规范的数据

交易平台和市场主体，建立健全数据资产评估、登记结算、交易撮合、争议仲裁等市场运营体系，提升数据交易效率。

五是健全完善顶层设计及制度保障。加快建立完善与数字经济发展新形势、新规律、新生态相适应的市场监管、宏观调控、法规制度体系。要通过完善法律法规和政策制度体系，保护网络安全、数据安全、公民个人隐私安全，提高数字化发展的安全水平。

六是筑牢数字安全屏障。数字安全是数字经济发展的基本保障。要完善国家安全制度体系，重点加强数字经济安全风险预警、防控机制和能力建设。加快建立数据分类分级保护基础制度，针对人工智能等技术在实体经济领域的创新应用，完善安全审查、算法审查、监测预警等制度，及时防范和化解各种风险。推动行业、企业采用前沿技术防范安全隐患，特别是要实现头部企业、核心技术、关键设施、战略资源等安全可控。

四、深化平台经济治理创新

（一）加强平台经济治理已成为全球性议题

随着数字技术的快速发展、融合渗透，全球化分工合作的进一步深化，以互联网平台企业为代表的平台经济迅速崛起。平台经济作为数字时代生产力新的组织方式，是数字技术和商业模式创新的结果，是数字经济的典型业态，正在深刻改变人们的生产生活方式，对促进创业创新、推动产业升级、优化资源配置、贯通经济循环发挥着愈发重要的作用，为应对疫情冲击、推动经济复苏注入了新动能。但随着平台经济蓬勃兴起、纵深发展，世界范围内出现了数字平台滥用支配地位、排除限制竞争等突出问题，而且呈现愈演愈烈之势，加强平台经济治理已成为全球性议题。

（二）进一步健全平台经济治理体系

中央财经委员会第九次会议强调，要从构筑国家竞争新优势的战略高度出发，坚持发展和规范并重，把握平台经济发展规律，建立健全平台经济治理体系。这是基于平台经济发展规律，对优化平台经济治理提出的新要求。加强平台经济治理机制创新，不仅是打造数字经济新优势的重要内容，也是更好发挥平台经济服务高质量发展和高品质生活的必然要求。要从打造国家竞争新优势的高度出发，统筹发展与安全、国际与国内、创新与竞争、保护与利用等之间的关系，坚持目标导向、问题导向，针对我国平台经济发展的阶段和现实问题，建立健全平台经济治理体系。

一是建立健全平台经济治理制度体系。立足于我国现实情况，借鉴各国经验，结合共性要素和我国实际，围绕竞争、数据、算法等共性要素建立通用性监管规则体系，既要加快完善相关法律和配套规定，又要强化监管部门的人才队伍建设，建立监管部门对平台经济各细分领域的市场监管及监测制度。此外，还需结合中国国情，从社会性和公共性等角度加强针对超大型平台的专门监管规则研究。

二是加强企业创新力的培育。平台企业已经成为新一代信息技术创新的引领者，应从构筑国家竞争新优势的战略高度出发，通过加大监管和引导力度，优化企业创新资源配置，培育提升企业创新力和竞争力，推动我国平台企业成为国家数字科技创新的主力军。引导平台企业在科技创新和产业前沿布局方面发挥更大作用，强化人工智能、云计算、大数据等领域前沿技术和关键核心技术研发。推动互联网平台企业与实体经济深度融合，加快推进工业互联网发展，培育壮大多层次工业互联网平台体系。支持平台企业积极拓展国际市场，增加优质产业和服务供给，挖掘国际市场空间和潜力。

三是统筹构建协同监管格局。随着平台经济的创新发展，以及线上线下平台的加速融合，新老问题交织出现，其监管面临较为复杂的局面，需要综合运用多种工具，探索灵活响应、协同治理的监管格局。第一，加强政策统筹。强化顶层设计，优化监管方式，加强政策协同，统筹应对各类并存的复杂问题。第二，加强部门协同。建立健全跨部门、跨区域的执法联动响应和协作机制，形成监管合力。第三，加强手段创新。开展系统性风险评估，强化和完善技术手段建设，提升风险监测预警能力，探索推广"沙盒机制"。

四是完善社会监督。建立"吹哨人"、内部举报人制度和举报人保护制度，建立平台规则公示和报告制度，全面提升社会监督和政府监督的协同效应。

第四节　深化网络生态共治

2016 年 4 月，习近平在网络安全和信息化工作座谈会上指出："古往今来，很多技术都是'双刃剑'，一方面可以造福社会、造福人民，另一方面也可以被一些人用来损害社会公共利益和民众利益。"当前，以 5G、人工智能、区块链、大数据等信息技术为代表的新一轮科技革命和产业变革加速推进，成为推动经济社会发展的主要动能。数字技术的广泛应用，在不断改变人们生活和交往方式的同时，也深刻影响着人们的行为和思考方式以及价值观念和道德观念，带来了潜在的风险。例如，个人信息和数据泄露带来个人隐私保护风险、算法推荐加剧"信息茧房"、人工智能技术带来伦理安全风险等。

一、营造清朗的网络空间

习近平指出："网络空间是亿万民众共同的精神家园。"当前，我国网络综合治理体系建设取得积极成效，系统治理、依法治理、综合治理、源头治理等统筹推进，特别是针对群众反映强烈的网络生态乱象，不断压实网站平台信息内容主体责任，建立行业自律机制，深入推进"清朗""净网"系列专项行动，网上主流思想舆论不断壮大，网络空间持续净化。营造清朗的网络空间是一项长期工作，需要持续强化网络内容治理，不断加强网络空间行为规范建设，培育符合社会主义核心价值观的网络伦理和行为规范。

二、加强网络安全保障

习近平指出："网络安全对国家安全牵一发而动全身，同许多其他方面的安全都有着密切关系。"党的十八大以来，我国网络安全保障能力建设得到加强，国家网络安全屏障进一步巩固。同时，在数字化转型进程中，网络安全威胁也加速演进。随着新技术新应用的大规模发展，数据泄露、网络诈骗、勒索病毒、安全漏洞等网络安全威胁日益凸显，网络安全工作面临新的风险挑战。没有网络安全就没有国家安全，就没有经济社会稳定运行，广大人民群众利益也难以得到保障。

三、完善数字法治体系

我国正在初步形成以《中华人民共和国网络安全法》《中华人民共和国数据安全法》《中华人民共和国个人信息保护法》为核心的数字法律体系。根据数字化发展进程，持续完善法治体系。健全新技术应用监管的法律体系，针对技术发展出现的问题，及时研究制定配套法律法规，促进行业健康发展。加快制定标准体系，适时出台行业技术发展标准，促进整个行业产业链加速形成。建立数字技术应用审查机制，开展发布前安全评估审查，有效避免可能出现的各种风险。完善伦理道德规范，针对人工智能、无人驾驶等新技术，开展技术伦理基础研究，加快构建科学有序的技术伦理治理体系。

四、探索多元共治体系

与传统工业经济形态相比，数字经济具有一些新的特征，如跨领域、跨行业、跨地区，涉及面广；再如参与者众多，一个平台可以集聚海量的供给方、需求方、投资方、服务第三方等。上述这些特征决定了数字经济治理的主体多元化，任何一个单独的部门或地区都不可能达成治理目标，需要建立多元协同共治的治理结构体系。要建立完善政府、平台、企业、行业组织和社会公众多元参与、有效协同的数字经济治理新格局，形成治理合力。

五、深化全球数字治理创新

当前，围绕网络安全、数据、平台、人工智能的数字治理规则尚处于探索期。受制于数字经济发展阶段不同、治理观念和模式不同，主要大国间治理理念和诉求差异仍然较大。关键规则制定已迈向深水区。未来应积极探索协调机制创新，面对分歧与矛盾，应坚持在相互尊重、相互信任的基础上加强对话合作，以优先构建规范共识为突破口，积极谋求早期收获；创设新型包容性治理机制与模式，以边缘改革贡献建设性方案，共同推动数字治理由"逐利争霸"向"利益协调"转变，塑造网络空间命运共同体。

第十一章

数字经济与未来的普惠共荣

　　2023 年 2 月，中共中央、国务院印发的《数字中国建设整体布局规划》强调，建设数字社会是保障和改善民生、扎实推进共同富裕的有效路径，提出要运用数字技术扩大服务供给、优化供需匹配，加快数字公共服务普惠化、数字社会治理精准化、数字生活智能化，提高公共服务水平，增强均衡性和可及性，不断实现人民对美好生活的向往。

第一节　数字技术促进数字普惠发展

　　习近平强调，要"在高质量发展中促进共同富裕"。数字化方式有效打破时空阻隔，提高有限资源的普惠化水平，数字经济发展正在让广大群众享受看得见、摸得着的实惠。数字经济既能促进持续性、均衡性增长，又能助推共享式、普惠式发展，推动全民共享数字红利，成为推进共同富裕、走好中国式现代化道路的重要举措。

一、数字经济的"红利"与"鸿沟"

数字经济对社会生产带来的效率、动力、分配方式变革，都深刻影响着我国推进共同富裕的实践路径。数字经济对社会整体在信息获取方式、收入、理念等方面产生的作用一直是学术界、理论界关注的焦点问题。关于数字经济与共同富裕，学术界形成几种观点。一种是以"数字鸿沟"为主张的学术观点，认为信息技术获取与应用能力水平差异将导致个体、群体、城乡乃至国家层面的信息落差及贫富分化，其实质是信息时代的社会公正问题。一种是持"数字普惠"视角的学术观点，认为数字化提升了公共服务、金融服务的覆盖广度，有助于社会整体受益于技术进步带来的发展红利，一定程度上解决了发展不平衡问题，缩小了收入差距。如孙晋（2021）认为，数字经济具有强大的技术、资本、数据聚集效应和资源配置功能，数字平台逐渐成为新发展阶段社会财富的主要创造和分配场域，关涉社会财富增加、社会福利提高和社会公平分配。再如上海社会科学院沈开艳（2023）认为，数字经济催生了一大批包容性创新，这些创新关注低收入和数字能力弱势群体、欠发达的地区，为经济实现包容性增长、社会实现共同富裕提供了新的机遇。此外，还有部分学者认为，数字经济对收入差距的影响并非简单的扩大或缩小，而是一种复杂的非线性关系。

二、数字经济促进区域协调发展

当前，我国经济已进入高质量发展阶段，解决发展不平衡不充分问题已经刻不容缓。促进区域均衡发展是贯彻落实新发展理念、解决发展不平衡不充分问题的必然要求。数字经济、数字技术具有开放性特征，加快了商品和生产要素之间的跨界流动，使商品的生产、交易和消费突破时空的限制，把空间地理因素对经济活动的制约降低到最低程度，使不同地区价值链的部分或整体实现数字化，时空距离与信息不对称对区域投资的束缚由此减缓，为欠发达地区结合区域自身优势开创新的发展空间提供机会。此外，数字经济降低了信息成本，使消费者的需求端和生产者的供给端精准匹配，通过互联网、大数据、云计算、人工智能等技术促使消费环节和生产环节实现高效联通，打破了地区间分散孤立状态，为欠发达地区输出特色产品和服务提供了机会。

北京大学数字金融研究中心专门做了一个北京大学数字普惠金融指数，把全国三千多个县、几百个地级市、三十几个省级行政区的数字普惠金融发展水平描绘出来。2011年，沿海地区的数字普惠水平最高，但到2021年，全国其他地区与沿海地区的差距明显缩小。这十年间，数字普惠金融增速最快的是中西部地区。这些地区原先没有金融服务，使用数字普惠金融服务的频率和数量也比不上沿海发达地区。然而这些地区的金融服务从无到有，其意义不可估量，这代表了未来中国地区经济平衡发展的希望。

三、数字经济促进城乡均衡化发展

全面建设社会主义现代化国家，最艰巨最繁重的任务仍然在农村。推动乡村振兴，加快城乡均衡发展，依然任重道远。当前，我国乡村振兴与数字经济时代迎来历史性交融，中国乡村迎来前所未有的数字化转型浪潮。数字经济促进乡村振兴是通过培育现代农业以及壮大乡村旅游、农村电商等富民产业来实现的。比如，通过建设"智慧农场""数字牧场""无人农场"等促进农业产业现代化集约化发展，增加产业附加值，提升就业人员收入水平；搭建产业带直播基地等电商平台，利用"线上＋线下"销售模式革新农业零售体系，拓宽特色农产品营销渠道，提高农民收入水平。相较于城市，数字经济的发展能给农村带来更大的优势，使农村发展速度可以逐渐跟上城市发展的脚步，从而实现城乡的均衡化发展。

四、数字经济促进基本公共服务均等化

随着数字经济的快速发展，以云计算、大数据和人工智能为代表的新兴数字技术，快速融合应用到城乡教育、医疗、养老等民生和公共服务领域，

为公共服务均等化提供了新的思路。数字技术或数字经济从弥补公共服务短板、提升政府服务能力、促进城乡公共服务协调发展、促使公共服务成果共享化发展等方面促进基本公共服务均等化。2021年，国务院印发的《"十四五"数字经济发展规划》提出，要充分利用数字技术，改善教育、养老、就业、社会保障等民生领域，持续推进公共服务数字化、智能化水平，为人民群众提供更加便利和优质的公共服务。《数字中国建设整体布局规划》提出，运用数字技术扩大服务供给、优化供需匹配，加快公共服务普惠化，提高公共服务水平，增强均衡性和可及性，不断实现人民对美好生活的向往。

五、数字经济促进大众创业万众创新

随着数字技术的迭代创新与融合应用，数字技术在各个产业的渗透也拓宽了传统就业的内涵。同时，数字技术与日常生活生产相结合促使在线教育、远程医疗等行业快速发展，开辟了新的就业领域，数字经济成为创新创业最活跃的领域。数字经济通过降低创业门槛、扩大市场机会和提供创业支持等，促进了创业创新的发展。其一，数字经济降低了创业门槛，传统的创业往往需要大量的资金资源，而数字经济通过互联网和在线平台，使得创业者能够以相对较低的成本开展业务。其二，数字技术为创业创新提供了更多的可能性，例如人工智能、大数据分析、区块链等技术正在改变各个行业的商业模式，为创业者带来了新的机遇。其三，数字经济还提供了更多的创业支持和资源。许多国家和地区都设立了创业孵化器、创业基金等机构，为创业者提供资金、导师、培训等支持。此外，数字经济在创造就业、倒逼市场化、投资机会均等化等方面也发挥了显著作用，有助于实现收入和财富的均等化。

第二节　新型智慧城市

2020年，习近平提出，要提高城市治理水平，推动治理手段、治理模式、治理理念创新，加快建设智慧城市。随着人类城市化进程的不断加快，城市问题越来越突出。联合国经济及社会理事会在2016年提出一个观点：21世纪人类最大的挑战之一就是如何管理好城市，这是国际上的认识。"十四五"规划和2035年远景目标纲要强调，"推进新型城市建设""建设宜居、创新、智慧、绿色、人文、韧性城市"。建设智慧城市，以数字技术赋能公共服务、推动公共服务高质量发展是提升城市治理能力和治理水平的必由之路，是以人民为中心思想的重要体现，是数字中国建设的核心载体和重要内容。当前，新型智慧城市建设已成为各地提升政府治理能力和公共服务水平、培育壮大数字经济的重要途径，是高质量推进数字中国建设的有力抓手。

一、智慧城市建设发展概述

2008年IBM提出"智慧地球"概念，作为其战略内容之一，"智慧城市"概念逐渐在国际社会引起广泛关注，成为全球城市建设的热点。

（一）智慧城市概念内涵及特征

《全光智慧城市发展报告（2022）》指出：智慧城市是以数字技术创新为核心驱动力，以现代信息网络为重要载体，深度融入经济社会各领域的现代城市发展模式。智慧城市的核心，在于运用物联网、云计算、大数据、空间地理信息集成等新一代信息技术，带动城市规划、建设、管理和服务智慧化发展，提升城市运行效率。智慧城市建设是数字中国的重要内容，是智慧社会的发展基础，是城市能级和核心竞争力的重要体现，是推进城市治理体系和治理能力现代化的科学路径。

智慧城市有四大内涵和四大特征。其四大内涵包括：一是智慧城市是信息技术高度集成、信息应用深度整合的网络化、信息化和智能化城市；二是智慧城市是信息化向更高阶段发展的表现，具有更强的自我学习、自我修正、自我完善和创新发展的能力；三是智慧城市是以智慧技术、智慧产业、智慧人文、智慧服务、智慧管理、智慧生活等为重要内容的城市发展的新模式；四是智慧城市是社会空间、物理空间和信息系统三元有机融合的条件下城市智慧化转型的新形态，运用新一代信息化技术优化城市系统，可大幅提升城市品质和综合竞争力，实现城市可持续发展。

智慧城市的四大特征包括：一是全面感知，遍布各处的传感器和智能设备组成物联网，对城市运行的核心系统进行感知、监控和分析。物联网与城市基础设施等物理系统充分连接和融合，构建城市运行实施监测图。二是平台支撑，数据是智慧城市建设的核心资源，城市大脑是智慧城市框架体系的核心支撑，城市大脑通过数据的采集、处理和分析，实现城市运行的智能化管理和决策支持的系统。三是融合应用，鼓励政府、企业和个人在智慧基础设施之上进行科技和业务的创新应用，为城市提供源源不断的发展动力。四是协同运作，基于智慧的基础设施，城市里的各个关键系统和参与者进行和谐高效的协作，达成城市运行的最佳状态。

（二）智慧城市让城市生活更美好

智慧城市是一种利用最新科技实现城市智能化的城市模式，它将人工智能、物联网、大数据等技术应用于城市的建设管理等方面，在提高城市效率、保障市民安全、改善居住环境等方面取得显著效果。随着云计算、大数据、物联网、人工智能、区块链、数字孪生等新技术的发展，智慧城市正越来越深刻地影响着我们的城市生活。

首先是提高城市运行和管理效率。智慧城市结合物联网、大数据分析和人工智能技术，在交通、环保、安全等领域实现了自动化、智能化的管理，大大提高了工作效率和准确率，减少了人为管理的成本和出错率。例如，通过智能交通系统，城市交通拥堵状况可以实时监测和疏导，减轻了交通压力，提高了出行效率。

其次是提升城市居民生活质量。智慧城市通过智能化的服务和管理，提供更多更好的公共服务，如交通、医疗、教育、文化等，改善了城市居民的生活环境和质量。例如，通过电子病历、远程医疗、智能诊断和个性化治疗等智慧医疗应用，可以优化医疗资源的分配和利用，居民可以享受到更精准、便利和高效的医疗服务，提高了居民的健康水平和生活质量。

最后是增强城市竞争力。智慧城市将智能技术融入城市建设、运营和经济发展中，优化城市发展结构和产业布局，提升城市的服务水平和吸引力，同时通过数字技术应用培育壮大数字经济产业链，增强了城市的竞争力和可持续发展能力。例如，通过智慧商业街的建设，能够培育发展各种数字经济新业态新模式，城市的商业服务水平得到了提升，同时也培育了城市产业链的发展。

近年来，世界各地不少城市持续出台政策措施，借助大数据、云计算、人工智能、5G等新技术，不断推进新型智慧城市建设，为城市治理赋能，助推城市产业智能化和治理现代化。例如，意大利佛罗伦萨市通过数字建设推动绿色低碳发展，法国南特市打造良性循环智慧生活方式，以及沙特阿拉伯延布市通过智能应用提升城市治理效能。

（三）智慧城市建设的框架与要素

1.智慧城市建设框架体系

智慧城市框架体系是指基于信息技术、物联网和大数据等新兴技术，构建智慧城市的整体架构和组成要素。智慧城市框架体系主要由基础设施层（感知层）、网络传输层、中枢平台层、应用层，以及标准、运行、安全等板块构成。

其中，中枢平台层作为智慧城市架构中的核心，扮演着数据管理、分析和决策支持的关键角色。特别是当下各地建设的城市大脑，通过数据的采集、处理和分析，实现智慧城市运行的核心中枢和支撑。

基础设施层是智慧城市的核心基础，其主要包含可感知的基础设施层、三网融合通信层以及云计算平台。这些基础设施构建了城市内各个物理设施的连接和信息传输基础。

智慧城市的应用层是为居民和企业提供各种智慧化应用和服务的层级。应用层以数据层为基础，通过公共平台对公共数据和部门业务数据进行整合，为智慧应用提供整合后的信息服务，让智慧应用能够获取各类协同信息，提高应用的服务水平和协同能力，并且直接面向智慧城市的最终用户，提供多样化的应用与服务，如智慧教育、智能家居、数字医疗、智慧交通等。最终实现智能决策、优化城市运行，改善生活质量，推动城市可持续发展。

在新型智慧城市建设中，数字信息基础设施是基石，城市大脑是智能中枢，而丰富的应用场景则是释放潜能的重要途径。

专栏 11-1　我国智慧城市标准

一、技术与平台

技术与平台类标准主要针对的是与智慧城市规划、建设、实施和运营相关的技术与平台，其重点是技术在智慧城市领域的应用，以及平台对业务的协同支撑作用、互联互通和互操作性上，被用来保障智慧城市相关基础设施建设、数据、建设管理及智慧应用功能目标的实现。技术与平台类标准主要包括物联感知、网络通信、计算与存储、服务融合、业务流程协同、城市数字孪生、智能决策、人机交互、公共支撑平台、城市运营中心十个子类标准。

二、管理与服务类

管理与服务类标准是用于规范、引导和支撑智慧城市相关管理与服务典型应用领域规划、建设、实施与运营过程的标准，包括城市治理、惠民服务、生态宜居、产业发展、区域协同五个子类标准。

三、安全与保障类

智慧城市的建设与运营过程将会面对复杂的网络安全风险，因此安全与保障类标准是保证技术与平台关键基础设施、城市数据资源、管理与服务、建设与运营安全可靠的重要依据，包括数据安全与隐私保护、信息系统安全、信息安全管理、基础安全防护、新技术应用安全五个子类标准。

2.城市大脑

城市大脑是智慧城市的最核心要素和组成部分，是基于云计算、大数据、物联网、人工智能等新一代信息技术构建的，支撑经济、社会、政府数字化转型的开放式智能运营平台。

城市大脑通过对城市数据资源统一汇聚、挖掘分析以及共建共治共享等，建设城市运营管理体系，优化城市公共资源，实时修正城市运行缺陷，实现数据融合创新，助力城市治理模式、城市服务模式和城市产业发展等突破。同时，城市大脑通过将经济社会发展成果和智能应用场景进行集中可视化展示，实现城市管理资源的高度整合、信息系统的高度集成、部门联勤联动的高度协同、上下贯通指挥的高度统一，为城市管理者提供辅助决策，使数字城市的运营管理更加科学化、精细化、智慧化。

城市大脑是一个高度智能化的系统，可以通过其实时监测、数据分析和决策支持等功能，提升城市管理和公共服务的效率和质量。城市大脑拥有较为完善的物联感知、计算、算法服务、数据资源整合与开放共享、网络安全保障等能力，可以为新型智慧城市建设统一提供计算、存储、数据、算法、网络、物联感知等服务。

二、我国新型智慧城市建设实践

（一）我国新型智慧城市建设概况

近年来，党和国家高度重视数字社会、智慧城市的建设与发展。党的二十大报告提出，加强城市基础设施建设，打造宜居、韧性、智慧城市。国家"十四五"规划和 2035 年远景目标指出，"分级分类推进新型智慧城市建设""建设智慧城市和数字乡村"。2022 年 6 月，国家发展和改革委员会印发《"十四五"新型城镇化实施方案》，提出建设宜居、韧性、创新、智慧、绿色、人文城市，为新型智慧城市建设指引了新的方向。智慧城市已经成为我国推进新型城镇化、提升城市管理水平和运行效率、提高公共服务质量、增强城市安全韧性、发展数字经济的战略选择。自 2008 年，开展智慧城市建设以来，我国智慧城市建设经历了概念导入期、试点探索期、统筹推进期，目前进入集成融合期发展阶段。

（二）各地新型智慧城市建设情况

近年来，各地因地制宜开展新型智慧城市建设初显成效。运用大数据、云计算、区块链、人工智能等前沿技术推动城市管理手段、管理模式、管理理念创新，从数字化到智能化再到智慧化，让城市更聪明一些、更智慧一些，成为各地推动城市治理体系和治理能力现代化的必由之路。

北京：北京智慧城市建设立足首都战略定位，服务和融入新发展格局，以科技创新为引擎，着眼于未来战略需求以及满足人民群众对美好生活的向往，以点带面，以用促建，充分发挥北京创新引领和示范带动效应，壮大行业标杆，优化产业生态，推动智慧生活新体验，深化体制机制改革，助力北京到 2025 年建设成为全球新型智慧城市标杆城市。北京以"筑基"为主要任务的智慧城市 1.0 建设已基本完成，已迈向全域场景开放的智慧城市 2.0 阶段。

上海：探索建设数字孪生城市，数字化模拟城市全要素生态资源，构建城市智能运行的数字底座。以大网络大系统大平台建设为导向，按照门户集成、接入管理、用户管理、授权管理、资源管理、安全防护"六个统一"要求，推动各部门、各区专用网络和信息系统整合融合，实现跨部门、跨层级工作机制的协调顺畅。大力吸引各类社会主体积极参与，建设优良的智慧城市开发生态。着力提供智慧便捷的公共服务，聚焦医疗、教育、养老、文化、旅游、体育等重点领域，推动智能服务普惠应用，持续提升群众获得感。整合区域商业、文化、旅游公共资源，打造"一部手机游上海"示范项目，拓展城市体验感、感知度。

深圳：深圳率先构建了全国首个新型智慧城市运行管理中心——市政府管理服务指挥中心及区级分中心、部门分中心，该中心是集城市大数据运营、城市规划、综合管理、应急协同指挥等功能于一体，技术、业务、数据高度融合的跨层级、跨区域、跨系统、跨部门、跨业务综合协同的管理和服务平台，也是城市运行管理的"大脑"和"神经中枢"。

成都：坚持以智慧蓉城建设赋能超大城市治理，以统筹推进城市运行"一网统管"、政务服务"一网通办"、数据资源"一网通享"、社会诉求"一键回应"为抓手，下足绣花功夫做优做强公共安全、公共管理、公共服务和数字经济发展，持续推动经济、生活、治理三大领域数字化转型，全面提升超大城市敏捷治理、科学治理水平，走出一条超大城市转型发展新路子，实现超大城市数字治理跃迁。

（三）典型案例——杭州城市大脑

2003年1月，时任浙江省委书记习近平提出"数字浙江"建设，后来"数字浙江"建设上升为"八八战略"的重要内容。20多年来，在"八八战略"指引下，"数字杭州"建设次第花开，成果丰硕，其中最有辨识度的就是城市大脑。它承载着良渚先民治理城市的历史积淀，也肩负着"数字中国"建设的未来使命。

其中，最为突出的就是交通领域。城市大脑应用的首要目的就是治堵，即让出行更便捷，让交通更智慧。2020年3月31日，习近平在考察杭州城市大脑运营指挥中心时强调，该管起来就能够迅速地管起来，该放开又能够有序地放开，收放自如，进退裕如，这是一种能力。因此，杭州城市大脑结合区域特征及市民出行特点，交通部门开通了无固定站点、无固定走向的专属定制公交——"丁桥小蓝巴"。这条公交线串联起丁桥区块的生活区、地铁站、商贸区、学校等绝大部分生活场景，市民冲着小蓝巴招手就能搭上"顺风车"。从"数字治堵"入手，杭州还创新推出"延误指数"，通过车辆全样本分析、数据全流程监管，让交通信号灯的控制算法越来越"聪明"。

此外，杭州城市大脑已经迈出从治堵向治城的跨越式步伐，其主旨是让城市会思考，让生活更美好。2015 年 12 月，习近平在中央城市工作会议上强调，全心全意为人民服务，为人民群众提供精细的城市管理和良好的公共服务，是城市工作的重头。于是城市大脑自诞生之日起，就是为了解决老百姓出行、停车、就医、居住、就学等急难愁盼问题。城市大脑动态数清杭州随迁和常住老年人口的数量、分布及居住地配套设施、专业人员数量，建立决策模型，精准分析，率先形成杭州特色的老有所养、幼有所育"大社区照护"体系。

同时，杭州城市大脑优化营商环境，让政府决策变得更科学。2020 年 3 月 31 日，习近平考察杭州城市大脑运营指挥中心时强调，运用大数据、云计算、区块链、人工智能等前沿技术推动城市管理手段、管理模式、管理理念创新，从数字化到智能化再到智慧化，让城市更聪明一些、更智慧一些，是推动城市治理体系和治理能力现代化的必由之路，前景广阔。

杭州城市大脑作为新一代信息技术和城市发展深度融合的载体，市民凭借它触摸城市的脉搏、感受城市温度、享受城市服务。城市管理者通过它配置公共资源，做出科学决策，提高治理效能。同时，杭州城市大脑的成功，展示了智慧城市是未来新型城镇化的重要方向。

三、推进我国新型智慧城市建设迈向更高水平

新型智慧城市的建设是一个综合性的系统工程，将以技术创新为驱动，以人民群众的需求为导向，为城市发展提供更加智能、可持续和宜居的解决方案。通过以下几个方面的努力，进一步深化科技与城市的有机结合，我们有理由对未来智慧城市的建设充满期待。

第一，加强基础设施建设。新型智慧城市离不开先进的基础设施支持，

包括宽带网络、物联网技术等。应当加大力度投资基础设施建设，提供完善的硬件支持。

第二，促进信息共享和互联互通。各个部门之间应实现信息共享和互联互通，确保数据的流动与交换。相关机构可以建立专门的平台以便各个行业和企事业单位之间能够快速地互相传递信息。

第三，支持创新和科技发展。可以通过采购制度鼓励企业和创新团队参与智慧城市建设相关项目，并提供相应的政策和经济支持。同时，建立科技创新基金，用于资助研究机构和企业进行相关科技研发和创新。

第四，发展人才队伍。培养具备智慧城市建设需求的专业人才，如网络工程师、大数据分析师等，可以建立相应的培训机制，提供培训项目和资金支持。

第五，加强数据安全保护。智慧城市建设涉及大量数据的收集、传输和存储。应加强数据安全管理，确保个人隐私和敏感信息的安全，制定相应的法律法规，并建立监管机构以监督和惩罚违规行为。

第六，引导社会参与。可以借助公众的力量，开展智慧城市建设宣传活动，增强公众对智慧城市建设的认知和理解。并鼓励公众积极参与，提供意见和建议，共同推进智慧城市建设进程。

四、新型智慧城市建设展望

第一，数字技术为新型智慧城市注入发展动能。"城市大脑"正在从"单体智脑"向"城市大脑＋区县大脑＋社区小脑"的纵向智脑体系，以及由"城管大脑""交通大脑""健康大脑""文旅大脑"等构成的横向智脑体系升级，成为当前阶段新型智慧城市建设的"必选项"。数字孪生技术通过整合地理信息数据、建筑信息模型数据、物联感知数据，构建出与物理城市"同步规划、同步建设、同步演进"的数字城市，赋能"一图统览、一屏管理、一键决策"城市治理新模式的建立。

第二，智慧城市框架体系将进一步发展和完善。随着人工智能、5G通信等技术的发展，城市大脑将实时获取、分析和利用更多的数据，并通过更智能化的算法和模型，为城市提供更精确、快速的决策支持。同时，智慧城市的相关服务平台也将更加丰富和创新，满足市民对智能化服务的需求，实现更高水平的城市可持续发展和改善居民生活质量的目标。

第三，智慧城市将以更高效、更绿色、更宜居的方式满足人们的需求。在未来，智慧城市可以借助物联网、大数据分析、人工智能等技术，形成信息互联、资源共享、服务智能化的综合系统。这意味着，城市中的各个部门和领域将通过数字化手段实现全面联通和智能管理，从而提高城市的运行效率和人民群众的生活质量。

第四，智慧城市建设还将带来更加便捷和舒适的生活服务。通过智能家居、智能办公和智能医疗等手段，人们可以实现远程操作和自动化控制，提高工作和生活的效率。同时，通过数字化平台和移动支付等方式，人们能够更方便地享受各种服务，如在线购物、在线教育、在线医疗等。交通领域的智能化将带来更顺畅、安全、节能的出行体验。通过实时交通监测与优化调度，人们可以更准确地预测和规划自己的出行路线，避免拥堵和事故。

第五，在智慧城市建设过程中也存在一些挑战。隐私保护、数据安全、信息泄露等问题需要引起足够重视。同时，应注重智慧城市建设的包容性，确保所有人都能够分享和受益于科技发展带来的优势。

第三节　数字乡村

党的二十大报告中指出，全面建设社会主义现代化国家，最艰巨最繁重的任务仍然在农村。民族要复兴，乡村必振兴，在脱贫攻坚取得胜利后必须全面推进乡村振兴，这是"三农"工作重心的历史性转移，也是摆在国人面前的历史使命和艰巨任务。正值此时，我国乡村振兴与数字经济时代迎来历史性交融，中国乡村迎来前所未有的数字化转型浪潮。数字乡村是伴随网络化、信息化和数字化在农业农村经济社会发展中的应用，以及农民现代信息技能的提高而内生的农业农村现代化发展和转型进程，既是乡村振兴的战略方向，也是建设数字中国的重要内容。推动数字乡村建设，对于农村、农业、农民的现代化具有重要意义，为乡村经济社会发展带来新的契机，成为实现乡村振兴、促进城乡融合发展的重要手段，有助于弥补城乡差距、推动数字普惠。

一、数字乡村建设的重点领域

从本质看，数字乡村是利用数字经济理念，依托信息通信基础设施和云计算、物联网、大数据等数字技术，驱动农业农村发展质量变革、效率变革、动力变革，打通三农领域的信息壁垒，以信息流带动生产流、商流、物流、资金流、人才流、技术流，重构乡村经济社会发展结构，激发乡村活力，从而推动农业全面升级、农村全面进步、农民全面发展。数字乡村既是一种发展模式，也是代表未来发展方向的先进乡村形态，其主要包括数字生产、数字生活、数字生态、数字治理等领域。

乡村数字生产：数字技术作为一种全新的生产要素，与农业经济融合之后，可以对农业生产、管理经营、销售流通等全过程予以赋能，进而重塑农村经济的新产业、新业态、新模式。

乡村数字生活：在数字乡村建设中，数字技术可以有效重构农村生产要素，扩大农村数字生活的范围，构建智能化、个性化的乡村服务。

乡村数字生态：数字乡村建设中数字生态建设是绿色发展的基本要求，以数字技术来推进农村整体生态环境的优化，包括自然、人文及社会生态三个部分，实现绿色低碳生态环境的可持续发展。

乡村数字治理：将数字化融入乡村治理体系，有助于乡村治理从经验式治理转向精准化治理，从少数人参与的治理向多数人参与的治理转变，使得乡村内外治理更加高效和智能。

二、我国数字乡村建设发展实践

我国历来高度重视农业农村信息化，大力发展农业农村信息化，将信息化技术更广泛地应用于农业生产、农村建设、农民生活。党的十八大以来，以习近平同志为核心的党中央高度重视数字乡村建设，在党的二十大和历次中央经济工作会议、中央农村工作会议中都有相关部署。

我国数字乡村建设源于农村信息化事业。党的十八大提出了"促进工业化、信息化、城镇化、农业现代化同步发展"的战略部署，为全国上下加快推进农业农村信息化指明了方向，明确了目标和任务，农业农村信息化发展迎来新的机遇期。2013 年，国务院印发了《"宽带中国"战略及实施方案》，明确了"宽带中国"的发展目标和发展时间表，将"宽带乡村"工程定为重点任务之一。2014 年以来，按照中央一号文件的部署，农业部先后组织一批县（市、区）开展了信息进村入户试点，进一步拓宽三农综合信息服务平台的内涵，探索了农业农村信息服务的长效机制。2016 年 3 月，《中华人民共和国国民经济和社会发展第十三个五年规划纲要》提出推进农业信息化建设，加强农业与信息技术融合，发展智慧农业。2016 年 7 月，《国家信息化发展战略纲要》提出培育互联网农业，提高农业生产全过程信息管理服务能力。2016 年 8 月，农业部研究编制的《"十三五"全国农业农村信息化发展规划》要求加强农业农村信息化基础设施建设，推动"宽带中国"战略在农村深入实施，并探索面向贫困户的网络资费优惠。

"数字乡村"概念正式得到广泛应用始于 2019 年。2019 年 5 月，中共中央办公厅、国务院办公厅联合印发《数字乡村发展战略纲要》，制定了我国数字乡村建设的中长期发展目标，明确到 2020 年，数字乡村建设取得初步进展；到 2025 年，数字乡村建设取得重要进展；到 2035 年，数字乡村建设取得长足进展；到本世纪中叶，全面建成数字乡村，助力乡村全面振兴，全面实现农业强、农村美、农民富。2020 年，中央网信办、农业农村部、国家发展改革委等 7 部委联合印发《关于公布国家数字乡村试点地区名单的通知》，公布首批国家数字乡村试点地区名单，包括 117 个县市区，覆盖 31 个省（自治区、直辖市）及新疆生产建设兵团，并对抓紧组织开展试点工作提出了具体要求。

近年来，在推进共同富裕的大背景下，数字乡村建设进一步走深走实。2021 年 7 月，中央网信办、农业农村部、国家发展改革委、工业和信息化部、科技部、市场监管总局、国家乡村振兴局等部门相关司局组织编写了《数字乡村建设指南 1.0》，提出了数字乡村建设的总体参考架构以及若干可参考的应用场景，供各地区推进数字乡村建设时借鉴使用。2022 年 1 月，中央网信办、农业农村部等部门联合印发《数字乡村发展行动计划（2022—2025 年）》。2022 年 8 月 8 日，《数字乡村标准体系建设指南》公布，明确了"十四五"时期数字乡村标准化工作目标。2022 年 11 月 18 日，中央网信办、农业农村部启动联合制订《数字乡村建设指南 2.0》，将围绕信息基础设施、农业全产业链数字化、乡村建设治理数字化、乡村公共服务数字化、乡村数字文化、智慧绿色乡村等方面，进一步完善内容、丰富案例，更好地指导各地建设数字乡村。2023 年，中共中央、国务院《关于做好二〇二三年全面推进乡村振兴重点工作的意见》发布，提出深入实施数字乡村发展行动，推动数字化应用场景研发推广。

三、我国数字乡村发展成效及面临挑战

党的十八大以来，从中央到地方，从设计到落地，有关推动农业农村信息化发展的顶层设计密集出台并落实，在提高农业生产智能化水平，帮助广大农民增收，促进基本公共服务均等化，提升基层政府部门服务效率等方面发挥了重要作用。近年来，随着国家层面数字乡村顶层设计和政策体系不断完善，各地区也积极谋划布局并出台相关政策体系，社会多元力量积极参与共建，我国数字乡村建设取得显著成效，农村信息基础设施加快建设，线上线下融合的现代农业加快推进，农村信息服务体系加快完善，农村数字化治理水平快速提升。

一是乡村数字基础设施不断夯实。数字基础设施是数字乡村建设的必要基础。我国已先后开展八批电信普遍服务试点，截至2023年底，农村宽带接入户数超过1.9亿，5G网络基本实现乡镇级以上区域和有条件的行政村覆盖。

二是数字技术有力推动农业生产数字化转型。农业信息化是推动农业现代化的重要支撑。近年来，我国智慧农业建设快速起步，智能农机装备应用场景不断拓展，农业农村大数据平台基本建成，农业农村数据资源不断丰富。截至2023年底，我国农业生产信息化率达到27.6%，数字育种探索起步，智能农机装备研发应用取得重要进展，智慧大田农场建设多点突破，畜禽养殖数字化与规模化、标准化同步推进，数字技术支撑的多种渔业养殖模式相继投入生产，建成国家农产品质量安全追溯管理信息平台。

三是新业态新场景拓展乡村发展新空间。乡村新业态新场景是进一步繁荣农村经济、促进农民增收的重要抓手。近年来，我国农村电子商务快速崛起，休闲农业、认养农业、观光农业等新业态新模式蓬勃发展。截至2023年底，农产品电商网络零售额突破5800亿元，全国具备条件的新营农业经营主体建档评级基本全覆盖。

四是优质数字公共服务资源不断下沉。数字惠民服务是提升农村群众幸福感、获得感的关键举措。近年来，我国网上政务服务不断健全，实现省、市、县、乡、村五级全覆盖，更多政务服务事项下沉至基层办理。全国中小学互

联网接入率达 100%，县级远程医疗覆盖率超过 90%，优质教育和医疗资源向农村地区下沉。建成运营益农信息社 46.7 万个，累计提供各类信息服务 9.8 亿人次。

我国数字乡村建设取得显著成效，同时也存在顶层设计缺失、资源统筹不足、基础设施薄弱、区域差异明显等问题，亟须进一步发掘信息化在乡村振兴中的巨大潜力，促进农业全面升级、农村全面进步、农民全面发展。一是部分地区现有系统存在重复建设的现象，并且涉农数据标准缺失、信息"烟囱"多，导致数据无法共享，涉农数据碎片化、"孤岛化"问题严重。二是智慧农业关键设备与核心技术受制于人，高端智能农业装备的核心部件长期依赖进口，产品研发、技术创新核心力量较弱。三是缺乏既懂农业又懂信息化的复合型人才，农村地区留守人群普遍年龄偏高、文化水平偏低，对数字技术掌握不够，同时乡村资源相对落后，对人才吸引力不足。

四、推进数字乡村建设迈向更高水平

可以预见，未来 30 年，农业农村是最大的蓝海；未来 5—10 年，是农业农村数字化发展的窗口期；未来 5—10 年，数字乡村建设将成为县域经济跨越式发展的强大助力；未来一段时期，数字乡村建设发展将是引领乡村振兴的实践热点、建设数字中国的实践重点、建设农业强国的有效助推、构建新发展格局的乡村引擎。未来，我国数字乡村建设将迈上新阶段，这些主要体现在农业产业数字化、乡村治理数字化、乡村消费数字化、乡村文化数字化以及乡村服务数字化等方面。

第一，在农业产业数字化上，数字技术的持续演化和全面创新逐渐构建起以技术为支撑的现代化农业生产、经营和服务体系，涌现出数字农业、智慧农场、基地直采等一系列新业态新模式，由此促进农业生产走向高效精准，全面畅通农产品销售渠道，延伸农业产业链以及实现农业产业深度融合。

第二，在乡村治理数字化上，微信群、乡村钉、腾讯为村等各类应用软件在乡村治理中的逐渐覆盖和推广，以及数字技术强大的分散、积聚和赋权

特性，在一定程度上颠覆、解构了乡村原有的社会结构和关系，重塑了乡村治理结构和村民群体的交往互动、话语表达与集体行动，更赋予了基层治理新的活力源泉，驱动着乡村治理走向智能化、精细化、精准化和民主化。

第三，在乡村消费数字化上，支付宝、微信支付等移动支付在乡村地区大面积普及，为乡村居民创造了高效便捷、安全舒适的消费过程和体验。同时，农村电商的发展、乡村基础设施的完善以及以网络购物、网络直播为代表的数字消费新业态正在深刻改变着农村居民的消费习惯，成为撬动乡村消费转型升级的重要抓手。在乡村文化数字化上，以抖音、快手为代表的短视频引流平台成为乡村文化传播的重要载体，打造新一代的农人和草根网红，借助短视频形式展现乡村传统民风民俗，输出优质乡村文化内容，激发乡村文化的活力和底蕴，为社会大众呈现真实鲜活的乡村文化图景。

第四，在乡村服务数字化上，数字技术通过数据融合、业务融合、系统融合改变了乡村公共服务的底层逻辑，推动着乡村公共服务朝着多元化、平台化、多样化、个性化的方向转变。以要素重组、信息整合、层级跨越的方式推进政务服务向村社延伸；以资源对接、云上课堂、名师直播等方式践行教育公平理念，走向城乡教育优质均衡发展；以需求识别、流程优化、供需匹配的方式构建数字化乡村医疗服务应用体系，为乡村居民提供精准、便捷的医疗健康服务。

立足新时代国情农情，要将数字乡村作为数字中国建设的重要方面，加快信息化发展，整体带动和提升农业农村现代化发展。进一步解放和发展数字化生产力，注重构建以知识更新、技术创新、数据驱动为一体的乡村经济发展政策体系，注重建立层级更高、结构更优、可持续性更好的乡村现代化经济体系，注重建立灵敏高效的现代乡村社会治理体系，开启城乡融合发展和现代化建设新局面。要以数字化赋能乡村产业发展、乡村建设和乡村治理，整体带动农业农村现代化发展、促进农村农民共同富裕，推动农业强国建设取得新进展、数字中国建设迈上新台阶。

五、典型案例：杭州萧山区瓜沥镇梅林村——数字乡村添彩美好生活

一进入浙江省杭州市萧山区瓜沥镇梅林村，科技感扑面而来。扫描"沥小二"二维码，便可快速了解村子概况，停车位、公共厕所在哪里，主要景点、特产有哪些……触手可及的数字技术应用让村民生活更便捷、更美好，乡村生活满满的"幸福感""未来感"让人印象深刻。

"美好生活中心"是梅林村未来乡村建设的一个"窗口"，智慧健康小站、无人超市、24小时乡村数字书房，数字元素随处可见。

通过"健康大脑＋智慧医疗"建设，乡亲们实现了"慢病配药不出村"；24小时乡村书房，点一点听读机就能畅听有声读物，书房里还设有儿童观影区；河边的数字跑道，通过人脸识别后，跑多远、消耗多少卡路里，智能设备会自动记录，实时显示在屏幕上……

梅林村数字乡村建设聚焦医疗、教育和休闲等民生需求，通过科技赋能，让乡亲们就地过上现代化美好生活。

第四节　数字生活

数字技术的快速发展和普及，全面融入人们的日常生活和社会交往，使人们可以通过各种数字设备和互联网平台来获取信息、进行交流、享受娱乐、进行购物等，人们的生活方式、工作方式和社交方式发生了根本性的改变。发展数字生活新业态新模式、加快生活服务业数字化转型，成为数字经济时代的重要趋势。

一、数字科技改变未来生活

数字经济时代，一方面，数字技术的快速发展和普及，衍生出网络购物、短视频、无人驾驶等一批新业态新模式。另一方面，推动生活服务业数字化转型。生活服务业是美好生活的最直接载体。近年来，我国生活服务业发展不断提速，服务消费已成为推动居民消费持续升级的重要力量。通过对生活服务领域进行数字化赋能，推动生活服务的在线化、数字化、智能化，不仅能够提高生活性服务业的供给效率、培育新业态新模式、推动服务业高质量发展，还能够使生活性服务业更加符合人们需求，从而提升广大群众获得感与幸福感。

数字生活服务的优势在于它的便捷性及信息获取、社交网络、教育学习、娱乐休闲和商业发展方面的广泛应用，为我们的日常生活带来了很多便利。其特点包括：一是便捷可获得。数字生活为人们带来了极大的便利。通过互联网和智能设备，人们可以在任何时间、任何地点获取信息、进行购物、进行在线银行交易等各种活动。数字化技术使得人们的日常生活变得更加高效和便捷。通过数字化平台，人们可以轻松访问和分享各种资源，如电子书籍、音乐、视频等，互联网上的海量信息和数字内容为人们提供了更大的选择空间，满足了他们的各种需求。二是效率提升。数字生活通过自动化和智能化技术，大幅提升了各个领域的效率。企业通过数字化的工作流程和自动化的系统能够更高效地处理业务，提高生产效率。数字技术与生活服务业深度融合，正在成为助力小微企业恢复增长、人民群众便利生活的重要抓手。三是学习和创新。数字生活为学习和创新提供了广阔的平台。在线学习平台使得人们可以随时随地学习各种知识和技能，提供了个性化和灵活的学习方式。数字技术极大地促进了人与人之间的社交互动，各类新型社交媒体平台已经成为人们分享生活、交流观点和建立社交网络的重要工具。数字技术和开放的创新平台为人们提供了创新和创造的机会，促进了科技创新和社会进步。

二、未来生活与数字生活服务

数字经济在融入人们日常生活的同时，衍生出数字金融、网络购物、跨境电商、智慧物流、数字文化、元宇宙等一批数字生活新业态新模式，将为人们生活带来更加智能、便捷和个性化的数字生活方式。

数字金融：通过互联网技术实现的各种金融服务和交易，例如移动支付、在线借贷、数字货币等。随着科技的发展和人们对便捷金融服务的需求增加，数字金融正在成为金融行业的重要趋势。

网络购物：通过互联网和移动终端进行在线购物、在线支付、共享经济等消费行为。随着电子商务的兴起和技术的进步，数字消费正越来越受到人们的青睐。

跨境电商：通过互联网进行国际交易的电子商务活动。它打破了传统贸易的限制，让买家和卖家可以在不同国家之间自由购买和销售商品。跨境电商有利于促进国际贸易合作，提升商品的供应链效率。

数字文化：通过互联网和数字技术传播和表现文化形态的活动。例如，在线阅读、网络影视、网络游戏等都属于数字文化的范畴。数字技术为传统文化的保护、传承和创新提供了新的机会和空间。

智能家居：未来，智能家居将进一步普及和发展。通过物联网技术，人们可以将家中的各种设备连接到互联网，并通过智能手机或语音助手进行远程控制。人们可以通过手机调节室内温度、控制照明系统、打开窗帘等。智能家居还可以通过传感器和人工智能技术自动感知用户的习惯和需求，提供个性化的服务和场景设置

虚拟现实与增强现实：虚拟现实和增强现实技术将为我们带来全新的沉浸式体验。未来，人们可以通过智能眼镜或头盔进入虚拟世界，进行沉浸式的游戏、教育和娱乐体验。同时，增强现实技术也将进一步发展，使人们可以在现实世界中叠加虚拟信息，如导航指示、产品展示等，提供更加丰富的交互和体验。

人工智能助手：未来，人工智能助手将更加智能化和个性化。基于深度学习和自然语言处理的进展，人工智能助手将更加了解用户的习惯、喜好和需求，能够提供更加智能和定制化的服务。人工智能助手将在人们的日常生活和工作中充当个人助理的角色，帮助人们管理日程安排、提供个性化建议、处理事务等。

智慧物流：运用物联网和大数据技术，提高物流配送效率、降低物流成本、优化供应链管理的物流体系。通过智慧物流系统，企业和消费者可以更好地追踪货物的运输情况并进行即时调整。

元宇宙：元宇宙是物理与数字世界融通作用的沉浸式互联空间，是新一代信息技术融合创新的集大成应用，承载着数字经济的新场景、新应用和新业态，具有广阔的空间和巨大的潜力。元宇宙技术的发展将引领我们进入一个更方便、更互动、更有趣的虚拟世界。带来的便捷将涵盖购物、社交、工作、学习以及娱乐等方面，为人们日常生活带来更多可能性。

短视频：抖音、快手等短视频应用给生活带来了一系列的变革。这些应用为用户提供了一个分享自己生活的平台，打破了传统媒体的门槛，使普通人也能成为内容创作者，享受到创作带来的成就感。此外，短视频应用也成为了一种商业推广的渠道，为用户提供了更多样的购物选择。

这些未来生活与数字服务领域的发展，将进一步改变和丰富人们的生活方式，提供更多个性化、便捷化和智能化的服务。

三、我国数字生活服务发展情况

当前，我国的数字生活服务业正处于快速发展时期，并呈现出新的产业格局和新的生态格局。从需求角度来看，在国家促消费的政策支持下，消费者群体优化转型并且购买需求也日渐扩大，这为生活服务业提供了一个良好的市场环境，同时也推动着我国数字生活服务业的不断发展。从供给的角度来看，数字经济通过大数据和人工智能等技术传递，在价值链的扩展中，为生活服务业提供服务，如线上买菜、外卖送餐、下单购物、手机打车等，这无疑让公共物品的数字化更上了一层楼。

数字生活服务细分领域，包括电子商务、在线支付、移动应用、智能家居、在线教育、健康管理等多个行业都取得了显著进展。例如，在电子商务方面，中国已成为全球最大的网络零售市场，不仅有许多国内知名的电商平台如阿里巴巴和京东，还有很多小型创业公司不断涌现。同时，移动支付也成为一种非常普遍的支付方式，手机支付在各类线下场景中广泛应用。另外，中国的移动应用市场也非常活跃，以微信和支付宝为代表的超级应用在用户中深受欢迎。智能家居设备的使用逐渐普及，人们可以通过手机控制家里的灯光、空调、安防系统等。在线教育行业也取得了快速发展，学生可以通过移动应用和在线平台进行线上学习。

我国生活服务业数字化快速发展，主要得益于三大助推因素：一是数字技术发展与庞大的互联网用户规模。中国互联网用户规模庞大，为生活服务业数字化赋能提供了坚实基础。随着人工智能、物联网、云计算、大数据等新一代信息技术的不断发展与创新应用，智能柜、智慧餐厅、智慧菜场等新型设施正在走入人们的生活。二是消费升级趋势。2019年我国人均GDP首次超过1万美元，标志着我国居民生活水平进入新发展阶段，服务消费占比进一步提升，居民医疗、健康、文教、娱乐等消费服务需求持续增加。三是规划引导与政策支持。国家及各地制定了生活服务业数字化政策体系,提升了政策的精准度,加大了政策扶持力度。

专栏 11-2 浙江开展省级数字生活新服务区域试点示范建设

　　浙江省启动省级数字生活新服务先行市、样板县、特色镇建设。浙江省率先启动数字生活新服务行动以来,全省各地聚焦数字商贸、数字学习、数字出行、数字文旅、数字健康、数字政务"六个数字"建设,逐步形成数字生活新服务生态体系。在激活居民消费、扩大高品质供给、优化融合线上线下消费环境等方面充分展现了数字生活新服务工作成效亮点,"数字化"已经成为人们生活中不可或缺的一部分。

四、数字生活服务未来展望

　　数字生活服务在我国有着广阔的发展空间,将继续为人们的生活提供更多便捷和创新的服务。与此同时,数字生活服务的发展也面临一些挑战,数据安全和个人隐私保护等问题值得关注,相关法律法规需要不断完善。此外,数字鸿沟和信息不对称现象也值得重视,展望未来,数字生活是虚拟和现实融为一体的数字生活。

　　推动数字生活服务高质量发展,需要从以下方面着手。一是普及数字生活新服务。打造面向未来的智能化沉浸式服务体验,引导各类市场主体积极拓展数字健康、数字文化场馆、虚拟景区、虚拟养老院、在线健身、智慧社区等新型服务应用;加强线上线下融合互动,通过预约服务、无接触服务、沉浸式体验等扩大优质服务覆盖面。二是搭建生活服务应用型基础设施。通过政企合作途径搭建服务经济的应用型基础设施,将服务业数字化基础设施与社区"一刻钟生活服务圈"、公共服务、智慧城市等经济社会治理重点相结合,支持智能取餐柜、智能快递柜、智能自助服务系统等智能服务终端布局,促进线上线下融合发展,满足居民需求。引导各类生活性服务业平台型企业公平竞争、合作共赢、可持续发展。三是提升全民数字素养和数字技能，促进全民畅享美好数字生活，有效弥补数字鸿沟。四是创新监管模式。按照竞争中性、所有制中立和"非禁即准"原则，对在线娱乐、在线文化服务、互联网医疗、在线教育、到家服务等各种新兴行业，主管部门积极研究更具有适应性和针对性的市场准入政策，推动其有序发展。尤其是避免将线下僵化的市场准入政策直接套用到线上，给这些行业的发展带来不利影响。五是强化数字安全。在享受数字生活的同时，我们也需要关注数据安全、隐私保护等问题，以确保数字科技的良性应用和发展。

☆ 第十二章 ☆

人类文明的走向：数字文明

"经天纬地曰文，照临四方曰明。"文明是社会历史长期发展的产物，代表着人类社会的进步，从刀耕火种到机械电力，过去的人类社会经历了农业文明、工业文明，科技的昌明带领着人类从蒙昧走向文明。每一次变革都创造了人类特定历史发展阶段上的特定文明形式，每一次科技革命都会引起技术范式的历史性更替，技术范式转换带来的一系列新技术、新发明和新创造，影响着人类社会的各个领域，进而使人类文明演进呈现明显的周期性。当前，信息与通信技术的发展为人类社会的演进按下快进键，短短数十年，人类已置身于数字的海洋，展示着一个正在兴起的全新文明时代。

一、数字文明是人类文明更替的新果实

过去的农业文明、工业文明之于数字文明有何种意义？数字文明并不是对以往文明形态的完全摒弃，而是在农业文明、工业文明基础上的蜕变和更替，其内蕴于农业文明、工业文明之中，又是传统文明的更高阶段。农业文明、工业文明的技术积累，为数字文明的产生奠定物质基础，农业文明—工业文明—数字文明这一迭代进程是一个具有累进性、承续性、阶梯性的客观历史进程。归根结底，数字文明的兴起是在传统文明范式基础上建构起来的新技术文明形态，是历经三次文明转型后所结出的"文明的果实"，是人类

社会发展的必然趋势。

数字化生产方式下产生的数字文明与农业文明、工业文明表现出显著的差异。人类在自然界发现"火",掌握人工取火的方法来支配"火"这种自然力,促使生产力得到了初步的发展,演化出农业的经济形态,人类社会逐步从原始文明进入农业文明;人类继而发现"蒸汽""电"这些自然力,将其转换为动力创造机器取代人类的劳动生产,大大提高了生产效率,促使农业从传统手工业转向资本主义机器大农业,工业化程度不断加深,实现从传统农业文明向工业文明的转变。在农业文明、工业文明阶段,人类主要从自然界发现新动力,创造新技术实现对物理世界的物质能量的充分利用,实质上是由"发现"创造的文明。但在数字时代,通过对物联网、区块链、AR和VR等数字技术的广泛使用与融合,物理世界被重构建模到虚拟的数字化世界,生产、生活等各种人类活动都可以通过数字化技术在虚拟世界里得到实现,并且数据作为关键生产要素也是取之于内,来源于人类本身。换言之,数字技术的蓬勃发展使人们从机器厂房的束缚中解放出来,数字文明的关键生产要素和生产活动主要依靠人类自身创造,实质上是由"发明"创造的文明。此时,传统的自然世界便成为数字化世界的辅助,人类也超越了物理实体的范畴,人的智力和潜能得以进一步发挥,通过健全科技伦理、数字规则,构建起新的数字化生存方式和思维方式,从而建立永恒的数字文明社会,推动人类社会进入新纪元。

二、积极拥抱数字文明的壮阔山河

顺势而为舟自横,百年大计在今朝。站在工业文明到数字文明的拐点上,全球正在历经以物质生产、物质服务为主的经济发展模式向以数字生产、数字服务为主的经济发展模式的巨大变迁,数字经济已经从量的积累迈向了质的飞跃的新阶段。尤其随着新一代信息技术的融合创新变革,万物互联、泛在智能的未来世界已经向我们"展露了头角",数字技术成为未来世界的主要驱动力,重塑形成的数字生产力、数字化组织形态、数字生产要素、数字化治理，都要求我们人类在新时代建设数字文明、拥抱数字文明，其时已至、其势已成、其兴可待。

数字文明是人类命运所系、全球未来所向。习近平向 2021 年世界互联网大会乌镇峰会致贺信，指出中国愿同世界各国一道，构建数字合作格局，筑牢数字安全屏障，让数字文明造福各国人民，推动构建人类命运共同体。共享性是数字文明的本质特性，数字文明的共享性主要得益于数字资源的可共享性、再生性及丰富性。不同于传统物质型生产资料，信息资源可重复使用，数字产品复制与传播的边际成本递减为数字文明共享奠定了基础。作为数字信息本性造就的经济规律，数据、信息的价值在发展过程中遵循的是"梅特卡夫定律"，即一个网络的价值等于该网络内的节点数的平方。可见，数据、信息的价值是在共享中实现的，而且共享的范围越大，其价值就越大。这种特性决定了以数据为首要资源的数字文明，要想创造出更高的价值，就必须走向信息、数据的共享，否则就会限制数字文明的发展。因此，构建人类命运共同体是数字文明发展的必然结果，要始终秉持协同互利、普惠开放、共创共享的理念，始终站在人类文明进步的一边，高举和平、发展、合作、共赢旗帜，建构出全球共通的数字文明的新道路，创造出全球共享的数字文明的新未来。

未来已来，为建设好数字经济的未来世界，打造永续数字社会，必须以"和平、安全、开放、合作"作为数字文明的建设理念，建立新规则、完善新秩序，推动全人类共创共享数字空间，让数字文明遍及全人类、惠及全人类，点亮人类命运共同体的美好未来！

☆ 后 记 ☆

    本书的撰写与出版，恰逢全球新一轮科技革命和产业变革重塑全球经济结构的新时期，数字经济已经成为当下新质生产力的典型代表。习近平总书记指出，"我们要站在统筹中华民族伟大复兴战略全局和世界百年未有之大变局的高度，统筹国内国际两个大局、发展安全两件大事，充分发挥海量数据和丰富应用场景优势，促进数字技术和实体经济深度融合，赋能传统产业转型升级，催生新产业新业态新模式，不断做强做优做大我国数字经济"。

    新的基础设施、新的技术手段、新的思维模式，数字经济所带来的一系列新要素、新资源，为经济社会发展创造了全新的发展条件。数字经济的现在已经开始被人工智能所变革，汽车、手机、物联网、软件等产业正在发生智能革命，数字经济的未来必然是一个智能经济的时代。我们站在这个变革时代的十字路口，看到数字化浪潮滚滚向前，以前所未有的力量推动着人类社会迈向全新的发展阶段。

    新时代新征程，需要新思想。全书以数字经济发展为主线，从理论到实践，从现在到未来，试图多层次多维度阐述数字时代的新发展、新趋势。首先，从概念、理论、特征等方面介绍数字经济，从发展阶段阐述数字经济的变迁，到数字革命带来生产力、生产关系的转变，层层深入揭示数字经济的本质和变化过程，帮助读者建立对数字经济的基本认知。其次，从全球视角，介绍数字经济的现在，阐述总结各典型国家发展数字经济的经验。最后，介绍数字经济的未来，从总体未来趋势，到数字经济与未来组织单元、未来产业、未来要素、未来治理、未来普惠共荣等多维度，结合具体实践案例，刻画数字经济时代全社会各领域、各行业呈现的新场景、新路径、新方式、新产业，为社会各界应对数字经济发展的新形势、新机遇、新需求，提供可借鉴的方向，从而推动数字经济的发展和演化。最后，畅想从农业文明、工业文明到数字文明发展的图景。

本书的编写过程，是一次跨学科、跨领域知识融合的尝试，得到了浙江省经济和信息化厅有关领导同志的大力支持，也凝聚了浙江理工大学薛宪方教授，以及浙江省工业和信息化研究院黄学、曹婷、尹晓红、赵鹏、杨蓓蓓、陈悦、邵使浩、李吉虎等专家学者的智慧，在此深表谢意。我们力求在每一个章节中，既体现理论的深度，又不失实践的温度，以期为读者提供一个既有宏观视角又能触及微观细节的阅读体验。当然，面对快速迭代的数字世界，任何著作都难以做到面面俱到，本书亦不例外。或许有些观点在不久的将来会被新的发现所超越，某些预测也会随着现实的演变而有所调整，但正是这种开放性和不确定性，构成了数字经济最迷人的部分。我们诚邀每一位读者，不仅是作为观察者，更是作为参与者，与我们一起持续探索这个激动人心的数智时代。

刘　兵

2024 年 5 月于杭州